U0110402

古典文獻研究輯刊

六編

潘美月・杜潔祥 主編

第16冊

《華陽國志》研究

張世昌 著

國家圖書館出版品預行編目資料

《華陽國志》研究／張世昌 著－初版－台北縣永和市：花木蘭文化出版社，2008〔民97〕

目 2+212 面；19×26 公分
（古典文獻研究輯刊 六編；第16冊）

ISBN：978-986-6657-14-6（精裝）
1. 四川省 2. 方志學 3. 研究考訂

672.71 97000929

古典文獻研究輯刊
六 編 第十六冊 ISBN：978-986-6657-14-6

《華陽國志》研究

作 者 張世昌
主 編 潘美月 杜潔祥
企劃出版 北京大學文化資源研究中心
出 版 花木蘭文化出版社
發 行 所 花木蘭文化出版社
發 行 人 高小娟
聯絡地址 台北縣永和市中正路五九五號七樓之三
電話：02-2923-1455／傳眞：02-2923-1452
電子信箱 sut81518@ms59.hinet.net
初 版 2008年3月
定 價 六編30冊（精裝）新台幣46,500元

《華陽國志》研究

張世昌　著

作者簡介

筆者 1978 年 3 月 10 日生，本就讀於中部樹德工商專電機科，因就讀時發現志向不符，覺得自己對於文史方面有著較濃厚的興趣，故畢業後即插班元智大學中語系二年級，之後發覺對於中文與歷史的熱愛有增無減，因此在大學畢業後毅然地報考研究所，於 2007 年 6 月時，取得國立高雄師範大學碩士學位，畢業論文為「《華陽國志》研究」，此亦即本書內容之所述。

提　要

本論文以東晉常璩《華陽國志》為研究主題，探討其作者生平、思想、創作動機、記載資料來源、成書時代背景以及全書結構等。論述過程中，配合著諸家史籍與其他學者之論述，整理與歸納上述各點，力求完整呈現出《華陽國志》之整體概念。本文分為七章，如以下所列：

第一章「緒論」，說明本文之研究動機、目的、範圍與方法，針對為何選取《華陽國志》作為論文主題，與整理歸納前人研究成果，以及對各章節之安排概況作一簡單的論述。

第二章「作者傳略與思想」，於各史籍中尋找有關於常璩生平之記載，並於《華陽國志》中探尋常璩所蘊含之思想大意。

第三章「創作動機與資料來源」，於《華陽國志》文字記載中，歸納出常璩創作動機到底為何，並與各史籍相對照，以釐清《華陽國志》之資料來源與出處。

第四章「成書時代背景」，探討常璩身處的成漢與東晉兩政權，在政治、社會、與史學等環境中，其背景有何不同，並相互作一比較。

第五章「全書結構之探討」，詳審《華陽國志》全書，整理與歸納出常璩對於《華陽國志》結構所作的安排，並兼以表格說明之。

第六章「《華陽國志》之價值」，以各種觀點來看待《華陽國志》，並於其中歸納出《華陽國志》，對於後世的價值與影響。

第七章「結論」，歸結以上各章節所述，對《華陽國志》作一整體性回顧，並說明本文尚待補足與未臻完善之處，與對《華陽國志》未來研究的展望與期許。

謝　誌

我的研究所生活，至今算是已經告了一個段落，當初在國中畢業時，考上中部的「樹德工商專科學校　電機科」，但因興趣不符，發覺自己的興趣比較符合文史這一方面，因此與同窗好友嘉賢，一同報名補習，準備插大中文系，在一年的準備下，僥倖地讓我考上「元智大學　中語系」，在經過了四年的大學洗禮後，愈覺得對中文領域有著濃厚的興趣，因此毅然地報考了研究所。時至今日，四年的研究所生涯已漸接近尾聲，一路走來對我照顧的人很多，需要感謝的人也很多，但礙於我口拙，平時無法向你們親口道謝，希望藉此一機會，容我在我的論文最前頁，提及你們的名字，並致上最深忱的謝意。

感謝業師林晉士教授不厭其煩的教導，每當在下課的時候，還要拖著老師在校園的角落，與我討論有關論文寫作的問題。而對於老師的感覺，是亦師亦友亦兄，因此很慶幸在學術生涯上，能得到老師的指導，學生會謹記老師所說的每件事，希望能有朝一日，可以蛻變於浣溪旁，期待成為老師口中所說的「西施」。

感謝口試教授周虎林老師與羅克洲老師，讓兩位老師抽空撥冗評閱學生的論文，並指出連學生都疏忽的地方。而兩位老師於口試中所給予的寶貴意見，使得學生受益良多，讓學生的論文能更臻完善，在此對於兩位老師致上最深的謝意。

感謝專科同學嘉賢，謝謝你在我求學的時候，給予過我許多的幫助，也要謝謝你幫我找到一間便宜的影印店，減少我在經濟上的負擔。

感謝大學同學義川，謝謝你在我每次低潮的時候，用鼓勵的言語激勵我，讓我每每潛伏的情緒，能再次重新燃起鬥志。

感謝研究所同窗嘉珍，在我每次下高雄時很高興有妳的陪伴，使我不至於有舉目無親的感覺，真的很謝謝妳；感謝研究所學姊雨宸，謝謝妳在我煩悶時，陪我說話解悶，讓我可以再有動力埋頭於寫作之中。

最後謝謝我的家人，沒有你們的體諒與支持，已經邁入而立之年的我，是不可能有動力繼續鑽研於學術之中，謝謝你們當我的後盾。也要謝謝爸爸媽媽你們的支持，沒有您二老的鼓勵與體諒，我的學術之路一定會備感艱辛，最後想對你們由衷的說一句，有你們真好！

阿昌寫於 2007/7/7 夏夜

目次

第一章　緒　論

第一節　研究動機與目的

中國方志學形成的源頭，歷來大概可分爲三種說法：一說始於《周禮》者；一說始於《禹貢》者；另有一說自《吳越春秋》與《華陽國志》後，地方志才漸趨成熟者。以上諸說若依《周禮．春官》:「外史掌四方之志」〔註 1〕與《周禮．地官》:「掌道方志，以詔觀事，以知地俗」〔註 2〕所述而言，《周禮》將「方志」定義爲史官記載地方之事的一種紀錄，以作爲中央調整施政的方針。

若以《禹貢》記載事物的角度來說，《禹貢》全書只有一千二百餘字，其文大多記載各地的物產與土壤等地理資料，這種記載方式與現今地方志的性質亦爲接近，故歷來學者擁護此說者，也不在少數。

但是以地方志體例，自然演進而漸趨成熟的角度來說，一方之志的內容應當包含史、地、人、物等四部分，而《吳越春秋》則以帝王貴族之事蹟爲主要載記對象，故於體例上尚未完備與成熟，然以《華陽國志》體例來看，如《四庫全書總目．史部．載記類》所云：

> 《華陽國志》十二卷、附錄一卷，晉常璩撰……首述巴中、南中之風土，次列公孫述、劉二牧、蜀二主之興廢，及晉太康之混一，以迄於特雄壽勢之僭簒。以西漢以來先後賢人，梁益寧三州士女總讚，序志終焉。〔註 3〕

〔註 1〕〔清〕阮元勘，《十三經注疏．周禮．春官》(台北：藝文印書館，1965 年出版)，頁 408。

〔註 2〕見《十三經注疏．周禮．地官》，頁 144。

〔註 3〕〔清〕永瑢等撰，《四庫全書總目．史部．載記類》(北京：中華書局，2003 年)，

由上文可知，《四庫全書總目》點出《華陽國志》已包含了「史」、「人」二大記載要素，若再詳究常志之內容，則可以發現「地」、「物」二元亦蘊含於其中。常璩《華陽國志》共分十二卷，取「華陽」二字爲書名，其用意在於《尚書・禹貢》曾經記載：

華陽黑水惟梁州。【注】鄭康成曰：梁州界自華山之南至于黑水也。〔註4〕

「華陽」指的是華山之南，而「黑水」則眾說紛紜，但推測以金沙江之說較爲合理，以上泛指巴蜀之地則是無疑。常璩於《華陽國志・巴志》亦曰：「俯壤華陽，黑水江漢爲梁州。」因巴郡在梁州之中，而〈巴志〉又爲十二卷之首，故常璩以「華陽」爲全書之名。《華陽國志》內容以四川巴蜀之地爲主要記載對象，其體例與卷次整理如下：

卷　　名	內　容　概　述	體　　例
卷一：巴志	記載巴地史事、風俗與物產。	包含載史、載地與載物等例。
卷二：漢中志	記載漢中史事、風俗與物產。	包含載史、載地與載物等例。
卷三：蜀志	記載蜀地史事、風俗與物產。	包含載史、載地與載物等例。
卷四：南中志	記載南中史事、風俗與物產。	包含載史、載地與載物等例。
卷五：公孫述劉二牧志	記載公孫述、劉焉與劉璋父子故事。	包含載史、載人等例。
卷六：劉先主志	記載劉備故事。	包含載史、載人等例。
卷七：劉後主志	記載劉禪故事。	包含載史、載人等例。
卷八：大同志	記載蜀漢滅亡後至李雄稱帝前之事。	包含載史、載人等例。
卷九：李特雄期壽勢志	記載李特與李氏諸帝故事。	包含載史、載人等例。
卷十：先賢志	記載自漢至晉，蜀地賢士列女故事。	爲載人之例。
卷十一：後賢志	記載晉時蜀地賢士二十人故事。	爲載人之例。
卷十二：序志	全書總序。	常璩闡發己身感想之文。

由上表可以大概瞭解《華陽國志》全書之內容與體例概況，亦可發現到《華陽國志》將史、地、人、物等四部分融爲一爐，此一措施開創了中國地方志體例的先驅，因此後世學者對於常璩的開創之功，莫不給予高度評價，如清廖寅於〈校刊華陽國志序〉所說：

頁583。

〔註4〕〔清〕孫星衍注，《尚書・今古文注疏》（台北：台灣中華書局，1966年3月一版），頁8。

唐以前方志存者甚少……惟晉常璩《華陽國志》最古……後有修滇蜀方志者據以爲典則。〔註5〕

梁啓超於《中國近三百年學術史》中云：

晉常璩《華陽國志》爲方志之祖，其書有義有法有條貫，卓然於著作之林。〔註6〕

傅振倫《中國方志學通論》中引洪亮吉〈澄城縣志序〉云：

一方之志，始於《越絕》，後有常璩《華陽國志》。〔註7〕

總結以上所論，常璩的《華陽國志》對於後世方志，在體例與記載方式上，不可不謂有其深遠的影響。

自晉以後，地方志的發展愈趨蓬勃，可惜的是在體例上大多只偏於一隅，或載事，或載地，並未有像《華陽國志》體例具備之書出現，直至宋代之時，地方志才漸漸有史、地、人、物等體例具備的專書產生，如朱長文所撰《吳郡圖經續記》與范成大所撰《吳郡志》等，而上述二書在體制上，則可以看出與《華陽國志》相去不遠〔註8〕。

宋代之後，方志學的發展益盛，到了明清之際則爲顛峰。因方志學的興盛，亦帶動起學者對於以前方志的重視，故《華陽國志》在方志學上的地位則是日漸重要，而對於此書的校勘、校注者也愈來愈多。

《華陽國志》自晉以後，版本上因傳鈔眾多之故，而愈顯得散亂不堪，就最早的刻本而言，當以北宋呂大防本爲最早，但此本早已散佚；其後有南宋李𡋟本，但也亡佚不見，如今只能以明代刻本窺究宋本之大概。

自宋代以後，明代相繼有劉大昌、張佳胤、吳琯、何允中、李一公、《永樂大典》等刻本，但以上諸本不是妄加刪添，就是散佚不見，此時最佳的善本以錢穀手抄本最具代表，錢本以李𡋟本爲依據，校功精細爲歷來校本中最佳者。

然自明代以後，因印刷術發達，《華陽國志》刻本種類愈多，但校勘精細程度不一，此時最佳者以廖寅本爲最善，本研究論文即以此本爲依據，並參以大陸學者劉琳《華陽國志校注》，與任乃強《華陽國志校補圖注》二書相互參校。

雖然歷來刻本繁多，但大多著眼於校勘與校注之上，鮮有以此書作全面性探討之專著。在台灣對《華陽國志》研究來說，自民國六十九年時至今，惟有蒲志煊《華

〔註5〕〔晉〕常璩撰，《華陽國志》附清廖寅〈校刊華陽國志序〉（台北：台灣商務，1976出版），頁1。

〔註6〕梁啓超撰，《中國近三百年學術史》（台北：華正書局，1979年出版），頁266。

〔註7〕傅振倫撰，《中國方志學通論》（台北：台灣商務，1966年出版），頁57。

〔註8〕上述二書體例，請見第六章第一節「《華陽國志》爲中國方志體制之濫觴」。

陽國志校注》一書面世，但也只限致力於《華陽國志》的校注層面；而就研究論文而言，台灣地區就筆者目前爲止，所蒐集的資料來說，只有零星幾筆研究專論，雖然相較於大陸地區而言，大陸對於《華陽國志》的研究，是要比台灣來地許多，但與其他古代名著相比，大陸地區對於《華陽國志》的注意仍嫌不足，現以下整理一表，分別列舉有關於《華陽國志》目前所蒐集到的資料：

地　區	資　料　名　稱	作　者	年　分
台　灣	〈《華陽國志》《晉書地理志》互勘〉	姚師濂	民國 23 年
台　灣	〈從方志學看《華陽國志》〉	黃繁光	民國 66 年
台　灣	〈晉常璩《華陽國志》之研究〉	薛麗月	民國 68 年
台　灣	〈依違於信史與野史間—《華陽國志》之小說特性研究〉	黃東陽	民國 87 年
台　灣	〈常璩《華陽國志》研究述略〉	田富美	民國 90 年
大　陸	〈《華陽國志》的離合詩〉	楊代欣	1995 年
大　陸	〈從《華陽國志》看巴蜀世風的演變〉	史建群	1995 年
大　陸	〈《華陽國志》所載「玉女」的發現〉	易安平	1995 年
大　陸	〈略論《華陽國志》的地名學成就〉	華林甫	1996 年
大　陸	〈《華陽國志》的史料價值〉	劉固盛	1997 年
大　陸	〈《華陽國志校補圖注・後賢志》訛誤考證〉	曹書杰	1997 年
大　陸	〈方志先祖常璩銅像落成〉	張伯齡	1999 年
大　陸	〈常璩銅像在崇州落成〉	張伯齡	1999 年
大　陸	〈《華陽國志》作者常璩銅像在其故鄉四川崇州市矗立〉	炎　冰	1999 年
大　陸	〈從《華陽國志》看秦對西南少數民族地區的治理〉	吳國升	1999 年
大　陸	〈《華陽國志》中國最早的道教史〉	蔡運生	2000 年
大　陸	〈《華陽國志》所記「賓剛徼白摩沙夷」考辨〉	趙心愚	2001 年
大　陸	〈《華陽國志》末卷「離合詩」的釋讀〉	劉復生	2001 年
大　陸	〈《華陽國志》中的婦女傳記與常璩的史識〉	徐適端	2001 年
大　陸	〈略說《華陽國志》對西南少數民族的記載〉	吳國升	2001 年
大　陸	〈一部宣揚「大一統」思想的地方史志評《華陽國志》〉	陳曉華	2001 年
大　陸	〈《華陽國志》淺論〉	卜艷軍	2003 年
大　陸	〈從《華陽國志》看常璩的史學思想〉	陳曉華	2003 年
大　陸	〈《華陽國志》「九君」當爲「女媧」說〉	高大倫	2004 年
大　陸	〈常璩《華陽國志》與《山海經》比較研究〉	唐世貴	2006 年
大　陸	〈從《華陽國志》看東漢巴蜀地區的士族文化〉	楊　穎	2006 年
大　陸	〈四川東漢墓秋胡戲妻畫像磚、畫像石與常璩華陽列女傳〉	張勛燎	2006 年

如上表所列，可以看出台灣地區與大陸地區對於《華陽國志》所重視之程度爲何。台灣地區對於《華陽國志》的論文篇章寥寥可數，相較於大陸地區，近來因方志學的興盛，使得《華陽國志》愈被重視，對於常璩與《華陽國志》兩者的研究論述日益增多，這是值得慶幸的地方。但相對於歷代名著古籍而言，兩岸地區對於《華陽國志》的研究卻又顯得過於單薄，且研究論述大多偏重於某一方面，或與他書比較；或是專以校注之功；或是取其書中某部分作一單篇論述，少有全面性之探討，此乃甚爲遺憾之處。

雖說歷來對於《華陽國志》的研究，並沒有一部較爲全面性的研究論述出現，但仍值得稱許的是，因爲校勘實爲研究學術的重要基礎，若無歷代學者戮力於勘之上，則《華陽國志》亦將散佚不全，更遑論對其研究了。目前對於《華陽國志》曾作校勘工作者，有台灣蒲志煊《華陽國志校注》，大陸則有任乃強《華陽國志校補圖注》與劉琳《華陽國志校注》等書，其中校勘最爲精細者，以任乃強《華陽國志校補圖注》爲最佳，相較於例來校勘者，實無出此本於其右者，當可謂現今校勘之最佳善本，本研究論文亦受益不少。

今筆者獲林師晉士之允，以「華陽國志研究」爲碩士論文之題目，願以淺薄的知識與論述，在前人先進著作的基礎上，希望對《華陽國志》能作一較爲完整的探討，並冀望藉由拋磚引玉之效，能爲素有「方志之祖」之稱的《華陽國志》，因本文而引起學者更多元與廣泛的探討，此乃筆者撰寫本文最大的盼望。

第二節　研究架構

一、研究方法

本文對於《華陽國志》之研究，將以常璩的生平、思想、創作動機、史料蒐集來源、成書時代背景、全書結構以及《華陽國志》之價值等方面，爲主要探討對象，並於歷代版本源流中，參照任乃強、劉琳以及蒲志煊等諸家著作，整理爲一附錄〔註9〕，冀以對《華陽國志》能更有一完整與系統的認識。

由以上所述，本文的研究方法概可分爲三部分：

一、文獻探討：將諸史籍如《史記》、《漢書》、《三國志》、《後漢書》、《晉書》、《晉書斠注》等，與《華陽國志》中內容記載有相重疊的部分，作一詳細彙整與比較，於其中探究出常璩之史料蒐集來源，並試圖找出其中的異同

〔註9〕請見「附錄—版本」一文。

與補闕之處。

二、專著分析：如前節所列，對於歷來有關於《華陽國志》之專著、論文及期刊，於蒐集之外並致力研讀，擷取其中精華，並與歷來史籍作一比較、分析，以作爲本文重要的參考資料來源。此外，早期大陸學者之著作，難免有其樣板與教條式的論述，故對此一部分，筆者將在參考上會更加小心，避免發生有分析與詮釋上失當的情形發生。

三、表格歸納：本文中將整理所得之資料，以表格代替過往統計法的方式，希望藉用表格統計的樣式，來對《華陽國志》中龐雜與繁複的史料，在整理與閱讀上，有所助益與釐清。

二、章節安排與寫作步驟

本文的寫作步驟，約可分爲以下的過程：

一、訂定題目：個人對於三國歷史有其濃厚興趣，本以明代楊時偉所輯《諸葛武侯全書》十卷爲研究對象，但因此書歷來並無學者研究，可參考資料少之又少，因而加深了研究的困難度，故只能忍痛捨棄，改以同樣與三國史有關聯的《華陽國志》爲研究對象，並得林師晉士之面允，以「華陽國志研究」爲研究題目。

二、蒐集資料：《華陽國志》之資料蒐集，如前節所提，台灣地區只有寥寥數篇單篇論文，大陸地區雖較台灣地區研究《華陽國志》者，在數量上是要來的多，但相較於歷來古代名著而言，在研究層面上，仍是一處未受學者重視的區塊，故在可參考之資料於蒐集的過程中，是有相對性困難的地方。但筆者仍以最大的力量，遍尋國內外可供參考之資料並加以蒐集，目前則以大陸地區之資料爲最多。

三、研讀資料：對於本文所採文本一顧廣圻所注之廖寅本，多次加以精讀且注記，並參以近來對於《華陽國志》有作重新校注之版本，如任乃強《華陽國志校補圖注》、劉琳《華陽國志校注》以及蒲志煊《華陽國志校注》等三家，與目前所蒐集之期刊論文、歷代史籍與其他專書等，互相參照比對，以期能達到觸類旁通之效。

四、擬定大綱：對於所蒐集資料有初步涉略後，配合心中所預想之架構，在與林師晉士討論過後，初擬出本文之研究大綱。

五、研究主體：對於常璩個人生平，與其宗主國成漢，配合歷來史籍，加以多方考證，並參以各家著述，以歸納分析的方法，整理出常璩之生平、思想、創作動機、撰寫資料來源以及成漢史略等，並以圖表方式表現出《華陽國志》全書架構，最後再綜合歸納以上所述，整理出《華陽國志》之價值與影響。

六、調整細目：在撰寫過程中，因資料蒐集與諸多因素影響下，對於初期大綱下所安排之細目，將隨時視狀況修改與調整。

七、撰寫次序：依次爲第二章、第三章、第四章、第五章、第六章、第一章、第七章。於撰寫過程中，如遇到問題，立即以所蒐集資料加以比對，並隨時運用比較、歸納、考證、綜合與分析等方法解決問題。行文方面，則力求清晰與順暢。

八、撰寫凡例：本書中所依據文本，以廖寅本爲主；爲求撰寫方便，《華陽國志》時以「常志」替代；李雄之時稱國號「成」，至李壽時則改稱「漢」，故歷來史家即以「成漢」合稱之，而本文中爲求稱謂方便，不分時期皆以「成漢」來代稱蜀中李氏政權；文中如引前人著述，或加先生以示尊崇。

九、修正改定：初稿完成後，重新閱讀全文數次，如遇文句不順者，力求通暢，並盡力尋找訛字。完成上述步驟後，再與林師晉士作充分溝通，且將林師意見納入本文之中，並且加以改定，以期本文能更臻於完善。

十、編排書目：將所蒐集之資料與書目，如實附於本文之後。

十一、全書完成：整理完稿，並於校正之後付梓。

本論文全書共分七章，其撰寫內容如下表所述：

《華陽國志研究》	
篇　名　章　次	內　容　概　述
第一章：緒　論	說明研究動機、目的、範圍與方法。
第二章：《華陽國志》之作者與思想析論	考據諸家史籍，尋找常璩生平之蛛絲馬跡，並由《華陽國志》中考究其整體思想。
第三章：常璩的創作動機與資料來源	由《華陽國志》中整理與歸納出，常璩的創作動機爲何，並與諸家史籍互作參照，考證常璩史料記載之依據。
第四章：《華陽國志》成書之時代背景	以《華陽國志》爲主《晉書》爲輔，並參照歷來對於成漢的諸家考證，描繪出當時成漢與東晉之政治情勢。
第五章：《華陽國志》之結構探討	將《華陽國志》各卷，依照常璩的敘寫脈絡，分卷解析，並配合圖表整理出各卷之結構。

第六章：《華陽國志》之價值	以方志學與史學的角度來看待《華陽國志》，評定常志在史學與方志學上的成就與影響。
第七章：結論	綜合本文各章之論述，敘述撰寫心得與成果，並自述認爲尚未不足的部分，與對不足部分的期許與展望。
附錄：《華陽國志》之歷代著錄與版本源流整理	參校任乃強《華陽國志校補圖注》、劉琳《華陽國志校注》與蒲志煊《華陽國志校注》等書，整理歷來《華陽國志》的諸家版本，並整理爲支系圖。

以上所列，爲各章之章名與內容概述，於各章與附錄之外，尚有十大附表，分別爲：附表二「常璩之生平」、附表三「《華陽國志》與《史記》、《漢書》、《三國志》之人物出處對照表」、附表四「成漢將相大臣暨東漢、兩晉職官簡表」、附圖一「成漢帝系簡表」、附圖二「《華陽國志》版本支系圖」、附圖三「三國鼎立示意圖」、附圖四「西晉統一示意圖」、附圖五「東晉後趙成漢示意圖」、附圖六「三國益州南部示意圖」與附圖七「三國益州北部示意圖」等附圖與附表。

第二章　《華陽國志》之作者與思想析論

第一節　《華陽國志》之作者

《華陽國志》〔註1〕作者常璩在《晉書》〔註2〕中並無傳記流傳，其生平事蹟於史料中並無太多記載，僅能由少數古籍中略窺一二。以下本節將搜尋各史籍，有關於常璩之記載，並彙整如下：

常璩，字道將，東晉蜀郡江原縣（今四川崇慶縣）人。常氏一族爲江原大姓，且多出善著述、治文藝之人，如常騫、常寬等人。在四世紀初〔註3〕，因蜀地動亂，常氏一族以常寬爲首，東遷族人於荊湘，又蜀流民杜弢擄亂湘州，故亦流轉於交州之間，其事蹟於《華陽國志・後賢志》、《四川通志》與《崇慶縣志》等皆有記載，現節錄如下：

> 常勗，字脩業，蜀郡江原人也。祖父原，牂柯、永昌太守，父高廟令，從父閎，漢中廣漢太守。少與閎子忌齊名，安貧樂道，志篤墳典。治《毛詩》、《尚書》，涉治群籍，多所通覽。〔註4〕

《四川通志》載常騫云：

〔註1〕常璩〈序志〉篇作《華陽國記》，但歷來書目並無沿用，故仍依俗稱《華陽國志》。本注文引文以台灣商務印書館出版，清廖寅校注，人人文庫復刊本爲依據本，兼參照任乃強《華陽國志校補注》與劉琳《華陽國志校注》二書。常璩撰，顧廣圻校《華陽國志》（台北：台灣商務，1976 年出版）；劉琳注《華陽國志校注》（四川，巴蜀書社，1984 年出版）；任乃強注《華陽國志校補圖注》（上海：古籍出版社，1987 年出版）。

〔註2〕〔唐〕房玄齡等撰，《晉書》（北京：中華書局，1974 年出版）。

〔註3〕此時依任乃強《華陽國志校補圖注》所考證，約在永嘉五年（西元 311 年）之後。

〔註4〕見《華陽國志》，頁 186。

常騫，(《華陽國志》) 字季愼，蜀郡江原人也。祖父竺，侍中。父偉，閬中令。騫治《毛詩》、《三禮》，以清尚知名，察孝廉，萍鄉令，以選爲國王侍郎，出爲緜竹令。復入爲中郎令。從王起義兵有功，封關內侯，遷魏郡太守，以晉政衰，覩中原不靜，固辭去官，拜新都內史。時蜀亂，民皆流在荊湘，徙湘東太守，疾病未拜卒，年六十八。騫性汎愛敦敬，宗族當官修理，恕以撫物，好咨問，動必謙讓，州鄉以爲儀範。〔註5〕

《崇慶縣志》載常寬云：

族弟寬，字泰恭，郫令勗弟子也。父廓，字敬業，以明經著稱，早亡。闔門廣學，治《毛詩》、《三禮》、《春秋》、《尚書》尤耽意大易，博涉《史》、《漢》，彊識多聞，而謙虛清素，與俗殊務。郡命功曹及察孝廉，不就。州辟主簿別駕，舉刺史。羅尚秀才，爲侍御史，除繁令，隨民縣零陵，以舉將喪去官。湘州叛亂，乃南入交州，交州刺史陶咸表爲長史，固辭不之職。雖流離交城，衣敝緼袍，冠皮冠，乘牛往來，獨鳩合經籍，研精著述，依孟陽宗、盧師矩，著《典言》五篇，撰《蜀後志》及《後賢傳》，續陳壽《耆舊》作《梁》、《益》篇。元帝踐祚，嘉其德行潔白，拜武平太守，民悅其政，以榮貴非志，在官三年去職。尋梁碩作亂，得免難。卒於交州，凡所著述詩賦論議二十餘篇。〔註6〕

由以上的文字記載，除了可以大概瞭解常氏一族的遷徙過程外，尚可得知常氏亦多出博學之士。西漢經學家多專於一經之學，時至東漢經學家則多涉群經，三國與晉之時其治經之風多承東漢，常勗、常騫與常寬等多通《毛詩》、《三禮》、《尚書》、《春秋》之學，因可視爲常氏家學，如明代張佳胤〈江原常氏士女目錄·跋語〉亦云：

佳胤曰：江原常氏代有明德，故大姓也。道將立志僅書其半，豈以私親自嫌哉。夫岷瀆委靈，哲乂作則，儻資國器，寸璧是尊。今考出士女共十九人，自立目錄。又見道將承源家學，修辭有經。斯龍門世業，良史稱才。間行實詳略不侔，然英名遺烈垂在竹素，庶幾尚友遐心，著龜孔邇者矣。〔註7〕

綜觀以上所載可知後輩常璩前承家學，不可不謂受其影響甚深，加上常璩擔任成漢

〔註5〕《四川通志》(台北：京華書局出版，華文發行，1967年出版)，頁4358。

〔註6〕《崇慶縣志》(台北：台灣學生書局，1967年出版)，頁404。以上常騫與常寬之事可見於《四川通志》與《崇慶縣志》中，其文字皆出自《華陽國志》卷十一，異處甚少。

〔註7〕摘錄於《華陽國志校補圖注》，頁745。

李勢時，職掌宮中著作的散騎常侍一職，因此在博覽群書與家學淵源的環境下，爲其後的《華陽國志》做了最好的創作準備。

然而就常璩本身的生平記載來說，其史籍資料較其先輩們缺乏，只零星散見於古書典籍之中，如《晉書》一百二十一卷中有一段記載：「中書監王嘏〔註8〕，散騎常侍常璩等勸勢降。」另外於《晉書》九十八卷〈桓溫列傳〉亦有一段記錄：

> 溫停蜀三旬，舉賢旌善，僞尚書僕射王誓、中書監王嘏、鎮東將軍鄧定、散騎常侍常璩等，皆蜀之良也，並以爲參軍，百性感悅。〔註9〕

而在《四川通志》一百四十三卷中也有類似的記載：

> 常璩字道將《晉書桓溫傳》李勢微弱，溫志在立勳於蜀。永和二年〔註10〕率眾西伐，勢將鄧嵩、昝堅勸勢降。溫停蜀三旬，舉賢旌善僞。中書監王瑜，散騎常侍常璩等皆蜀之良也，竝以爲參軍。百姓感悅。《隋書・經籍志・霸史・漢之書》十卷常璩撰，《華陽國志》十二卷常璩撰。〔註11〕

其他在《崇慶縣志》中亦有相似記載：

> 族人璩字道將，寬族孫也，仕李勢爲散騎常侍。穆帝永和初，桓溫率師平蜀勢降，溫停蜀三日〔註12〕，舉賢旌善，璩與中書監王瑜皆蜀之良也，竝以爲參軍，蜀人感悅。璩有著作才，撰《華陽國志》十二卷。〔註13〕

諸如此類的記載，尚可零星見於其他典籍中，其整理如下：

> 常璩，字道將，蜀成都人，少好學，著《華陽國志》十篇，序開闢以來迄于李勢，皆有條理。(《十六國春秋・蜀錄》)〔註14〕
>
> 《漢之書》十卷，常璩撰。……《華陽國志》十二卷，常璩撰。(《隋書經籍志・史部・霸史類》)〔註15〕

〔註8〕除「王嘏」之外，尚有「王瑜」之稱。今《晉書》與《華陽國志》卷九所載爲「王嘏」，故取「王嘏」之稱。

〔註9〕見《晉書》，頁2569。

〔註10〕《晉書》、《十六國春秋》與《華陽國志》皆記爲永和三年滅成漢，其共歷時於永和二年至三年。

〔註11〕見《四川通志》，頁4359。

〔註12〕爲「三旬」較爲合理，故「三日」應爲筆誤。

〔註13〕見《崇慶縣志》，頁405。

〔註14〕〔後魏〕崔鴻撰，〔清〕湯球輯《十六國春秋・蜀錄》(北京：中華書局，1985年出版)，頁43。

〔註15〕續修四庫全書編纂委員會編《續修四庫全書・史部・目錄類》(上海：古籍出版社，1995年出版)，頁249。

《李蜀書》一名《漢之書》。(《顏氏家訓・書證篇》)〔註16〕

李勢散騎常侍常璩撰《漢書》十卷，後入晉祕閣，改爲《蜀李書》。(《史通・古今正史篇》)〔註17〕

《華陽國志》三卷，常璩撰。……《蜀季書》九卷，常璩撰。(《舊唐書・經籍志》)〔註18〕

常璩《華陽國志》十三卷，又《漢之書》十卷、《蜀李書》九卷。(《唐書・藝文志・史錄・僞史類》)〔註19〕

《華陽國志》十二卷，晉常璩。志巴漢風俗，公孫以後据蜀事。《蜀李書》十卷。(《史略・霸史》)〔註20〕

常璩《蜀李書》。(《三十國春秋輯本》)〔註21〕

《華陽國志》十二卷、附錄一卷。晉常璩撰。璩字道將，江原人。李勢時官至散騎常侍。《晉書》載勸降桓溫者即璩，蓋亦譙周之流也。(《四庫全書總目・史部・載記類》)〔註22〕

根據以上史籍所載，可知常璩的著作只有《華陽國志》與《漢之書》兩部而已。其《漢之書》、《漢書》與《蜀李書》等名稱，雖爲不同但實爲同一部著作。而《漢之書》本有十卷，《舊唐書・經籍志》時少一卷，在《新唐書・藝文志》時不細審查，誤認常璩有作《漢之書》與《蜀李書》二部，將《隋書・經籍志》與《舊唐書・經籍志》二者之說混爲一談，遂有此誤。

由以上史料的記載可得知，常璩曾在割據蜀地的成漢政權下擔任散騎常侍一職，後來桓溫伐蜀，在成漢政權滅亡之前，常璩等曾勸蜀主李勢投降，受到桓溫的賞識進用爲參軍，一同返回東晉都城建康。不過可惜的是，常璩在回歸東晉之後本想有一番作爲，卻因不受朝廷重視，而且被只重視中原故族，輕視蜀人降臣的江左

〔註16〕〔北齊〕顏之推撰，周法高注，《顏氏家訓彙注・書證篇》(台北：台聯國風，1975年出版)，頁99。

〔註17〕〔唐〕劉知幾撰，趙呂甫校注，《史通・古今正史》(重慶出版社，1990年出版)，頁739。

〔註18〕〔宋〕劉昫等修，《舊唐書經籍志》(北京：中華書局，1985年出版)，頁32。

〔註19〕〔宋〕歐陽修撰，《唐書藝文志・史錄・僞史類》(北京：中華書局，1985年出版)，頁19。

〔註20〕〔宋〕高似孫輯，《史略・霸史》(北京：中華書局，1985年出版)，頁89。

〔註21〕〔梁〕蕭方撰，〔清〕湯球輯《三十國春秋輯本》(北京：中華書局，1985年出版)，頁19。

〔註22〕〔清〕永瑢等撰，《四庫全書總目・史部・載記類》(北京：中華書局，2003年出版)，頁583。

士大夫所排擯，因此鬱鬱不得志，轉而將滿腔怨憤投注在撰寫《華陽國志》上。其抑鬱之情可於〈序志〉中略窺一二，此容於「常璩之思想」一節中再作陳述。

因爲有關於常璩的史料缺乏，所以在生卒年上，也只能以推論的方式進行。今節錄任乃強《華陽國志校補圖注》〔註23〕常璩生卒年表於附表，藉以對常璩生平事蹟能有更清楚的了解。

綜觀附表以及各項記載而言，常璩乃爲晉代蜀郡大姓常氏之後，前秉先輩族人，雅好經典文藝之習，後任成漢李勢散騎常侍。先天環境下，文學根基已然有其良好基礎，爾後再擔任可以親閱宮中典籍的掌書之職，在諸多良好條件助益下，可說對於在將來的創作上，做了最好的準備。在成漢中期時，常璩已有《梁州記》、《益州記》與《南中志》等著作，這些著述可視爲《華陽國志》之前身〔註24〕，其後除了有以上著述之外，常璩亦著有《蜀漢書》（或稱《蜀李書》），此書現今雖已亡佚，但於歷代典籍中仍可見其引文數條〔註25〕，且與《華陽國志》中的〈李特雄期壽勢志〉

〔註23〕附表01，〔東晉〕常璩撰，任乃強校注《華陽國志校補圖注》（上海古籍出版社，1987年，頁2。

〔註24〕據任乃強《華陽國志校補圖注》所考證，判斷常璩《華陽國志》非一次完成者原因有五。第一、全書各篇所敘截止年代各不相同，而且各篇內容並未與〈序志〉所計畫一致；第二、〈序志〉言全書所記「終乎永和三年（西元347)」，但於卷九〈李特雄期壽勢志〉中所記之止於晉咸康五年（西元339）李壽時事，但缺李勢事，此因璩已老病又避忌諱所致；第三、《魏書・崔鴻傳》記載〔後魏〕崔鴻所撰，《十六國春秋》在北魏宣武帝正始三年（西元506）成書之時只缺「李雄父子據蜀時書」，但其子子元於北魏孝莊帝永安二年（西元529）上其父書云：「先朝之日，草構悉了」則可證明於正始年代，崔鴻已完成《十六國春秋》，既然於正始年間已完成全書架構，其記載之蜀事乃是依據常璩《蜀漢書》而成，而「李雄父子據蜀時書」則是指《華陽國志》而言，又常璩改寫《蜀漢書》中李氏一族故事爲〈大同志〉與〈李特雄期壽勢志〉，故可知《華陽國志》乃多次改寫而成；第四、《水經注》中多引《華陽國志》文，但於《水經注》中皆稱《華陽國記》，又常璩於〈序志〉中亦稱《華陽國記》，其後裴松之《三國志註》與劉昭《續漢郡國志註》中則稱《華陽國志》，故於其中可見改動之痕跡；第五、〈巴志〉、〈漢中志〉、〈蜀志〉、〈南中志〉四卷，爲全書之精華所在，亦是歷代諸書引文之來源，但於四卷排序上頗多可疑之處，常璩爲蜀人，爲何以〈巴志〉爲首？且〈梁〉、〈益〉、〈寧〉三州志份量相當，爲何獨分〈梁州志〉爲〈巴志〉與〈漢中志〉？而歷代漢中戰略行政地位重要，且成漢李氏政權梁州刺史亦常駐晉壽（原葭萌城，乃漢中重要城市），何以首列〈巴志〉？又《水經注》引此兩志，不稱〈巴志〉與〈漢中志〉，而稱〈巴漢志〉？綜觀以上可推斷，常璩初撰梁、益、寧三州志各一卷，因李雄棄漢中，梁州形勢首重三巴，故名〈巴漢志〉，排序也在〈蜀志〉後，但歸晉之後，爲尊晉制，乃排〈巴〉、〈漢〉兩志於〈蜀志〉之前。

〔註25〕《蜀李書》今已亡佚，其文尚可見引於《藝文類聚・鳥部》：「《蜀李雄書》曰：武皇帝雄，泰成三年白烏赤足來翔，帝以問范賢，賢曰：烏有友哺之義，必有遠人懷惠而來，果關中流民請降。」；《太平御覽・人事部》：「《蜀李書》曰：貫夷字景叔，梓

與〈大同志〉二卷記載之事大約相同，由此可見載記成漢政權興滅的史料，仍是由《蜀漢書》分化而來。其後桓溫伐蜀，常璩勸李勢歸降，於是成漢政權滅亡，常璩隨桓溫歸晉，但因江左文壇輕視非自中原歸化的文人，常璩因此得不到晉廷重用，在滿懷憤懣的情緒下，將原先以〈三州志〉改寫而成的《華陽國記》，加入新的材料，再次改寫成爲《華陽國志》。

第二節　常璩之思想

常璩的思想主體不出於《華陽國志・序志》中所說：「夫書契有五善，達道義、章法戒、通古今、表功勳而後旌賢能。」〔註26〕等五方面。今就此五方面分別歸類與細究其思想主體梗概。

就整部《華陽國志》來看，常璩的思想主要依上述五點延伸，又可將此五點，歸納爲四個方面來探究，分別如以下所列：「大一統思想」、「民本思想」、「旌賢思想」以及「陰陽讖緯思想」等，現將依序討論之。

一、大一統思想

中國歷來政治局勢多依「分合」二字循環不已，就有信史以來，「春秋戰國」由秦一統；「楚漢紛爭」由漢一統；「三國鼎立」由晉一統，諸如此類的「分合」局勢，則一直延續至今。常璩生於東晉中後期，此時正是屬於最爲紛亂的時代之一。由於政權林立，爲能更加清楚的瞭解當時混亂的情勢，故現以表列之，用以說明當時與東晉並立的政權，有以下所列諸國：

潼人也。太始初內移河東，少仕晉臺爲倉部令，懷帝時爲安富令。中原喪亂，玉衡七年歸國，武帝素聞夷名，重之。皇子稚生因名貫夷。」；《太平御覽・人事部》：「《蜀李書》曰：武帝諱雄，字仲儁，始祖第三子。帝身長八尺三寸，美容貌，相工相之曰：此君將貴，其相有四目如重雲，鼻如龜龍，口如方器，耳如相望，法爲貴人，位過三公不疑也。帝每周旋鄉里，有識者皆器重之，有劉化者道術士也，太康中每語鄉里曰：李仲儁有大貴之表，終爲人主也。」；《太平御覽・珍寶部》：「《蜀李書》曰：武帝諸將，進金銀或以得官者。楊褒諫曰：陛下爲天下主，何有以官買金耶，帝謝之。」；《太平御覽・咎徵部》：「《蜀李書》曰：哀帝即位，有白氣二道，帶天望氣者言，宮中有伏兵，果爲卭都公所害也。」《藝文類聚》唐歐陽詢撰，（台北，新興書局，1973年出版）；《太平御覽》宋李昉等撰，（台北，台灣商務，1968年出版）。

〔註26〕常璩變荀悅《漢紀》卷一所云：「夫立典有五志焉：一曰達道義，二曰章法式，三曰通古今，四曰著功勳，五曰表賢能。」〔東漢〕荀悅著《漢紀》，（台北：台灣商務印書館，1968年出版），頁1。

	國　名	創建者	建立年代（西元）	民　族	亡國年代（西元）
西晉末年建立之國	成漢	李　雄	304	巴賨	347 亡於東晉
	前趙	劉　淵	304	匈奴	329 亡於後趙
東晉初年建立之國	後趙	石　勒	319	羯	350 亡於冉魏
	前涼	張　茂	320	漢	376 亡於前秦
	前燕	慕容皝	337	鮮卑	370 亡於前秦
	前秦	苻　健	351	氐	394 亡於西秦
淝水戰後建立之國	後秦	姚　萇	384	羌	417 亡於東晉
	後燕	慕容垂	384	鮮卑	409 亡於北燕
	西秦	乞伏國仁	385	鮮卑	431 亡於夏
	後涼	呂　光	385	氐	403 亡於後秦
	南涼	禿髮烏孤	397	鮮卑	414 亡於西秦
	南燕	慕容德	398	鮮卑	410 亡於東晉
	西涼	李　暠	400	漢	421 亡於北涼
	北涼	沮渠蒙遜	401	匈奴	439 亡於北魏
	夏	赫連勃勃	407	匈奴	431 亡於吐谷渾
	北燕	馮　跋	409	漢	436 亡於北魏

由此表可看出，此時各地勢力割據，相互爭伐不已，可以說是自春秋戰國以來，局勢最爲混亂的一個時期。因爲局勢混亂造成民生凋敝，有理想的知識份子莫不想要貢獻己力，冀望結束割據勢力，相互爭伐的黑暗時期。

春秋之時，孔子作《春秋》希望以著述的方式，一方面尊崇周室希望能重振王室聲威，另一方面則是發起抵抗外來民族爲口號，希望建立起一個完整，而不再動亂的國度，這就是孔子對管仲「尊王攘夷」有著高度評價的原因。自此以後，中國歷代文人即受到儒家思想的深刻影響。因此在太平之世時，文人以儒術治理國家；而在亂世之時，亦以孔子「尊王攘夷」的思想，希望建立起一個大一統的政權，所以在儒家思想長久以來的薰陶下，由「尊王攘夷」延伸出的「大一統」思想，也已經成爲歷代史家，評論著書的主要標準之一，當然常璩亦身在其中。

就《華陽國志》本身的論點而言，書中無論在載事或評論上，多處透露出「大一統」的思想，現試舉數例以說明之。

自從漢武帝「獨尊儒術」之後，由「尊王攘夷」延伸出「大一統」的儒家思想，已經深植於文人士大夫的心中，因此不論是由漢族所建立的政權，或是其他民族所成立的割據勢力，無不以一統華夏為己任。而巴蜀自古以來即沃野千里，素有天府之國的稱號，因為國富民饒，歷來有心想要逐鹿中原者，莫不以巴蜀之地作為爭取天下的憑藉，如《華陽國志》所載，早在戰國之時秦惠王欲伐楚，司馬錯、田眞黃上諫，蜀中有亂不如伐蜀，以資一統天下的實力，其文摘錄如下：

> 蜀王別封弟葭萌於漢中，號苴侯，命其邑曰葭萌焉。苴侯與巴王為好，巴與蜀仇，故蜀王怒，伐苴侯。苴侯奔巴，求救於秦，秦惠王方欲謀楚，群臣議曰：夫蜀西僻之國，戎狄為鄰，不如伐楚。司馬錯、中尉田眞黃曰：蜀有桀紂之亂，其國富饒，得其布帛金銀，足給軍用。水通於楚，有巴之勁卒，浮大舶船以東向楚，楚地可得，得蜀則得楚，楚亡則天下并矣，惠王曰：善。（〈蜀志〉）〔註27〕

及至後來的楚漢相爭，高祖劉邦亦以巴蜀為憑藉〔註28〕，與楚相爭於天下。到了東漢末年，諸葛亮亦對劉備述說了著名的「隆中戰略」，其言曰：

> 益州險塞，沃野□□〔註29〕，天府之土。高祖因之，以成帝業。劉璋闇弱，張魯在北，國富民殷而不知卹，賢能之士，思得明君。將軍既帝室之胄，信義著於四海，總攬英雄，思賢若渴，若跨有荊、益，保其險阻，西和諸戎，南撫夷越，結好孫權，內修政理，天下有變，命一上將，將荊州之軍，以向宛洛，將軍身率益州之眾，出於秦川，天下孰不簞食壺漿，以迎將軍者乎？如此則霸業可成，漢室可興矣！先主曰：善。（〈劉先主志〉）〔註30〕

綜觀以上二論，可以看出天下有識之士，於戰略觀點上莫不相同，司馬錯、田眞黃與諸葛亮等，詳細的分析了巴蜀之地沃野千里，是自古以來成就王霸之業的重要憑藉，更剖析了天下形勢，認為逐鹿中原可據巴蜀，趁天下有隙之時，進可攻；若天下之勢無變，退亦可守的戰略想法。

雖說巴蜀經歷過許多的割據勢力，常璩身在蜀地，亦是最清楚巴蜀歷史的演變，因此他在《華陽國志》中詳細記載了，巴蜀諸多的割據史事，這是身為歷史家的職

〔註27〕見《華陽國志・蜀志》，頁29。

〔註28〕見《華陽國志・蜀志》：「漢祖自漢中出三秦伐楚，蕭何發蜀、漢米萬船，南給助軍糧，收其精銳，以補傷疾。」頁31。

〔註29〕《華陽國志・劉先主志》廖本小字注云：「當有千里二字，見《三國志》。」；《華陽國志校補圖注》頁362注云：「廖本小注云：當有千里二字，見《三國志》。茲按，二字可省。」；《華陽國志校注》頁518注云：「《蜀志・諸葛亮傳》此句作『益州險塞，沃野千里』。《華陽國志》各本無『千里』二字，亦通。」

〔註30〕見《華陽國志・劉先主志》，頁80。

責所在，但這並不表示他認同了「附險割據」的觀念，雖然天下大勢依循著，分分合合的規律而走，但就常璩所想，割據的勢力最終，仍是要回歸於正統政權之中的，如本文第三章所述「借古今之變革，警亂臣之野心」一節中，常璩在各譔言裡，不時在警告著諸多野心之士，只想憑藉著險阻的地勢，而不勤修政理，欲妄想篡奪天下的人，最後終究是要走上敗亡一途的。常璩於〈序志〉中亦然再次提到：

> 是以四岳、三塗、陽城、太室、九州之險、而不一姓。冀之北土，馬之所產，古無興國，夫恃險憑危，不階歷數，而能傳國垂世，所未有也。故公孫劉氏以敗於前，而諸李踵之，覆亡於後。天人之際，存亡之術，可以爲永鑑也。〔註 31〕

憑險割據，通常是野心者曇花一現的美夢，歷史的借鑑皆在不遠之處，只是常璩感嘆，爲何這些殷鑒不遠的史事，仍舊喚不醒諸如公孫氏、李氏等野心之徒，亦是毅然的要走上，身敗亡國的道路上？不僅常璩對這個問題百思不得其解，這也是歷來史學家，所無法解決的共通問題。常璩厭惡戰火連天的局勢，因而也對黎民百姓發出「哀哀黎元，顧瞻靡望」〔註 32〕的嘆息，認爲「薨薨特流，肆其豺狼，蕩雄纂承，殲我益、梁」〔註 33〕等，類似李特、李雄之輩，乃是天下戰禍頻繁的來源所在。在整部書中，常璩渴望天下大勢，歸爲一統的想法隨手可拾，因此一有機會，常璩即身體力行書中所宣揚的「大一統」思想，故在桓溫兵臨成都之時，常璩即勸李勢歸降於晉，以結束長期以來，割據分裂的西南局勢，爲終止烽火連天做出了言行如一的典範。

以上所述可視爲，常璩依歷史的角度，所宣揚的「大一統」思想，現就常璩的地理歷史觀，來探討其「大一統」思想，亦蘊含其地理觀之中。依《華陽國志・巴志》所載：

> 華陽之壤，梁岷之域，是其一囿。囿中之國，則巴蜀矣。其分野輿鬼、東 井，其君上世未聞，五帝以來，黃帝、高陽之支庶，世爲侯伯。及禹治水，命州巴、蜀，以屬梁州，禹娶於塗山，辛壬癸甲而去，生子啓，呱呱啼，不及視，三過其門而不入室，務在救時，今江州塗山是也，帝禹之廟銘存焉。會諸侯於會稽，執玉帛者萬國，巴、蜀往焉。周武王伐紂，實得巴、蜀之師，著乎《尚書》，巴師勇銳，歌舞以淩，殷人前徒倒戈，故世稱之曰，武王伐紂，前歌後舞也。武王既克殷，以其宗姬封於巴，爵之

〔註 31〕見《華陽國志・序志》，頁 207。
〔註 32〕見《華陽國志・序志》，頁 208。
〔註 33〕見《華陽國志・序志》，頁 208。

以子。〔註34〕

以上所載之文，記述了上古至周代之時，中原與巴蜀之間密不可分的關係，以諸多地理遺跡與史事，連繫與述說著，巴蜀即是華夏的一部份，又於〈巴志・譔文〉中亦云：「巴國遠世，則黃炎之支封，在周則宗姬之戚親，故於《春秋》班侔秦、楚，示甸衛〔註35〕也。」常璩於譔文中再次強調，巴蜀的血脈可上溯至黃帝之時，後延續至周代，則成爲周王室的封國之一。依其上述所載，可以想見巴蜀與中原之間的密切關係。又於《華陽國志・蜀志》有載：

> 蜀之爲國，肇於人皇，與巴同囿，至黃帝，爲其子昌意，娶蜀山氏之女，生子高陽，是爲帝嚳，封其支庶於蜀，世爲侯伯，歷□□〔註36〕夏、商、周，武王伐紂，蜀與焉，其地東接於巴，南接於越，北與秦分，西奄峨、嶓，地稱天府，原曰華陽。〔註37〕

此文與〈巴志〉所載相呼應，意爲蜀地與巴地，同樣與華夏中原，有著密不可分的關係，展現了巴蜀，無論在地理或在血緣關係上，與中原皆屬於同源同宗。

常璩於上古及夏、商、周各代之間，依據古史典籍所載，找尋巴蜀與中原之間的關聯，其用意在於說明，巴蜀原爲華夏的一部份，它不該被人爲所造成的割據勢力所分割，因爲一旦分割之後，華夏即不再完整，不完整的中原亦即代表兵燹連天的世界。常璩認爲巴蜀與中原同屬炎黃世胄，是一個完全的整體，這種思維充斥著常璩的字裡行間，因此依其記載的史事裡，所透露出的地理歷史觀，亦即相對的呼應了整部《華陽國志》中所宣揚的「大一統」思想。

以上就常璩歷史與地理的觀念角度，所探討所蘊涵的「大一統」思維。然而在影響常璩最深的的人物裡，當推譙周與陳壽二人〔註38〕，常璩在《華陽國志》中對

〔註34〕見《華陽國志・巴志》，頁2。

〔註35〕「甸衛」亦可稱之爲「甸服」或「衛服」，據《周禮・夏官・職方氏》記載，周王室將諸侯國距離都城的遠近，分爲九等，稱之爲「九服」，而「甸服」則是距京畿二千里以外之諸侯國。

〔註36〕《華陽國志・蜀志》清廖寅小字注云：「當脱唐、虞二字」。

〔註37〕見《華陽國志・蜀志》，頁27。

〔註38〕常璩對於譙周與陳壽二人推崇備至，在《華陽國志》中對於二人推崇之情亦可見於〈序志〉卷，或散見於各卷之中，其〈序志〉云：「司馬相如、嚴君平、楊子雲、陽成子玄、鄭伯邑、尹彭城、譙常侍（譙周）、任給事等，各集傳記，以作本紀，略舉其隅。其次聖稱賢，仁人志士，言爲世範，行爲表則者，名注史錄。而陳君承祚（陳壽）別爲耆舊，始漢及魏，煥乎可觀。」又云：「又略言公孫述、《蜀書》、咸熙以來喪亂之事，約取《耆舊》（陳壽所作）士女英彥。」又云：「今齊之《國志》（《三國志》），貫之一揆，同見不臣，所以防狂狡，杜奸萌，以崇《春秋》貶絕之道也，而顯賢能，著治亂，亦以爲獎勸也。」；於〈三州士女目錄〉云：「淵通。散騎常侍城

譙周與陳壽兩位史家，曾經有過高度的讚譽，如在〈巴志〉中曾云：「及晉譙侯脩文於前，陳君煥炳於後，並遷雙固，倬群穎世。」文中大加讚賞譙周與陳壽所修之書，可以與司馬遷和班固所作的《史》、《漢》二書相互輝映，這是常璩以史學的觀點，對於譙周與陳壽所做的最高評價了。

不過常璩爲何單以譙周與陳壽兩人爲讚歎對象？這是因爲譙周與陳壽兩人亦爲「大一統」思想的擁護者。以譙周來說，譙周本爲蜀漢之臣，官至光祿大夫，鄧艾伐蜀而兵臨成都城下之時，即是譙周力排「奔吳」與「入南中」二策，上諫劉禪當以降魏，後主隨即採納譙周之議，降於魏矣。蜀漢滅亡之後，蜀臣北遷至魏國之時，譙周因「全國濟民」之功，封爲城陽亭侯，雖然以終止戰端來說，譙周是有功於人民的，但以傳統忠義的角度來看，譙周又被批評爲不義之臣，因此譙周的歷史地位自來褒貶不一，在此尚且不論譙周對於蜀漢的立場來說，是忠或奸，就他終止戰禍，回歸一統的想法來說，人民不再遭受戰爭的荼毒，譙周是有功於天下蒼生的。

陳壽不像譙周具有實際的「大一統」作爲，但他在其不朽的代表作《三國志》裡，陳壽也是強烈含射著「大一統」的思維。陳壽字承祚，巴西郡安漢縣（今四川省南充市）人，爲譙周的弟子〔註39〕，深受譙周的思想作爲所影響，他在《三國志》中體現了其「大一統」的思想，如將魏、蜀、吳三國所載之事，合爲《三國志》一書，正是代表了三國歸爲一統的想法；又以「魏」爲正統，用以接續承漢祚的「魏」，與之後的「晉」，這種作法雖受到許多褒貶不一的評價，但試想若陳壽不以「魏」正統，那麼將間接不承認「晉」的合法地位，這對於身爲晉臣的陳壽來說是不太可能的；另一方面，若是排除陳壽，對於己身的利害關係來說，以「魏」與「晉」作爲正統，依照歷史演變的規律來看，如此的作法，的確是遵循著「大一統」的方向來思考。

譙周、陳壽與常璩這三位，分別居於晉代初、中、晚期的歷史學家，在思想觀念上，是依序傳遞而且相互影響，且不論三位在人格與志節上，所遭受到的攻訐與批評，依其對於史學的貢獻來說，譙周、陳壽與常璩這三位，當爲晉代中具有不凡成就的三位史學家。

陽亭侯譙周，字允南。」；於〈後賢志序〉云：「太子中庶子陳壽、承祚。庶子稽古，遷固並聲。」

〔註39〕見《晉書·陳壽傳》：「陳壽字承祚，巴西安漢人也。少好學，師事同郡譙周。」頁2137；見《華陽國志·後賢志》載云：「陳壽……少受學於散騎常侍譙周……撰爲〈益部耆舊傳〉十篇。」頁189。

二、民本思想

《尚書》云：「民惟邦本，本固邦寧」由此可知，早在《尚書》之時，即有「重民」思想的出現，及後來如孔子、墨子、荀子等先秦諸子，亦無不以「民本」爲思想的核心價值。而到了孟子之時，孟子更是將「民本」想法具體化，故曰：「民爲貴，社稷次之，君爲輕。」孟子之語一出，對於後世知識分子產生了莫大的影響，常璩以孔子爲學習的對象，亦效法於孟子，故在《華陽國志》中，對於「重民」的觀念俯拾即是。如宋代呂大防於〈華陽國志序〉曾云：

> 晉常璩作《華陽國志》，於一方人物，丁寧反覆，如恐有遺，雖蠻、髦之民，井、臼之婦，苟有可紀，皆著於書。〔註40〕

與宋代李垕於〈重刊華陽國志序〉亦曰：

> 晉常璩作《華陽國志》……於一方人物，尤致深意，雖侏離之氓，賤俚之婦，苟有可取，在所不棄。〔註41〕

依呂大防與李垕二者所言，相較對照於《華陽國志》所載之事，確爲如此，如在《華陽國志・先賢士女》、〈後賢志〉以及〈三州士女目錄〉所載，近四百位賢士德婦中可看出，常璩是有一套選人的標準，依照他自己在〈先賢士女總讚〉中所說：「忠臣孝子，烈士賢女，高詔足以振玄風，貞淑可以方蘋蘩者。」只要達到此一標準，常璩不論其出身貴賤，皆載錄於書中。現舉數例如下，以茲說明：

> 叔本慕仁　任末，字叔本，新繁人也。與董奉德俱學京師，奉德病死，推鹿車送其喪。師亡身病，齎棺赴之，道死，遺令敕子載喪至師門，敘平生之志也。（〈先賢士女〉）〔註42〕
>
> 張復師讎　張鉗，字子安，廣漢人也。師事犍爲謝裒。裒死，負土成墳。三年，裒子爲人所煞，鉗復其讎，自拘武陽獄，會赦免，當世義之。（〈先賢士女〉）〔註43〕
>
> 媛姜匹婦，勉夫濟子，授命囹圄，義踰國士　趙媛姜，資中人，盛道妻也。建安五年，道坐過，夫婦閉獄，子翔方年五歲，姜謂道曰，官有常刑，君不得已矣，妾在，復何益君門户，君可同翔亡命，妾代君死，可得繼君宗廟。道依違數日，姜苦言勸之，遂解脱，給衣糧使去，代爲應對。度走遠，乃告吏殺之，後遇赦，父子得還，道雖仕官，當世痛感，終不更

〔註40〕見《華陽國志》文本前頁1。
〔註41〕見《華陽國志》文本前頁1。
〔註42〕見《華陽國志・先賢志》，頁137。
〔註43〕見《華陽國志・先賢志》，頁150。

娶，翔亦不仕耳。（〈先賢士女〉）〔註44〕

穆姜溫仁，化繼爲親　穆姜，安眾令程祗妻，司隸校尉李法姊也。祗前妻有四子，興、敦、覲、豫，穆姜生二子，淮、基。祗亡，興等憎惡姜，姜視之愈厚，其資給六子，以長幼爲差，衣服飲食，凡百如之。久之興等感寤，自知失子道，詣南鄭獄，受不愛親罪，太守嘉之，復除門户，常以二月八月社，致肉三十斤，酒、米各二斛六㪷。六子相化，皆做令士，五人州郡察舉。基字稚業，特儁逸，爲南郡太守。（〈先賢士女〉）〔註45〕

綜觀歷來史籍，傳記人物者多爲身分高貴，對於平民百姓，名不見經傳者，則甚少觸及載略，因此可以說歷來著名史籍，多爲帝王后妃將相史。現綜觀以上所載，常璩選取人物的標準是在於，對於社會教化有教育意義者才能入選，因此由上述範例中可以觀察出，有家世不錯的穆姜與趙媛姜；也有黔黎布衣的張鉗與任末。在社會各個階層中，只要對於國家社會有正面教化意義的人士，常璩不論門戶階級，皆一概選取。如此的作法，在魏晉重門第階級的時代來說，可以說是很難能可貴的創舉。

另外値得觀察的是，在〈巴志〉中，常璩淡化了以往史書，所偏重歌功頌德的色彩，因歷來史書所載，一朝功業幾乎是由一人或是少數集團所完成，這對於在基層犧牲性命，奮力作戰的人民與士卒來說，是很不公平的，常璩察覺到了這一點，因此常璩在〈巴志〉中，載記著巴人對於歷史一統的貢獻，其載曰：

周武王伐紂，實得巴、蜀之師，著乎《尚書》，巴師勇鋭，歌舞以淩，殷人前徒倒戈，故世稱之曰，武王伐紂，前歌後舞也。〔註46〕

以上是記述巴人，對於武王伐紂所做出的貢獻。另外在漢高祖劉邦建國之時，巴人亦貢獻出己身的力量，幫助劉邦完成一統天下的大業，其載曰：

賨民多居水左右，天性勁勇，初爲漢前鋒，陷陣鋭氣喜舞，帝善之曰，此武王伐紂之歌也，乃令樂人習學之，今所謂巴渝舞也。〔註47〕

常璩淡化了周武王與劉邦的個人色彩，而是將載記重點置於，在武王與高祖得到巴人之力後，對於一統天下所獲得的莫大助力，將巴人助武王滅紂，高祖亡秦的功績載記於史冊之上。對此，常璩念念不忘巴人，對於歷史有著推動之功，因而在《華陽國志·序志·述巴志第一》中再次強調起巴人之功，其曰：「佐周斃紂，相漢亡秦，實繁其民，世載其俊。」感念著巴人對於歷史一統所做出的貢獻。

〔註44〕見《華陽國志・先賢志》，頁161。
〔註45〕見《華陽國志・先賢志》，頁170。
〔註46〕見《華陽國志・巴志》，頁2。
〔註47〕見《華陽國志・巴志》，頁4。

其次常璩於〈巴志〉與〈蜀志〉之中，對於巴蜀之地的歌謠俗諺，亦多有所采集，這項措施在歷來史籍之中，可以說是很少見的，常璩卻迥然不同於諸家史籍，將歌謠俗諺采入書中，用以反映歷史最眞實的一面，其所采歌謠多映現出當時之民風與時局變化，舉例如下：

川崖惟平，其稼多黍，旨酒嘉穀，可以養父，野惟阜丘，彼稷多有，嘉穀旨酒，可以養母。(〈巴志〉)〔註48〕

惟月孟春，獺祭彼崖，永言孝思，享祀孔嘉，彼黍既潔，彼犧惟澤，蒸命良辰，祖考來格。(〈巴志〉)〔註49〕

日月明明，亦惟其名〔註50〕，誰能長生，不朽難獲。(〈巴志〉)〔註51〕

肅肅清節士，執德實固貞，違惡以授命，沒世遺令聲。(〈巴志〉)〔註52〕

築室載直梁，國人以貞眞，邪娛不揚目，枉行不動身，奸軌辟乎遠，理義協乎民。(〈巴志〉)〔註53〕

廉叔度，來何暮，來時我單衣，去時重五袴。(〈蜀志〉)〔註54〕

前三首詩歌，歌頌著先民們對於生活的描述，風格質樸近於《詩經》，可以視之爲巴蜀之地的〈國風〉；而第四首詩歌，則是在敘述公孫述時，有一節士名叫譙君黃，於漢代成、哀之際曾爲諫議大夫，後因王莽篡漢而下野隱遁，公孫述時曾徵召譙氏，譙氏抗拒不從，公孫述因此大怒，遣使攜毒藥以威脅之，譙氏依舊不從，後因其子輸錢八百萬，得以免於遇害；第五首詩歌，則是歌頌漢司隸校尉——陳紀山的事蹟，〈巴志〉記載陳紀山嚴明正直，當時西虜曾獻珍奇之物於朝廷，漢帝即在朝堂之上戲弄之，公卿大夫莫不以爲奇異，皆嘻笑以對，只有陳紀山視而不見；末首詩歌則是在稱讚蜀地郡守，其名廉范字叔度，政績顯著，使得蜀中百姓豐衣足食，百姓因而感念作歌讚之。

常璩采集巴蜀之地的風謠民歌，讓歷來難登大雅之堂的鄙俚文學，載錄於書中，常璩有此一創舉，是因爲常璩已體會到，歷史的創造者並非，單是那些帝王將相，

〔註48〕見《華陽國志・巴志》，頁2。
〔註49〕見《華陽國志・巴志》，頁2。
〔註50〕《華陽國志校注》頁29：「『名』字不通，與下句『獲』字也不協韻。《全蜀藝文志》引作『夕』……西晉犍爲李興作〈諸葛亮故宅銘〉云：『日居月諸，時殞其夕。誰不能歿，貴有遺格』。」
〔註51〕見《華陽國志・巴志》，頁2。
〔註52〕見《華陽國志・巴志》，頁4。
〔註53〕見《華陽國志・巴志》，頁4。
〔註54〕見《華陽國志・蜀志》，頁34。

而是在背後還有一群，在默默付出的黎民百姓，這些百姓才是眞正的歷史推動者。常璩在魏晉門閥森嚴的時代下，能有此突破的創舉，當然在一定程度上反映了他的「重民」，且以民爲本的思想，這在當時魏晉之際，是很難能可貴的。

當然以民爲本的「重民」思想，不能淪爲空泛的口號，常璩在《華陽國志》中，以實際的紀錄來體現他，以民爲本的思想。常璩對於官吏的褒貶，有時是透過人民的歌謠俗諺來進行，如上所述陳紀山、廉范等人的事蹟；而對於貪官汙吏，亦以忠實的歌謠記錄，無情地削貶了貪官污吏的醜態，如〈巴志〉曾載云：

> 狗吠何諠諠，有吏來在門，披衣出門應，府記欲得錢。語窮乞請期，吏怒反見尤，旋步顧家中，家中無可爲，思往從鄰貸，鄰人已言匱，錢錢何難得，令我獨憔悴。（〈巴志〉）〔註55〕

詩中敘述東漢末年有一郡守，其名李盛，不管民生卻貪財重賦，整首生動活潑的歌謠，描寫得淺白易懂，將貪官污吏的斂財嘴臉，描寫得躍然於紙上，依然可以引發後世對於貪官，深惡痛絕的共鳴。常璩不以自己的主觀好惡，去評價一位官吏的好壞，而是單純的記錄民謠俗諺，即可讓後世閱讀者，一目瞭然此官吏的風骨志節爲何，這樣的記錄筆法，能讓常璩處在一個超然的地位之上，完全以歷史的角度來進行褒貶，讓史事歌謠成爲評判者。在此常璩一方面可以關心民間疾苦，爲人民發出不平之聲，但在另一方面上，卻又不失於史學家應有的客觀角度。

在整部《華陽國志》中，常璩以民爲本的描寫色彩，或許不如《孟子》要來的鮮明，這是因爲《孟子》並不著重於歷史的角度，而是以宣揚自己的思想爲主要目標，故需要以強烈的文字來敘述本身的思想，反觀常璩對於「民本」思想，在表面的文字敘述上趨於含蓄，但這卻是常璩身爲史學家應有的態度，因爲要公正的載記史事，卻又要不失思想蘊含的價值之所在，常璩在此一標準之上是拿捏得恰到好處。

三、旌賢思想

《禮記・禮運》云：「大道之行也，天下爲公。選賢與能，講信修睦。」常璩因爲「重民」所以他亦「尙賢」，故《華陽國志・序志・述南中志》曰：「柔遠能邇，實須才良。」又於〈序志〉譔文曰：「選賢與能，人遠乎哉。」在在的表明，常璩對於賢能之士是很重視的。因爲「重民」與「尙賢」本爲一體兩面之事，人民若是沒有賢能之士來管理，那麼人民將無所適從，乃至於發生激變，而在激變後的結果，

〔註55〕見《華陽國志》，頁5。

天下又將會處於戰亂之中，這種思維邏輯，與他在撰寫《華陽國志》時，所考慮「揚德教之化成，移黔黎之風氣」的創作動機，有著密不可分的關係。只有在百姓之中選出賢能之人，用之以管理百姓，地方州長可以賢能而不貪污，經營出能愛護百姓的社會環境，百姓自然得以順從政府教化，因此在風行草偃的效果之下，天下大治的理想並非遙不可及。

在《華陽國志》中，可以從許多地方看出常璩對於「尚賢」的重視。如〈巴志〉之中載云：

> 光和二年，板楯復叛，攻害三蜀，漢中州郡，連年苦之。天子欲大出軍，時征役疲弊，問益州計曹，考以方略。益州計曹掾程包對曰，板楯七姓，以射白虎爲業，立功先漢，本爲義民，復除繇役。……二年，羌復入漢，牧守遑遑，賴板楯破之，若微板楯，則蜀漢之民，爲左衽矣。……忠功如此，本無惡心，長吏鄉亭，更賦至重，僕役過於奴婢，箠楚降於囚虜，至乃嫁妻賣子，或自剄割陳冤，州郡牧守不理，去闕庭遙遠，不能自聞，含怨呼天，叩心窮谷，愁於賦役，困乎刑酷，邑域相聚，以致叛戾，非有深謀至計，僭號不軌，但選明能牧守，益其資穀，安便賞募，從其利鄙，自然安集，不煩征伐也。……天子從之，遣太守曹謙，宣詔降赦，一朝清戢。〔註56〕

由上所載可知，巴蜀之族板楯，實有功於漢廷，但因州官不賢，貪財斂賦而激起民變，漢廷中央本想派兵鎮壓，後因益州曹掾程包，分析原由之後，漢帝指派賢能郡守安撫板楯一族，不費一兵一卒之力下，即時將一場慘烈的戰禍消弭無形。由此史事記載可知，朝廷中央因日理萬機，或許無法及時察覺地方之怨，但只要派任賢能之士，擔任地方管理者，那麼在上位者將無異分身於地方，可以即時察覺百姓之需，而不致發生民變，畢竟人民百姓還是以安居樂業爲最大心願，會由人民來主導戰爭，這是人民百姓最不得已的選擇。

另外常璩於〈南中志〉譔文中，亦曾提及賢能之士，對於一方郡治有著不可輕忽的地位。南中本爲蠻荒不毛之地，今因有賢能之士統理及曉諭地方，南中之地得以「開土列郡，爰建方州」。譔文中盛贊漢武帝對於南中的開發與管理，並且認爲南中如今能規劃於華夏版圖之中，全賴漢武帝知人善任，派遣了賢能之士統理南中，其事蹟原由如以下所述：

> 卒開僰門，通南中。相如持節開越嶲，按道侯韓說開益州，武帝轉拜

〔註56〕見《華陽國志・巴志》，頁7。

唐蒙爲督尉，開牂柯，以重幣喻告諸種侯王，侯王服從，因斬竹王，置牂柯郡，以吳霸爲太守，及置越嶲、朱提、益州四郡。(〈南中志〉)〔註57〕

此段記載是在說明，漢軍初期開發南中之地，即派遣司馬相如持節撫喻地方，之後任命唐蒙、吳霸等人爲州長，並置牂柯、越嶲、朱提、益州等四郡，將南中之地正式劃歸漢帝國版圖，使得漢廷對於南中的政權，有了實質上的掌握。漢武帝對於南中的開發，在常璩眼中看來是一件足以名垂青史的「大業」，而能將南中地區劃歸版圖，並且能開州置郡掌握實質的統治，這要歸功於武帝所派遣的州長，皆爲賢能之輩，故於〈南中志〉的「譔文」中盛贊了此一事蹟：

譔曰：南域處邛、笮五夷之表，不毛閩、濮之鄉，固九服之外也，而能開土列郡，爰建方州，踰博南，越蘭滄，遠撫西垂漢武之迹，可謂大業……安邊撫遠，務在得才……斯靜禦之將，信王者所詳擇也。馬、霍、王、尹得失之際〔註58〕，足以觀矣。交趾雖異州部，事連南中，故并志焉。〔註59〕

常璩在此譔文清楚的表示，西南邊陲之地，其民風習俗本就不同於中原地區，故在治理偏遠地區之時，更要注重人才的選擇，以避免激發出民變的禍端來。因爲選擇人才治理地方乃是國家大事，常璩爲突顯其重要性，故於《華陽國志》中載記了許多選賢與能，而使地方大治的事蹟，如爲人所熟悉的諸葛亮，他對於人才的拔擢不遺餘力，蔣琬、費禕與董允三人，更是由他親手所提拔起來的治世賢才，而這三人在諸葛亮去世之後果不其然，相繼撐起與延續了蜀漢政權，數十年的時間，蜀人爲感念此三人對蜀地的貢獻，因此與諸葛亮並稱蜀中四賢相；又〈巴志〉中，常璩記載了東漢安帝之時，涼州羌人攻入漢中，中郎將尹就平叛不力，被召回論罪，漢廷派遣王堂爲巴郡太守，王堂不負漢廷期望「撥亂致治，進賢達士」，擊退來犯羌人，亦使巴郡大治；〈蜀志〉中記載秦孝文王時，李冰治水之功，其水利工程嘉惠了蜀中百姓，亦落實了蜀地的天府美名。諸多史例，在在的說明著，常璩對於人才選拔的重視。

自秦漢以來，對於西南邊陲之地的治理，一直爲各代政權所重視，因爲西南少數民族民風強悍，在治理上稍有不慎，是很容易發生叛亂的禍事，故歷代政權對於治理西南之境無不小心謹慎，其中尤以蜀漢爲最。如蜀漢霍弋故事，於《三國志・

〔註57〕見《華陽國志・南中志》，頁48。

〔註58〕《華陽國志校注》頁469，注此四人分別爲：「庲降都督馬忠，南中監軍霍弋，寧州刺史王遜、尹奉。」

〔註59〕見《華陽國志・南中志》，頁65。

蜀書》與《華陽國志・南中志》皆有所書，只是《三國志》所載霍弋事，只重其邊境武功不論其治理之才，事蹟如以下所云：

時永昌郡夷獠恃險不賓，數爲寇害，乃以弋領永昌太守，率偏軍討之，遂斬其豪帥，破壞邑落，郡界寧靜。遷監軍翊軍將軍，領建寧太守，還統南郡事。景耀六年，進號安南將軍。(《三國志・蜀書》)〔註60〕

然常璩於此事上，除了載記霍弋武功外，與《三國志・蜀書》之不同處在於，尚且闡述霍弋的治理才能，以強調治理地方首重「賢能」二字，其文如下所述：

南郡霍弋爲參軍，弋甚善參毗之禮，遂代宇爲監軍安南將軍，撫和異俗，爲之立法施教，輕重允當，夷晉安之。(《華陽國志・南中志》)〔註61〕

由《三國志》與《華陽國志》所載，相較下可看出，陳壽忽略了治理地方要以「賢能」爲首的重要性，單以武力的統治，就歷代以來的史事觀察，得到的通常只是短暫的表面和平，久之難保又生變亂。常璩生長在亂世之中，更是能體會到一方州長，其才能與賢德是需要並重的，因此在〈南中志〉中多加記載了霍弋的治理才能，用以突顯出「尚賢」的思想。

此外常璩對於成漢政權的崛起原因，也是歸咎於晉廷用人的昏瞶失當，在《華陽國志・大同志》曾載：

杜弢自湘中與柳監軍書曰，前諸人不能寬李特一年，又不以徐士權爲汶山太守，而屯故如此，謂失之毫釐，差以萬里，斯言有似，然必不以杜漸爲恨者。流民初西，當承詔書，閉關不入，其次易代趙廞，選宜內遣，平西緜竹之會，聽王敦之計，少可以甯毫釐之覺，非彼之謂也。〔註62〕

還原當時此段文字所載之情況，晉惠帝之時各地變亂已起，惠帝元康八年（西元298年）因連年軍荒，流民領袖李特要求進入益州，戶曹李苾開關放入，使得流民散布於蜀地，在此已種下李特之亂的伏筆。其後晉廷又用人失當，以有野心的趙廞爲益州刺史加折衝將軍，趙廞爲收買流民人心乃傾倉施賑，在得到流民之力後，趙廞因此擁兵叛亂，自稱大將軍益州牧，之後趙廞雖兵敗被殺，但晉廷在流民的安置上舉止失措，既不安撫李特等流民領袖，又不召至朝廷許以官爵，放任流民於蜀中，因此流民之勢已成，此時衙門將王敦見情況危急，獻計平西將軍羅尚，希望能宴請李特，就席上殺之以絕後患，無奈羅尚不納，自此李特之勢愈爲鞏固，最後因而得流

〔註60〕〔晉〕陳壽著，〔南朝〕宋裴松之注，《三國志・蜀書・霍峻傳》（北京：中華書局，2006年），19刷，頁1008。

〔註61〕見《華陽國志・南中志》，頁51。

〔註62〕見《華陽國志・大同志》，頁118。

民之力，據蜀稱亂四十餘載矣。

常璩於此文中，分析了整個西晉末年的西南情勢，其認爲就李特之亂而言，起因皆爲晉廷識人不明又用人不當。因爲流民變起，戶曹李苾不遵中央詔令，放任流民入蜀其變亂之因一也；之後又派遣有野心之趙廞爲一方州長，此其變亂之因二也；加上流民之勢漸成，代趙廞爲益州之長的羅尚，不納王敦諫言以絕後患，致使李特叛亂已成不擋之勢，此乃變亂之因三也。綜觀以上，假若排除文中所言人謀不臧之因，成漢政權或許不會有出現的機會，常璩痛心戰亂給人民帶來的災禍，但令他更痛心疾首的是，這些人謀不臧的事，是可以預先避免的，無怪乎常璩在〈大同志〉的譔文中提到「任非其器，啓戎長寇，遂覆三州，《詩》所謂四國無正，不用其良也。」倒是爲西晉末年，變亂更迭的原因下了最好的一個注解。

依循本節所探討常璩之思想脈絡，與後章所要討論的「創作動機」，其中分別歸納爲「借古今之變革，警亂臣之野心」、「憂文物之亡失，懼史料之散佚」、「補典籍之缺漏，詳三州之故事」、「揚德教之化成，移黔黎之風氣」與「抒憤鬱之情懷，追素王之後塵」等，細察其思想與創作動機之後不難發覺，常璩在《華陽國志》中時時透露著，自詡孔子作《春秋》爲志業的傾向與想法。就載記史事方面而言，常璩博覽群史，其受影響最深者不外乎，孔子《春秋》的褒貶筆法、司馬遷《史記》的藉史抒鬱與陳壽《三國志》的正統思維等史籍，常璩糅合著「褒貶筆法」、「藉史抒鬱」與「維護正統」等三方面爲一體於《華陽國志》的創作上，《華陽國志》可以說已是完備了古代良史的標準；然就關懷黔黎百姓的方面來看，常璩亦是抱持著儒家悲天憫人的人道關懷，痛心戰火與酷吏爲百姓所帶來的災難，因此極力提倡「大一統」的思維；而爲了聯繫國家「大一統」的完整性不被破壞，一方州長的賢良與否，則是最爲關鍵的因素，能上達天聽下撫百姓，作爲地方與中央的溝通橋樑，使其管道通暢減少變亂的發生，一方州長的人選實是至關重要，因此從儒家《禮記‧禮運》篇所衍生出的「尙賢」思想，亦可視爲常璩《華陽國志》中的主要精神所在。

如前所提到「尙賢」與「民本」乃爲一體兩面之事，但「民本」與「尙賢」皆要建構在「大一統」的環境之下，三方面如此相配合，才能達到盡善盡美的境界，一旦缺少了「尙賢」與「民本」，那麼最主要結構「大一統」的環境將會崩毀，戰火連天的世界亦將會再現，因此「史料保存」、「補遺典籍」、「警懼亂臣」、「揚顯德教」與「追比素王」等創作主張，雖比附於《華陽國志‧序志》中所說：「夫書契有五善，達道義、章法戒、通古今、表功勳而後旌賢能。」等五方面下，在細細探究之後，亦可說無不與儒家「大一統」思想息息相關，今爲使更能了解以上各項之關係，現做一簡圖以闡述之：

「大一統」:「民本」與「尚賢」 — 達道義與通古今:「史料保存」、「補遺典籍」
　　　　　　　　　　　　　　　 — 章法戒與表功勳與旌賢能：「警懼亂臣」、「揚顯德教」、「追比素王」

上表可以概略敘述常璩之「創作動機」與「主體思想」之間各項的聯繫，但不能逐一細項說明之，因各項彼此間尚有概略之關聯性，無法勉強分之，如於「達道義」中，「道義」二字可以包含整個儒家的思想，因此「通古今」、「章法戒」、「表功勳」與「旌賢能」亦可歸納於其中；另外「表功勳」與「旌賢能」兩者性質一致，卻又與「章法戒」可相互聯繫，因此各項之間皆有其關聯之處，但卻亦可分別獨立之，故今作此簡表並不以強分爲要，而主要是希望說明，常璩之「創作動機」與「主體思想」，其根源皆建立於儒家之「大一統」思維上，說明「大一統」的觀念，涵蓋著常璩整體的思想脈絡，此乃作上表之最主要目的。

四、陰陽讖緯思想

陰陽五行與讖緯思想瀰漫了整個漢代，即其到了晉代，也不能擺脫漢代陰陽讖緯的影響。吳怡於《中國哲學發展史》中曾說過：

> 天人感應之學畢竟是漢代思潮的一條主流。我們說它是主流，並不是指它成就的偉大，可以作爲漢代思想的重心，而是它瀰漫之廣，不僅是讖緯災異之說、陰陽象數之學，甚至連許多正統的儒家都受到它的影響。〔註 63〕

漢亡後魏、晉相繼代之，除了政權的移轉之外，漢代的陰陽讖緯亦深深的影響了整個晉代，以陰陽五行在《華陽國志》中的影響來說，常璩在遇到政權移轉之時，書中時常透露著政權的遞嬗，是隨著木、火、水、金、土等五德來興替，如在公孫述稱帝之前，曾有瑞象發生:「龍出府殿前，以爲瑞應，述遂稱皇帝，號大成，建元龍興，以莽尚黃，乃服色尚白，自以興西方爲金行也。」又如在〈公孫述劉二牧志〉中評論公孫述的興亡所說：

> 譔曰：公孫述藉導江之資，值王莽之虐，民莫援者，得跨巴蜀，而欺天罔物，自取滅亡者也，然妖夢告終，期數有極，奉身歸順，猶可以免，而矜愚遂非，何其頑哉。〔註 64〕

〔註 63〕吳怡著，《中國哲學發展史》（台北：三民，1984 年出版），頁 305。
〔註 64〕見《華陽國志‧公孫述劉二牧志》，頁 75。

常璩即認定了漢光武即身負天命，分裂的局勢終究是要歸爲一統，常璩雖然發出了對野心者的感嘆，但殊不知，人一旦有了據險憑藉的機會與實力之後，放手一博的想法人皆有之，更何況是公孫述？只是公孫述不曾把握機會，沒有乘著中原混亂之際，積極充實實力，稱帝之後即分封宗室子弟不圖進取，致使光武底定天下大勢之後，伐蜀乃是勢在必行之舉，滅亡也是必然的道路。常璩於後來先見公孫述之敗，不分析當時之大勢，即歸究這是光武天命所趨，此即是受到漢代陰陽五行思維的影響。其譔文中「妖夢告終，期數有極」是在述說公孫述未稱帝之前曾有人托夢，預告他有十二年的皇帝命，他亦曾告知其妻，詢問其妻之意見，其妻曰：「朝聞道，夕死尚可，何況十二乎。」又有龍飛出殿外，因此在種種跡象的影響下，讓公孫述決心稱帝。以上這些當屬民間傳說，常璩亦加採入於譔文之中，於此或許以史家的觀點來說是有些不妥的，但是常璩身處在讖緯陰陽盛行的氛圍時代中，有此一現象或許也不能太過苛責於常璩。

其它讖緯災異之說，於《華陽國志》中亦是隨處可見，如於〈蜀志〉中云：

> 漢時，縣民朱辰，字元燕，爲巴郡太守，甚著德惠，辰卒官，郡獽民北送及墓，獽蜑鼓刀辟踊，感動路人，於是葬所草木頃許皆倣之曲折。迄今屬人莫不歎辰之德靈，爲之感應。〔註65〕

又〈蜀志〉邛都縣載云：

> 有溫泉穴，冬夏熱，其溫可湯雞豚，下流治疾病，餘多惡水，水神護之，不可污穢及沈亂髮，照面則使人被惡疾，一郡通云然。〔註66〕

〈南中志〉永昌郡云：

> 古哀牢國，哀牢，山名也。其先有一婦人，名曰沙壺，依哀牢山下居，以捕魚自給，忽於水中觸有一沈木，遂感而有娠，度十月，產子男十人，後沈木化爲龍。〔註67〕

〈李特雄期壽勢志〉云：

> 李氏自起事至亡，六世，四十七年，正僭號四十三年，蜀中亦有怪異，期時有狗豕交，木冬華。勢時涪陵民樂氏婦頭上生角，長二寸，凡三截之，又有民馬氏婦，妊身而脇下生，其母無恙，兒亦長育。有馬生駒一頭，二身相著，六耳，一牡一牝。又有天雨血於江南數畝許。李漢家舂米，自臼中跳出，遽斂於箕中，又跳出，寫於簟中，又跳出。有猿居鳥巢，至城下，

〔註65〕見《華陽國志・蜀志》，頁36。
〔註66〕見《華陽國志・蜀志》，頁43。
〔註67〕見《華陽國志・南中志》，頁59。

地仍震，又連生毛，其天譴不能詳也。〔註68〕

以上邛都縣與永昌郡所載，類似故事於常志中幾乎隨處可見，而言李氏故事等近似災異讖緯之說，亦是散見於各卷之中，常璩對於書中所載之事，不論災異與史實之說皆收錄，對此，書中爲何收錄這些怪異之事？常璩是有一套自己的觀點，其〈後賢志〉序曰：

聞之善志者，述而不作，序事者，實而不華，是以史遷之記，詳於秦漢；班生之書，備乎哀平，皆以世及事通，可得而言也。〔註69〕

以上可以看出，常璩以記載詳實自詡，爲了記事無遺而盡皆收錄，著作史籍有此種態度收錄諸事，是值得讚許的，不過無奈的是，常璩將與自己同時存在的成漢政權，於李氏據蜀時所發生之事，有關妖異荒誕之說，居然亦收錄其中，雖說這是因爲受到漢代以來，陰陽讖緯的影響所有的現象，但難免會遭受到後世史學家的貶謫，故歷來史學家批評常璩之作取材不嚴謹，且好陰陽讖緯之說，除了降低了史料的價值之外，更有批評常志近似於小說的說法。雖然災異之說在常志中隨處可見，這卻是受到漢代以來讖緯思想所影響下的結果，這可說是在常志中，比較明顯的缺失之一，但以史料記載方面來看，常志對於地方志與史學上的貢獻，與因記錄災異之說，而遭受批評的情況相較之下，仍可說是瑕不掩瑜的。

第三節　小　結

《華陽國志》一書的作者常璩，雖然生平事蹟遺留下來的不多，但在探究過書中所顯露出來的思想大意後不難發現，《華陽國志》的確是一部史料豐富，卻也是深具思想內涵的一部鉅作。且不論常璩首創中國史上，第一部成功融合了史、地、人、物等部分爲一爐的地方志，單就全書的思想內涵來看，常璩本身除了是一位史學家外，更是一位極具涵養的思想家，儒家正統、民本旌賢與陰陽讖緯等等，繁複的思想方式雖然多樣，但並不互相衝突牴觸，反而卻能相輔相成，將思想融匯於一體，並將其流織於各個史事之間，使得閱讀者一方面在探究史事本末之際，另一方透過史事間所蘊含的多方思想，體會出常璩對於史事的看法、感嘆乃至於受到諸家思想的痕跡，如此一部具有豐富內涵的史籍，思想與史料完美的結合，相較於《史記》、《漢書》、《後漢書》與《三國志》等四史，可說是毫不遜色。

〔註68〕見《華陽國志·李特雄期壽勢志》，頁128。

〔註69〕見《華陽國志·後賢志》，頁181。

第三章　常璩的創作動機與資料來源

第一節　常璩的創作動機

巴蜀之地素有天府美名，更於兩漢、三國之際，爲天下名人文士聚集之處，如司馬相如、揚雄與王褒等皆爲蜀人。在富庶的生活環境，與文學鼎盛的人文氛圍之下，造就了蜀地得天獨厚的豐富文化。然而中原動亂，五胡亂華與李氏政權據蜀，一如沃美豐腴的巴蜀之地，也經不起如此長期的變亂，城邑頹毀而遍地荒蕪。常璩恰巧生逢其世，親眼目睹了蜀地衰亂之色。因身處天府之國，哀惜與懼怕蜀地文物因戰火的摧殘而不復存在，故興起了創作記錄之念。常璩的創作動機可由每卷最後的「譔曰」或卷前「小序」與〈序志〉篇等處觀察其梗概。今以五項要點，分別討論之，其述如下：

一、借古今之變革，警亂臣之野心

唐代詩人李商隱有詩〈井絡〉〔註1〕云：

井絡天彭一掌中，漫誇天設劍爲峰。
陣圖東聚燕江石，邊柝西懸雪嶺松。
堪歎故君成杜宇，可能先主是眞龍。
將來爲報姦雄輩，莫向金牛訪舊蹤。

此詩在說明與告誡當時的藩鎮，不要憑藉著地勢有利的條件而妄想割據一方，畢竟依照歷來史籍的記錄而言，只依憑地勢險要而割據的政權，到了最後仍不免走向失

〔註1〕〔清〕徐倬編，《全唐詩錄·卷四》（台北：宏業書局印行，1976年出版），頁3391。

敗的道路上。

李商隱之詩亦可作爲東晉之時，政權分立的印證。常璩因身處蜀地，聽聞公孫述、劉焉、劉璋、劉備、劉禪諸事，與親身經歷了李氏割據政權，深深體會到非天命屬意，而所成立的政權，雖然憑藉巴蜀天險而割據一方，欲與中原相抗衡，但終究多走向覆亡一途，只有認知天命之所歸，期望不再有霸權出現的一日，人民百姓才能免於戰亂之苦。常璩這些想法，諸如可見以下之所述：

> 譔曰：公孫述藉導江之資，值王莽之虐，民莫援者，得跨巴蜀，而欺天罔物，自取滅亡者也。然妖夢告終，期數有極，奉身歸順，猶可以免，而矜愚遂非，何其頑哉。劉焉器非英傑，圖射僥倖，璋才非人雄，據土亂世，其見奪取，陳子以爲非不幸也。昔齊侯嗤晉魯之使，旋蒙易乘之困，魏君賤公叔之侍人，亦受割地之辱，量才懷遠，誠君子之先略也。觀劉璋、曹公之侮慢法正、張松，二憾既徵，同怨相濟，或家國覆亡，或三分天下。古人一饋十起，輟沐揮洗，良有以也。(〈公孫述劉二牧志〉)〔註2〕

此文是在說明西漢末時，公孫述趁王莽篡漢，天下民心普遍思變，藉此機會竊據巴蜀之地，只是公孫述所建政權，名不正而言不順，終爲漢光武帝遣將所滅。其後雖殷鑒不遠，在東漢末時，社會動盪不安，劉焉、劉璋亦藉機盤據蜀地，以非人主之器妄想成就王霸之業，當然亦宣告失敗。以上公孫氏與二劉政權，皆欲憑藉巴蜀之險而求偏安一隅，就後果而知，單憑險勢而守仍是不足，尚且需要人和、天時等因素，殊不知假若劉璋之時，曹操如禮遇法正、張松二人，那麼是否仍有魏、蜀、吳鼎足而峙的局面產生，則尚未可知。

> 譔曰：漢末大亂，雄桀並起，若董卓、呂布、二袁、韓、馬、張楊、劉表之徒，兼州連郡，眾踰萬計，叱咤之閒，皆自謂漢祖可踵，桓文易邁。而魏武神武幹略，戡屠盪盡，於時先主名微人鮮，而能龍興鳳舉，伯豫君徐，假翼荊楚，翻飛梁益之地，克胤漢祚，而吳魏與之鼎峙，非英才命世，孰克如之。然必以曹氏替漢，宜扶信順以明至公。還乎名號，爲義士所非，及其寄死託孤於諸葛亮，而心神無貳。陳子以爲君臣之至公，古今之盛軌也。(〈劉先主志〉)〔註3〕

東漢末年政局動盪社稷頹危，有董卓、呂布、袁紹、袁術之徒相繼而起，雖然起事

〔註 2〕《華陽國志》引文據台灣商務印書館出版，人人文庫復刊本，並與《華陽國志校補圖注》與《華陽國志校注》互相參見，以下引文皆同。〔東晉〕常璩撰，〔清〕顧廣圻校，《華陽國志》(台北：台灣商務，1976年出版)，頁75。

〔註 3〕見《華陽國志・劉先主志》，頁87。

之時聲勢浩大，皆兼連州郡而且附者眾多，上述之徒亦自認天命在己，無不發兵相攻，但相爭最後，因皆以野心爲依歸而不修仁德，故以上諸人所成立的割據勢力，終究還是灰飛煙滅，其敗亡之因在於，諸人皆非人主之器而欲圖王霸之事。若想逐鹿中原，則勢必要擁有某些特質，如曹操善於審時度勢且有識人用人之明，故終能蕩平諸雄而三分天下於中原；其他如劉備，雖名望低微，但卻以仁道接物處世，更得諸葛亮之輔，諸將眾臣用命，故能單以巴蜀之地抗衡魏、吳二國四十餘載，但以曹操、劉備二人所行之事，與其所具備的才器和用心，卻並非董卓、呂布、二袁等野心之徒可以了解體會，更不說是以身行之了。

> 譔曰：諸葛亮雖資英霸之能，而主非上興之器，欲以區區之蜀，假已廢之命，北吞強魏，抗衡上國，不亦難哉。似宋襄求霸者乎，然亮政脩民理，威武外援，爰迄琬、禕，遵脩弗革，攝乎大國之閒，以弱爲強，猶可自保。姜維才非亮匹，志繼洪軌，民嫌其勞，家國亦喪矣。（〈劉後主志〉）〔註 4〕

上述譔文在說明，諸葛亮雖然才冠三國，但無奈輔佐的是非人主之器的後主，但想要以巴蜀之地，滅魏吞吳而延續漢家志業，無疑只是在違反大勢之趨，然而所幸諸葛亮發揮其政治長才治理蜀地，後有蔣琬、費禕、董允等人遵其遺規，才可讓蜀漢再延續數十年的政治生命，只是這種自保之策終究無法一統天下，諸葛亮因深知此道理，故六出祁山；而後繼者姜維亦然知曉〔註 5〕，亦數伐強魏，只是姜維才識無法比擬諸葛亮，況且對魏用兵失據，導致蜀漢國力加速空虛，加上劉禪昏庸寵幸奸宦，蜀國因此不免走向敗亡之道。

> 古者國無大小，必有記事之史表。表成著敗，以明懲勸，稽之前式，州部宜然，自劉氏祚替，而金德當陽，天下文明，不及曩世，逮以多故。族祖武平府君〔註 6〕、漢嘉杜府君，並作《蜀後志》，書其大同，及其喪亂，然逮在李氏，未相條貫，又其始末有不詳。第璩往在蜀，櫛沐艱難，備諳諸故事，更敘次顯挺年號，上以彰明德，下以治違亂，庶幾萬分有益國史之廣識焉。（〈大同志〉）〔註 7〕

〔註 4〕見《華陽國志·劉後主志》，頁 102。

〔註 5〕諸葛亮〈後出師表〉云：「先帝慮漢賊不兩立，王業不偏安……然不伐賊，王業亦亡，爲坐而待亡。」；《華陽國志·劉後主志》：「十八年春（劉禪延熙年間，公元 255 年），衛將軍維復議出征，征西大將軍張翼廷爭，以小國不宜黷武，維不聽。」

〔註 6〕此人爲常寬，《華陽國志·後賢志·常寬》所載：「元帝踐祚，佳其德行潔白，拜武平太守。」

〔註 7〕見《華陽國志·大同志》，頁 103。

上述之文說明，常璩就以往的史事而言，無論國家疆域之大小，或政權興替變遷與否，皆會鉅細靡遺的載入史冊之中，爲的是要警惕後世，記取前代失敗原因的教訓，以今之事體證古之史，這也是常璩身處亂世時，希望以蜀地所發生的變故，警惕後世之人，尤其是深懷野心之徒，希望以史警鑑之，避免還有重蹈覆轍的憾事再次發生，而這也是常璩創作《華陽國志》的最大動機之一。

> 譔曰：特流乘釁險害，雄能推亡固存，遭皇極不建，遇其時，與期倡爲禍階，而壽、勢終之，詩所謂亂離瘼矣，爰其適歸者也。長老傳譙周讖曰：廣漢城北有大賊，曰流、曰特攻難得，歲在玄宮自相賊，終如其記。先識預覩，何異古人乎，歷觀前世僞僭之徒，縱毒虔劉，未有如兹，每惟殷人丘墟之歎，賈生〈過秦〉之論，亡國破家，其監不遠矣。（〈李特雄期壽勢志〉）〔註8〕

常璩以李氏成漢政權爲例，說明不修仁政者終將敗亡，只是令常璩不解的是，諸如僭越割據之徒，如過江之鯽載於史冊之上，其後果大多只有滅亡一途，如此鮮明的教訓，卻是警惕不了諸多懷有野心之人，一心只以己身的欲望作爲出發點，而忘記了史冊中，時時刻刻在提醒的借鑑。夏爲殷所滅，商卻忘了夏代滅亡之因，終因德政不修而爲周所取代；秦能掃滅六國，是因君主賢明勤修內政，不過到了最後，卻被一個平民百姓陳涉，撼動了整個基業而導致滅亡，歸咎秦亡之因，亦爲後繼者不思前人之政所致。因此常璩想要提醒眾人的是，歷代的殷鑑皆不遠，冀望眾人能記取教訓，不要將歷史一再的重演於史冊之上，常璩雖是苦口婆心，但令人遺憾的是，歷史給予人類最大的教訓是，人類從未曾記起過歷史的教訓。

> 綜其理數，或以爲西土險固，襟帶易守，世亂先違，道治後服，若吳、楚然，固逋逃必萃，奸雄闚覦，蓋帝王者統天理物，必居土中，德膺命運。……夫恃險憑危，不階歷數，而能傳國垂世，所未有也。故公孫、劉氏以敗於前，而諸李踵之，覆亡於後，天人之際，存亡之術，可以爲永鑑也。干運犯歷，破家喪國，可以爲京觀也。今齊之國志，貫之一揆，同見不臣，所以防狂狡，杜奸萌，以崇《春秋》貶絕之道也，而顯賢能，著治亂，亦以爲獎勸也。（〈序志〉）〔註9〕

《華陽國志‧序志》篇中此文，可以視爲「借古今之變革，警亂臣之野心」的總結所在。《孟子‧滕文公下》曰：「孔子成《春秋》，而亂臣賊子懼」常璩秉志孔子作《春秋》的精神，除在〈巴志〉、〈漢中志〉、〈蜀志〉與〈南中志〉等四卷多記載地理人

〔註8〕見《華陽國志‧李特雄期壽勢志》，頁128。
〔註9〕見《華陽國志‧序志》，頁206。

文風貌之外，其餘之卷無不秉持孔子之志，以記錄史實的方式來體證現今之事，如各卷中一再強調地勢險要，是不足爲恃的，只有勤修內德愛護人民，如此才有可能將天命掌握在自己手上，而公孫氏、劉氏、李氏等在蜀中曾經建立政權者，卻不知修政愛民，充其量也只是個偏安一時的割據政權，故難以逃脫敗亡之途〔註10〕。

人心嚮治是大勢所趨，而此大勢亦即爲天命所歸，只不過歷來的野心者通常只有見到自己的欲望，而卻忽略了民心，因此常璩希望自己的《華陽國志》，能像孔子的《春秋》一般，能有著警惕世人的功效，故曰：「所以防狂狡，杜奸萌，以崇《春秋》敗絕之道也」足可見常璩其著書之志，甚爲用心良苦矣。

二、憂文物之亡失，懼史料之散佚

巴蜀之域地處偏遠，文物保存與史料記載，本來就不如中原地區發達，在常璩之前，專記蜀中之事的著作，雖有揚雄《蜀王本紀》、譙周《三巴記》、陳壽《益部耆舊傳》、來敏《本蜀論》、左思《蜀都賦》、常寬《蜀後志》等作，但大多失於記載簡略，且現今多爲散佚。然常璩身爲蜀中人，因家學淵博亦曾職掌蜀中典籍，故因而自覺擔負起，採集記載蜀中故事，與民俗風物的歷史使命。而其憂心史料散失之情，可由以下所述，略知其梗概：

> 嗟呼，三州近爲荒裔，桑梓之域，曠爲長野，反側惟之，心若焚灼，懼益遐棄，城陴靡聞，廼考諸舊紀，先宿所傳，并《南裔志》〔註11〕，驗以《漢書》，取其近是，及自所聞，以著斯篇。……恨璩才短，少無遠及，不早援翰執素，廣訪博咨，流離困瘵，方資腐帛於顛牆之下，求餘光於灰塵之中，劘滅者多，故雖有所闕，猶愈於遺忘焉。(〈序志〉)〔註12〕

以上文意在在表現出，常璩憂心巴蜀在戰亂之後，風土文物在保存上會更加不易，

〔註10〕雖說《華陽國志》中一再強調憑險割據乃爲自取滅亡之道，或有人質疑劉邦、劉備二者，其情形相似，皆由蜀地以爭天下，但何以劉邦之業可成，而劉備卻只能傳守二世？其因二者之勢不可齊頭而語，劉邦雖僅據巴蜀之地，然當時天下之勢尚未底定，除項羽之外，各地仍有像九江王英布、魏王豹、雍王章邯等軍事集團割據，力量分散故易於各個擊破，且項羽身邊未似劉邦擁有張良、蕭何、韓信等智囊，故項羽敗勢已然預見。然劉備之據蜀最終何以敗矣？其當時天下二分大勢底定，孫吳有三世之治，曹魏有中原之眾，且此兩大集團已久治其地，故統治勢力已然穩固，反觀劉備僅據蜀地，且入蜀未久，武將謀士與吳、魏相比亦是缺乏，故劉備雖有恢復漢室之志，無奈卻只能僅成守勢矣。

〔註11〕《南裔志》非指一書，依任乃強《華陽國志校補圖注》言包括《西南夷傳》、東漢楊終《哀牢傳》、《續漢書・南蠻傳》、魏完《南中志》、西晉魏宏《南中八郡志》、《南中八郡異物志》等。

〔註12〕見《華陽國志》，頁205。

故博采前人舊作，且配合自己在蜀中的所見所聞，加之驗證史籍，在兢兢業業與小心求證之下，成就了今日所見的《華陽國志》。

由〈序志〉所述，亦可體會出，常璩對於修史的態度是十分嚴謹，只是在戰亂後的蜀地，要蒐集史料與風土故事，也不是件簡單的事，所以往往只能在頹圮的廢墟中，與餘光灰燼中，盡量拾掇可以記載的材料，這種形容說法雖然近於誇張，但在戰亂之後的巴蜀，於史料蒐羅的過程中，應該也是要煞費一番心力的。在如此艱惡的環境下蒐集史料，雖不能說《華陽國志》已臻於完善，但在後世的評價上，《華陽國志》仍是一部不朽的歷史方志著作，如唐代劉知幾《史通・雜述》篇曾提到：

> 群書者，矜其鄉賢，美其邦族，施於本國，頗得流行，置於他方，罕聞愛異。其有如常璩之詳審，劉昞之該博，而能傳諸不朽，見美來裔者，蓋無幾焉。〔註 13〕

又於《史通・補注》篇亦云：

> 既而史傳小書，人物雜記，若摯虞之《三輔決錄》，陳壽之《季漢輔臣》，周處之《陽羨風土》，常璩之《華陽士女》，文言美辭列於章句，委曲敘事存於細書。〔註 14〕

劉知幾盛讚常璩《華陽國志》的優點爲「詳審」、「委曲敘事存於細書」，即是肯定常璩載事記物的態度，在嚴謹之外，亦深含褒貶之意於文辭之間，而中國歷代史書堪稱良史者，不外乎符合此二點，故劉知幾認爲常璩《華陽國志》能「傳諸不朽，見美來裔」這是劉知幾以史學家的角度，對常璩所做的最大讚美了。

三、補典籍之缺漏，詳三州之故事

歷來典籍記載巴蜀，於梁、益、寧三州故事者，不是失於簡略，就是全無記載，要不然就是因爲戰亂頻繁，而使得典籍佚失的情況甚爲嚴重。常璩的先輩早已清楚體認到此一現象，故常璩於「譔曰」曾提到：

> 華夏顛墜，典籍多缺，族祖武平府君，愍其若斯，乃操簡援翰，拾其遺闕。然但言三蜀，巴漢未列，又務在舉善，不必珍異。（〈後賢志〉）〔註 15〕

由以上可以得知，戰亂的因素，乃爲典籍遺佚的最大原因。當時東晉已偏安建康，故史冊典籍皆在長安、洛陽等淪陷之地，佚失燬壞的情形亦可想而知，在此情形之

〔註 13〕〔唐〕劉知幾撰，趙呂甫校注，《史通・雜述》（重慶出版社，1990 年），頁 582。
〔註 14〕見《史通・補注》，頁 322。
〔註 15〕見《華陽國志・後賢志》，頁 203。

下，加上歷來史籍對巴蜀之地即不甚重視，故常寬已然見到以上之情形，而作《蜀後志》以記蜀地之事。只是此作，其內容甚無詳備亦有所缺失，因此常璩於〈後賢志〉中即點出了，常寬之書只言三蜀，而忽略了巴漢之地；且只記載人物善事，而不記其他奇異之說等諸多缺點〔註16〕。故常璩在常寬《蜀後志》與諸多前人之作的基礎上，逐一改善了記蜀諸作的缺失，希望在記事上儘可能詳盡，以補前作之缺。其創作想法可由以下觀之：

> 巴蜀厥初開國，載在書籍，或因文瑋，或見史記，久遠隱沒，實多疏略。……司馬相如、嚴君平、楊子雲、陽成子玄、鄭伯邑、尹彭城、譙常侍、任給事等，各集傳記，以作本紀。……而陳君承祚別爲耆舊，始漢及魏，煥乎可觀。言三州土地，不復悉載，地理志頗言山水，歷代轉久，郡縣分建，地名改易，於以居然，辨物知方，猶未詳備。(〈序志〉)〔註17〕

〈序志〉之起首，即在說明諸史典籍，對巴蜀之地所載未甚詳盡，常璩只有依靠諸家曾載蜀事之作的基礎上，蒐羅舊事之載，而增補於己作之中。然常璩盛讚陳壽所作《益部耆舊傳》中，所記載諸人的事蹟，自漢而魏盡詳於其載，此舉亦對常璩記事上有所助益，只可惜的是陳壽之作，只記益州而不記寧州，使得常璩〈先賢士女志〉與〈後賢志〉，對於寧州人事而無所依憑，乃至於增補〔註18〕，故常璩歎曰：「三州土地，不復悉載」以上由史學載事之角度而觀之，的確甚爲可惜。

〔註16〕常璩以常寬《蜀後志》不記異説只載善事爲缺點，故於《華陽國志》中所載多有荒誕之事，如〈蜀志〉中載「武都有一丈夫化爲子女，美而艷，蓋山精也，蜀王納爲妃。」又「冰鑿崖時，水神怒，冰乃操刀入水中與神鬭。」;〈南中志〉載:「永昌郡，古哀牢國，哀牢山名也。其先有一婦人，名曰沙壺，依哀牢山下居，以捕魚自給，忽於水中觸有一沈木，遂感而有娠，度十月，產子男十人，後沈木化爲龍。」;〈李特雄期壽勢志〉載:「李氏自起事至亡，六世，四十七年，正僭號四十三年，蜀中亦有怪異，期時有狗豕交，木冬華。勢時涪陵民樂氏婦頭上生角，長二寸，凡三截之，又有民馬氏婦，妊身而脇下生，其母無恙，兒亦長育。有馬生駒一頭，二身相著，六耳，一牡一牝。又有天雨血於江南數畝許。李漢家舂米，自臼中跳出，遽斂於箕中，又跳出，寫於簞中，又跳出。有猿居烏巢，至城下，地仍震，又連生毛，其天譴不能詳也。」諸如此荒誕怪異之説，散見於各卷。

〔註17〕見《華陽國志・序志》，頁205。

〔註18〕〈先賢志〉前小序曰:「束帛戔戔於梁益之鄉。」又〈先賢士女志〉後譔曰:「寧州人士亦不列，別爲目錄。」。由此可知〈先賢士女志〉所載之人侷限於梁、益之地，而其志中譔文亦言明只有包含蜀郡（益州）、巴郡（梁州）、廣漢（益州）、犍爲（益州）、漢中（梁州）、梓潼（梁州）等六郡二百四十八人;〈後賢志〉中所載二十人，分別由巴郡（梁州）、蜀郡（益州）、廣漢（益州）、巴西（梁州）、犍爲（益州）、江陽（益州）所出。綜合以上可觀常璩〈先賢志〉與〈後賢志〉所載諸人不出梁、益二州。

另外在常璩之前，《漢書．地理志》可視爲一部地理佳作，但經漢至晉，地理沿革已然有所變動，而上述諸家所撰記蜀之作，亦多沿襲《漢書》，故無法提供後世之人「辨物知方」的作用，因此常璩作《華陽國志》，希望以新的地理觀點與名稱改替前作，配合載事之詳備，以補遺諸經典對蜀地所載之事不詳之憾。

四、揚德教之化成，移黔黎之風氣

《華陽國志》依照內容篇章來看，可以觀察出常璩此書，重要的主旨有三：第一、爲傳諸後世，乃記載巴蜀三州之地的風土民物；第二、爲遵循史籍之精神，記載曾在巴蜀建立的政權。以上兩點在前文中已大略敘述過，而第三點則可由《華陽國志》後三卷的篇名看出，分別爲〈先賢志〉、〈後賢志〉與〈序志并士女名目錄〉，此三篇的名目與內容，皆爲載記曾生活在巴蜀之地上，賢士貞婦的事蹟，故第三點可視作，爲發揚德行教化，進而載記巴蜀三州的賢士貞婦，冀望以其事蹟影響百姓之風俗。簡而言之，即爲「揚德教之化成，移黔黎之風氣」。以上可於「先賢士女．譔曰」與「序志．譔曰」等贊文中，探究其梗概，其贊文如以下所述：

> 含和誕氣，人倫資生，必有賢彥，爲人經紀，宣德達教，博化篤俗，故太上立德，其次立功，其次立言，品物煥炳，彝倫攸敘也。益、梁爰在前代，則夏勳配天，而彭祖體地，及至周世，韓服將命，蔓子中堅，然顯者由鮮，豈國史簡闕，亦將分以秦、楚，希預華同，自漢興以來，迄乎魏、晉，多士克生，髦俊蓋世，愷元之疇，感於帝思，於是璽書交馳於斜谷之南，束帛戔戔於梁、益之鄉，或迺龍飛紫閣，允陟璿璣，亦有盤桓利居，經論皓素。其躭懷道術，服膺六藝，弓車之招，旝旌之命，徵名聘德，忠臣孝子，烈士賢女，高劭足以振玄風，貞淑可以方蘋蘩者，奕世載美，是以四方述作，來世志士，莫不仰高軌以咨詠，憲洪猷而儀則，擅名八區，爲世師表矣。故耆舊之篇，較美史、漢，而今州部區別，未可總而言之，用敢撰約其善，爲之述讚，因自注解，甄其洪伐，尋事釋義，略可以知其前言往行矣。（〈先賢志．序〉）〔註19〕

《禮記．中庸》曰：「致中和，天地位焉，萬物育焉。」常璩依〈中庸〉所說，在此卷開宗明義的指出，天地孕育萬物之時，萬物即各有本位與倫次，然後在各個倫次之中，皆有爲首者統領一切，在人倫者之中亦然，如《易經．泰卦》所云：

> 天地交而萬物通也，上下交而其志同也，內陽而外陰，內建而外順，

〔註19〕見《華陽國志．先賢志》，頁129。

> 內君子而外小人，君子道長，小人道消也……天地交泰，后以財成天地之道，輔相天地之宜，以左右民。〔註20〕

依〈泰卦〉中所言，將天、男、夫、父、君等，皆視爲在上位者，因爲有上下之別，故下須對上以義事之；上則須對下以禮待之，如此倫常得以持正循環。常璩認爲依照〈中庸〉與〈泰卦〉之說，在平民百姓之中，賢士貞婦可爲眾黔之首，故作〈先賢志〉與〈後賢志〉，希望對當時之民風，與後世風俗能收規範之效。常璩之贊言或譔文，多有引經據典之論，如本文中「三不朽」乃出於《左傳》襄公二十四年：「穆叔曰：『大上有立德，其次有立功，其次有立言，雖久不廢，此之謂不朽。』」此文乃是以穆叔、范宣子間的對問，穆叔指摘范宣子有足以誇耀自己的地位，乃是祖先死而不朽的表現；其他如夏禹、彭祖、韓服、巴蔓子等故事〔註21〕，以及引《左傳》莊公二十二年與昭公二十年之記載〔註22〕，所引之言其目的，皆爲讚歎古人之德行遺風，更希望藉古人之淳美德性，能感化日漸敗壞的倫常民心。

> 譔曰：二州人士，自漢及魏，可謂眾矣。何者，世宗多事則相如麟遊，伯司鳳翔，洛下雲翳，叔文龍驤，在孝宣則王褒蔚炳，中和作詠，屬文〈甘泉〉，葩爲世鏡。在元成則君公謇謇，心思國病，慮經劉危，直忤王聽，其高者則嚴君味道，易俗移風，仲元端委，居爲人宗，若夫秉心塞焉，與物盈沖，則楊子雲也。名重泰山，華夏仰崇，則鄭子眞也。不屈其身，志高青雲，則譙玄也。不恥惡君，混到推運，則楊宣也。降及建武、明、章以來，出者則能內貫朝揆，外播五教，贊和鼎味，經綸治要，上荅太階，下允明照，處者則利居槃桓，皓然玄蹈，天爵翫之，人爵則笑。懸車門肆，夷惠齊紹，若斯之倫，海內服其英名，洙、泗方其煥燿矣。故曰漢徵八士，蜀出其四，又曰漢具四義，蜀選其二，可謂不眾乎。然巴郡胥君安以儒學

〔註20〕〔清〕阮元勘《十三經注疏・周易・泰卦》（台北：藝文印書館，1955年出版），頁42。

〔註21〕《華陽國志・巴志》：「周之仲世，雖奉王職，與秦、楚、鄧爲比。《春秋》魯桓公九年，巴子使韓服告楚，請與鄧爲好。楚子使道朔將巴客聘鄧。鄧南鄙攻而奪其幣。巴子怒，伐鄧，敗之。」；「周之季世，巴國有亂。將軍蔓子請師於楚，許以三城。楚王救巴，巴國既寧，楚使請城。蔓子曰：『藉楚之靈，克弭禍難，誠許楚王城，將吾頭往謝之，城不可得也。』乃自刎，以頭受楚使。楚王歎曰：『使吾得臣若巴蔓子，用城何爲！』乃以上卿禮葬其頭，巴國葬其身，亦以上卿禮。」

〔註22〕十三經注疏整理委員會整理《春秋・左傳正義》之〈莊公二十二年〉頁306：「陳公子完……引《詩》云：『翹翹車乘，招我以弓。豈不欲往，畏我友朋。』」；〈昭公二十年〉頁1612：「齊侯田于沛，招虞人以弓，不進。公使執之，辭曰：『昔我先君之田也，旃以招大夫，弓以招士，皮冠以招虞人。臣不見皮冠，故不敢進。』」北京，北京大學出版，2000年出版。

典雅，稱於孝成，蜀郡張俊策問尹方不出五經常議，犍爲呂孟有託孤之節，

若茲之類，郡邑往往垂象刊銘，見有苗裔。(〈先賢士女總贊〉)〔註23〕

以上課文則在說明梁、益二州賢士輩出，如司馬相如、譙隆、洛下閎、張寬、王褒、何武、嚴君平、李仲元、揚雄、鄭子眞、譙玄、楊宣等人〔註24〕，皆爲兩漢之際賢人隱士之輩。上述之文出自於《孟子・告子》篇：

仁義忠信，樂善不倦，此天爵也。公卿大夫，此人爵也。古之人，脩其天爵而人爵從之。今之人，脩其天爵以要人爵。既得人爵而棄天爵，則惑之甚也。〔註25〕

常璩引孟子之語，用意在於說明，古之賢人以修性爲首要目的，而名爵地位則是附加，但是現今之人則以名爵地位爲追求目標，捨棄了修心冶性之功，更甚者亦有以修「天爵」爲表象，藉此求取「人爵」者，常璩時以憂心這些人心敗壞之象，故舉兩漢之際賢人隱士，冀望以雖是故去但尚去不遠，且其德行爲黔黎所熟悉之士，以其品德事蹟，用之教化黎民。

本課文所要敘述的另一項重點則是，以眾多蜀中名士，用來突顯梁、益二州，確爲人文薈萃之地，故曰：「漢徵八士，蜀出其四，又曰漢具四義，蜀選其二，可謂不眾乎」誇讚天下所出之士，蜀已佔其半矣。又漢代用人之法有「聘（天子以幣帛聘用）、徵（天子令州郡召而用之）、辟（州郡以書召之）、舉（州郡察舉於朝廷）」

〔註23〕見《華陽國志・先賢志》，頁179。

〔註24〕譙隆字伯司，西漢閬中人，《太平御覽》219卷引《華陽國志》云：「譙隆爲上林令，武帝欲廣上林，隆言：『堯舜至治，廣德不務林苑。』帝後思言，徵爲侍中。」；洛下閎，閬中人西漢隱士，其事蹟可見於瀧川龜太郎《史記會注考證・曆書》(台北：藝文書局，1972年出版)，頁446：「巴落下閎運算轉曆，然後日辰之度與夏正同。乃改元、更官號、封泰山。」；張寬字叔文西漢成都人，《華陽國志・先賢士女總讚》：「叔文播教，變《風》爲《雅》。」；何武字君公西漢郫人，《華陽國志・先賢士女總讚》：「爲人忠厚公正，推賢進士。……安漢公欲圖篡漢……檻車徵武，武自殺。」；嚴君平東漢成都人，與揚雄同時，本姓莊，因班固《漢書》避明帝諱莊，後世故皆而依之。其性澹泊，《華陽國志・先賢士女總讚》云：「專精大易，耽於《老》、《莊》，常卜筮於市。假蓍龜以教，與人子卜教以孝，與人弟卜教以悌，與人臣卜教以忠，於是風移易俗，上下茲和。」；李弘字仲元，東漢成都人，與揚雄同時，《華陽國志・先賢士女總讚》云：「處陋巷，淬勵金石之志，威儀容止，邦家師之。」；鄭樸字子眞，東漢褒中人，《華陽國志・先賢士女總讚》云：「玄靜守道，履至德之行。」；譙玄字君黃，東漢閬中人，《後漢書・獨行傳》有傳，《華陽國志・巴志》云：「仕成哀之世，爲諫議大夫，數進忠言，後避王莽，又不仕公孫述。」；楊宣字君緯，東漢什邡人，《華陽國志・先賢士女總讚》云：「平帝時，命持節爲講學大夫，與劉歆共校書。」

〔註25〕〔清〕阮元勘《十三經注疏・孟子・告子》(台北：藝文印書館，1955年出版)，頁204。

〔註26〕等，常璩所謂「蜀選其二」等法，即是說明蜀中之士入朝爲官者，依朝廷選士之法，對於蜀人入仕管道來說尚佔其半，此亦爲誇讚蜀中人才濟濟矣。

> 皇皇大晉，下土是覆，化贍教治，誕茲彥茂，峨峨俊乂，亹亹英秀，如嶽之崇，如蘭之臭，經德秉哲，綽然有裕。（〈序志・述後賢志第十一〉）〔註27〕

上述贊文乃是在說明，巴蜀之地人才輩出，俊秀之士皆爲仁德具足之輩，而巴蜀人民，亦以俊秀之士的德性義舉爲依歸，因上行下效之故，巴蜀乃爲大治之邦。文中常璩引《左傳・昭公二年》之事，簡子誓於眾曰：「二三子順天明，從君命，經德義，除垢恥，在此行也」又《孟子・盡心章》：「經德不回，非以干祿也。」皆欲以古聖先賢立德行義之事，來說明巴蜀之士，其德行與古人相去不遠矣。

> 博考行故，總厥舊聞，班序州部，區別山川，憲章成敗，旌昭仁賢，抑絀虛妄，糾正繆言，顯善懲惡，以杜未然。（〈序志・述序志第十二〉）〔註28〕

就「博考行故」之語來說，「故」之義可視作爲前人自傳，或親友旁撰等，即《易・繫辭》：「通幽明之故」所說，因孔穎達《周易正義》疏云：「故，謂事也。」即在說明，故舊之跡即爲故舊之事也。此讚文亦在敘述，常璩博考諸家舊籍，希望藉由發揚，典籍諸書中所載之賢人義士，以其義舉美行，用來糾正日漸敗壞的民風，最終亦是希望，自己之作能有孔子著《春秋》，揚善警惡防微杜漸之效。

五、抒憤鬱之情懷，追素王之後塵

常璩著《華陽國志》目的約有二，一爲補齊史料對巴蜀記載之遺缺；二爲藉著述以抒發滿腔鬱憤之情。因常璩乃是隨著成漢李勢歸降於晉，又江左文壇一向以中原爲正統自居，而常璩由巴蜀之地入晉，雖說自古巴蜀有天府之稱，但仍是被視爲偏左蠻荒之地。故常璩入晉之時，一方面因降臣身分不被朝廷所重視，另一方面亦被江左文壇所排擠，故鬱鬱不得志之情，不言可喻也。本章以探究常璩之思想主體爲要，經過上述「創作動機」的討論後，可概略看出常璩，有被傳統儒家精神與思想影響的痕跡，此一精神思想，不外乎依循孔子「述而不作，信而好古」編纂舊作，

〔註26〕「漢具四義」之語，劉琳《華陽國志校注》注曰不解其義，今依任乃強《華陽國志校補圖注》云：「『漢具四義』謂漢世用人之法有聘、徵、辟、舉四種。聘者，天子以幣帛聘用。徵者，天子以書下州郡召用之。辟者，四府與州郡長官書召用之。舉者，州郡察舉於朝廷，策問考試，第其高下而用之，隱士多不肯就。」

〔註27〕見《華陽國志・序志》，頁209。

〔註28〕見《華陽國志・序志》，頁209。

不著新作；與司馬遷「通古今之變，成一家之言」貫通古今，融於一家等精神著述。然常璩於各卷譔言、贊言之中，不時透露其「憤鬱之情」，由此可知，滿懷憤鬱之情，亦爲常璩在創作過程中，支持其著述的一項重要動力來源之一。

司馬遷著《史記》對於時政批評，與其寄寓的憤鬱之情，其語多可見於「太史公曰」中。司馬遷依照史家的角度評論史事，其中亦依託自己所遭受過的憤鬱心情，如〈報任安書〉中曾提及：

> 且夫臧獲婢妾猶能引決，況僕之不得已乎！所以隱忍苟活，幽於糞土之中而不辭者，恨私心有所不盡，鄙陋沒世而文采不表於後世也。〔註29〕

即在說明自己身受大辱，卻不願自戕而繼續苟活的原因，是爲了要將《史記》完成。另外於〈伍子胥列傳〉末，太史公曰亦可看出，司馬遷忍辱負重的原因：

> 怨毒之於人甚矣哉！王者尚不能行之於臣下，況同列乎！向令伍子胥從奢俱死，何異螻蟻？棄小義，雪大耻，名垂於後世，悲夫！方子胥窘於江上，道乞食，志豈嘗須臾忘郢邪？故隱忍就功名，非烈丈夫孰能致此哉？白公如不自立爲君者，其功謀亦不可勝道者哉！〔註30〕

司馬遷盛讚了伍子胥棄小義而雪大耻，忍屈辱以成功名的壯烈行徑，當然其中亦是寄託了，司馬遷對於自己身世的無限感慨，希望自己能向伍子胥看齊，隱忍自身的恥辱，以成就永垂不朽的功業，而這功業即爲《史記》矣！

後世史家，受司馬遷與《史記》的影響甚深，於著述外不忘加入自己對史事的見解，或是抒發對於身世感慨的評論，如班固《漢書》的「贊曰」，范曄《後漢書》的「論曰」，與陳壽《三國志》的「評曰」等，皆有摻入己身之感的成分存在。然常璩亦於各卷之末抒發己見，評論所載之事，其抒發評論之文，稱之爲「譔曰」。常璩「譔曰」出現於各卷之末，一至四卷之「譔曰」多評地方之事；五至九卷之「譔曰」則多評人物史事；十卷之「譔曰」則總評梁、益二州之士，與選取人物之標準；十一至十二卷之「譔曰」則多有抒發自己身世之慨，本節則是著重於十一與十二卷之「譔曰」，用以探討常璩憤鬱不得志之感。

> 譔曰：文王多士，才不同用。孔門七十，科□□〔註31〕揆，百行殊途，

〔註29〕司馬遷著，《史記選注匯評‧報任安書》（台北：文津出版社，1993 年 4 月初版），頁 581。

〔註30〕司馬遷著，〔日〕瀧川龜太郎考證《史記會注考證‧伍子胥列傳》（台北：藝文書局，1972 年出版），頁 853。

〔註31〕《華陽國志校補圖注》頁 665：「張、吳、何、王、浙、石本有『行相』二字。張本『科行相揆』四字做雙行小字。吳、何諸本皆大字。元豐、錢、劉、李、函、廖本並無。廖本注云：『舊闕二字。』蓋所據季振宜家本科下有二空位也。顧觀光校勘記

貴於一致，若斯諸子，或挺珪璋之質，或苞瑚璉之器，或耽儒墨之業，或韞王佐之略，潛則泥蟠，躍則龍飛，揮翮揚芳，流光遐紀，實西土之珍彥。聖晉之多士也，徒以生處限外，服膺日淺，負荷榮顯，未充其能，假使植幹華宇，振條神區，德行自有長短。然三趙、兩李、張、何之軌，其有及之者乎？譙登、侯馥忠規奮烈，美志不遂，哀哉！（〈後賢志〉）〔註32〕

常璩於此譔文中，毫不掩飾地將懷才不遇之感表露出來，文中前半部盛讚周文王所用之士，與孔門諸位弟子，有成就功業者人數眾多，且皆能各展其才，進而達到學以致用，如《詩・大雅・文王》曰：「思皇多士，生此王國。」又云：「濟濟多士，文王以寧。」；其《史記・孔子世家》亦云：「弟子三千人，身通六藝者七十有二。」於此常璩以文王、孔子事，抒發了渴望得遇明主之慨。又《易・繫辭》云：「《易》曰：『憧憧往來，朋從爾思。子曰：下何思何慮。天下同歸而殊塗，一致而百慮。』」〔註33〕；其《史記・太史公自序》亦云：「《易大傳》天下一致而百慮，同歸而殊塗。夫陰陽、儒、墨、名、法、道德，皆務爲治者也。」〔註34〕

常璩於此引各家所述，發出不平之感，認爲治天下者不出陰陽、儒、墨、名、法、道等諸家，諸子之才雖不一致，但各有所長，全力以赴地治理政事，一樣可以使國家大治。然而自己的才能，雖不敢比擬古代賢能之士，但對於國家亦有抱負，懷有想要貢獻一己之力的心意，只是無奈現實環境的逼迫，不得不只能將滿腔熱血，轉化爲著書的動力了。

文中一方面感嘆自己懷才不遇的處境，另一方面亦爲蜀中諸士，發出不平之聲。其文曰：「聖晉之多士也，徒以生處限外，服膺日淺，負荷榮顯，未充其能，假使植幹華宇，振條神區。」即在說明，雖然晉廷可比文王盛世，在能人輩出的此時，爲何來自偏左地區的人才，會得不到重用？雖然自己服侍晉廷的時日尚短，卻已得到格外的恩寵，對此常璩是心懷感激的，但只是空有爵位，而沒有機會一展長才卻也是枉然。當然上述之語，表面上盛讚晉廷人才輩出，對於偏左歸降之士亦破格榮寵，但實際上還是著力於發出不平之鳴，因爲在末句「植幹華宇，振條神區」即是點明了，假若晉廷能重用偏左之士，那麼不僅對於華夏之基來說，可以更爲穩固，連帶

作『科行相揆』又復注云：『宋本行相二字空格。此以意捕，不可從』今按，何義門過錄之元豐本，原無二字。自張佳胤始疑其脱並補二字。廖本雖斥張補爲非，而仍疑有脱。皆謬。」；《華陽國志校注》頁888，劉琳補此二缺字爲「不一」，其依據《孟子・離婁》篇：「先聖後聖，其揆一也。」然「科不一揆」即謂個人之專長不同。

〔註32〕見《華陽國志・後賢志》，頁203。

〔註33〕見《十三經注疏・周易》，頁169。

〔註34〕見《史記會注考證・太史公自序》，頁1333。

的於偏鄙之區，亦可使其繁榮昌盛起來，在明褒暗貶之中，常璩感慨的是，只因身爲邊鄙人物，卻被現實抑制，而無法一展長才的委曲。

於末語，常璩指出「三趙、兩李、張、何之軌，其有及之者乎？」〔註35〕亦是感慨以上諸位蜀中賢士，品格超群，皆位居要津，只是現今同樣來自蜀中的自己，爲何受不到賞識與重用？一方面自責同樣是來自蜀地，己身的成就卻無法與先輩們比肩而語；另一方面同樣埋怨晉廷，沒有識人用人之明。故常璩雖想接軌於先輩，以揚顯蜀人之才，但礙於現實環境所迫，卻也只能發出空有美玉之才，卻不見於君王的感嘆了。

> 譔曰〔註36〕：駟牡騤騤，萬馬龍飛。陶然斯猶，阜會京畿。麐〔註37〕獲西狩，鹿從東麇。郇伯勞之，旬不接辰。嘗茲珍嘉，甘心庶幾。中爲令德，一行可師。璝瑋倣儻，貴韜光暉。據沖體正，平揖宣尼。道以禮樂，教洽化齊。木訥剛毅，有威有懷。鏘鏘宮縣，磬筦諧諧。金奏石拊，降福孔皆。綜括道檢，總覽幽微。選賢與能，人遠乎哉。（〈序志〉）〔註38〕

〔註35〕依《華陽國志·梁益寧三州先漢以來士女目錄》所載，三趙：「趙戒字志伯，保貴太尉司徒司空特進廚亭文侯；趙謙字彥信，戒孫，忠亮太尉司徒郫惠侯；趙溫字子柔，謙弟，道德司徒司空。」兩李：「李郃字孟節，文學司徒；李固字子堅，郃子，執正太尉。」張：「張皓字叔明，清秀大司空。」何：「何武字君公，執正大中司空汜鄉侯。」

〔註36〕《華陽國志校補圖注》頁736：「元豐、錢、李、廖本無此二字。張、吳、何、王、石本有。劉、函、浙本作『讚曰』。按前各卷成例，當有。」；《華陽國志校注》：「張、吳、何本有『譔曰』二字，是錢、李、廖本脫。」

〔註37〕「麐」字《華陽國志校補圖注》頁736注云：「錢、劉、張、吳、何、李、函、王、浙、石本作『麐』。元豐與廖本作『麐』。」

〔註38〕見《華陽國志·序志》，頁209。由於全文語意閃爍無法明辨，故另有學者認爲全文乃爲「離合詩」之形式。清末民初學者劉咸炘《推十書·史學述林·華陽國志論》云：「〈序志〉末，駟牡騤騤一段，文句明而意義模糊不曉所謂，向來校勘考證者亦都不言，吾細審之，乃知是離合姓名也，東漢末多有此體。」又云：「駟牡騤騤，萬馬龍飛（駟離馬存四），陶然斯猶，阜會京畿（陶離阜存匋，以上四句隱蜀字，蜀下不本從匋，而文意確是匋，蓋從隸書別寫……）麐獲西狩，鹿從東麇（麐離鹿存君）郇伯勞之，旬不接辰（郇離旬存阝，以上四句隱郡字……）嘗茲珍嘉，甘心庶幾（嘗離甘存尚……）中爲令德，一行可師（中離一存巾，以上二句隱常字）璝瑋倣儻，貴韜光暉（璝離貴存王）據沖體正，平揖宣尼（據當離手存豦字……以上二字隱璩字）導以禮樂，教洽化齊，木納剛毅，有威有懷（導當離寸存道……）鏘鏘宮懸，磬筦諧諧。金奏石坿，降福孔皆（鏘離金存將）揔括道撿，揔覽幽微（此當是揔離悤存扌……）選賢與能，人遠乎哉（選離人存巽……以上二句隱撰字）。」以上文意整體爲「蜀郡常璩道將撰」。「離合詩」早於東漢之時即已出現，如孔融〈離合作郡姓名字〉詩即以此體例而作。常璩此譔，依劉咸炘所說或許可通，但歷來《華陽國志》版本不一，此譔文之字亦有所差異，故常璩此譔是否爲「離合詩」之說尚待考

本文文體於各卷譔文中尚稱特異，且文意閃爍，亦無法眞正了解其意之所在，若詳審其意義內涵，可知其文句來源多出於六經。而常璩引六經之舉，亦是希望在全文之末，抒發怏悒之感，以及敘述從滿心期待，希望能受到重用，轉而失望落空，進而發憤著書的心路歷程。現依句逐意，乃可概得常璩入晉後之心路歷程。

「駟牡騤騤〔註 39〕，萬馬龍飛。陶然斯猶，阜會京畿」此四句乃是說明常璩入晉後，親眼所見京師建業乃爲人文薈萃之地，四方英俊之士雲集此地，在滿心歡喜之下，覺得自己在如此文藝興盛的環境之中，定然受到重用，只是在「陶然斯猶」此句中，卻也透露出樂極生悲的伏筆，因《禮記・檀弓》子游曾云：

> 人喜則斯陶，陶斯咏，咏斯猶，猶斯舞，舞斯慍，慍斯戚，戚斯嘆，嘆斯辟，辟斯踊矣。〔註 40〕

由〈檀弓〉篇所述，人一旦有了歡喜之心，或已走向顚峰之勢，同一時間亦爲走向下坡，或諸事不順之時。常璩引用〈檀弓〉之語意即，初時歡喜入晉，到頭來卻不受重用，失望於晉廷的心情溢於言表矣。

「麐獲西狩，鹿從東麋」〔註 41〕之意爲，成漢李勢政權瓦解，常璩隨故主東歸於晉，表面是慶賀晉得蜀土，實際上則是暗喻己身不受重用，因此以孔子自居，效孔子作《春秋》而絕筆於獲麟之際，「獲麟」即是指晉得蜀土之時。又「郇伯勞之，旬不接辰」之語，可考之於《詩經・曹風・下泉》篇〔註 42〕，此篇原意是在說明四方諸侯入覲周王，周王則命郇伯設宴慰勞，常璩引此故事用意在於，表示李勢失國入晉之時，晉帝亦命大臣迎接慰勞，而常璩以蜀國散騎侍從的身分一同參與，有自誇其榮耀受寵之意，只是在「旬不接辰」〔註 43〕之語中，全文則由歡喜的心情急轉

之。清劉咸炘著《推十書》第二冊，成都，古籍書店，1996 年出版），頁 1534。

〔註 39〕「駟牡騤騤」可見於〔清〕阮元勘《十三經注疏・詩經・小雅・采薇》:「戎車既駕，四牡業業」頁 333；或〈六月〉:「四牡癈則君臣缺矣」頁 357；或《詩經・大雅・桑柔》:「四牡騤騤」頁 653；或〈蒸民〉:「四牡業業」頁 676，台北，藝文印書館，1955 年初版。

〔註 40〕十三經注疏整理委員會整理《十三經注疏・禮記・檀弓下》（北京：北京大學，2000 年，頁 330。

〔註 41〕續修四庫全書編纂委員會編《續修四庫全書・經部・春秋類・哀公十四年》:「十有四年春，西狩獲麟。」（上海，古籍出版社，1995 年出版），頁 518。

〔註 42〕《詩經・曹風・下泉》:「四國有王，郇伯勞之。」同注 39，頁 272。

〔註 43〕「旬不接辰」劉琳《華陽國志校注》頁 910 注四，認爲義不可通，因爲此譔文通「脂」韻，「辰」字不協，故劉琳認爲應作「旬不捝衣」，《說文》:「捝，解捝也。」後世用「脱」字。「旬不捝衣」意爲郇伯慰勞之辛勞；任乃強《華陽國志校補圖注》則認爲「旬不接辰」出自於《春秋緯・斗歷樞》中，經查《春秋緯》並無〈斗歷樞〉只有〈運斗樞〉一卷，其中或許有誤而有待查證，但在《荀子・解蔽》中曾提到，地支

直下，「旬不接辰」之典故，是取自中國天干地支相配之法，因「甲乙丙丁戊己庚辛壬癸」十天干一循環稱之爲「旬」，「子丑寅卯辰巳午未申酉戌亥」十二地支一循環稱之爲「辰」，而干支相配以六十年爲一週期，但「旬」數少於「辰」數，常璩以「旬」自喻，故於其中暗指降臣，不如晉臣也。

自此常璩的情緒由期待轉爲失望，因爲自常璩歸降至今，蜀地亦發生許多重大戰事，如鄧定、隗文、王誓、王潤、蕭敬文、李金銀、李弘等連續叛亂，但晉廷絲毫不重用蜀地降臣用之以平亂，幾乎完全擱置不用，這與魏末晉初滅蜀之時，重用蜀降臣以影響東吳的情況，則有著南轅北轍的境地〔註44〕。常璩當初勸李勢降晉，乃是以蜀漢譙周自居，譙周到魏國後，尚封城陽亭侯，這是因爲譙周有「全國濟民」〔註45〕之功，誰料得自己勸主歸降，卻落得閒置不用之境，常璩失望晉廷的心情是可以想見的。因此「嘗茲珍嘉，甘心庶幾」之語亦在說明，常璩享用過了晉廷所招待的宴會之後，滿懷抱負之下，希望能盡己身之力以報效朝廷。

「中爲令德，一行可師」乃引《左傳》成公十年與昭公十年之事〔註46〕，此二則皆在論事君之義，語意中表示自己雖勸李勢降晉，但卻未受晉職，仍可謂爲忠義之士，此語可視爲自讚之詞；又「一行可師」之語乃是說明，士只要有一種德行，即可作爲自己之師，即是比喻守忠之士，其德行亦可爲眾人表率。「瓌瑋俶儻，貴韜光暉」之句，可見引於《三國志・蜀志・許靖傳》：「倜儻瑰瑋，有當世之具」，全句之意在於表示自己器格非凡，此時不受重用，乃是韜光養晦之機。而「據沖體正，平揖宣尼」之語，其意表明自己在仕途上雖然失意，但只要堅守正道，那麼也可以像司馬遷作《史記》、揚雄作《法言》一般，而追比孔子了。

「道以禮樂，教洽化齊」之語則是在說明，既然要追比孔子，那麼常璩也要像孔子一樣，雖然不被當時政治環境所接受，但仍可轉而著書以教導人民，希望透過文字與著作的力量，深遠的影響後世。「木訥剛毅，有威有懷」之語則是引用《論語・子路》：「子曰：剛毅木訥，近仁。」與《管子・形勢》：「且懷且威，則君道備矣。」其用意一方面是在抒發，仕途失意而發憤著書的心情，另一方面則希望晉廷對待降臣之士，要以恩威並施的手段，這樣才是在上位者的統治之道。

一循環稱爲「浹辰」，其例可能由此而來。今爲求解釋之便，以任乃強之說爲主。

〔註44〕《華陽國志卷十一・文立傳》：「諸葛亮、蔣琬、費禕等子孫，流徙中畿，宜見敘用，一則以慰巴蜀民之心，其次傾東吳士人之望。」

〔註45〕語見《華陽國志・劉後主志》：「譙周全國濟民，封城陽亭侯。」，頁102。

〔註46〕見《春秋・左傳正義》之〈成公十年〉頁854：「鄭伯討立君者，戊申，殺叔申、叔禽。君子曰：『忠爲令德，非其人猶不可，況不令乎？』」；〈昭公十年〉頁1476：「忠爲令德，其子弗能任，罪猶及之，難不慎也。」

「鏘鏘宮縣，磬筦諧諧。金奏石拊，降福孔皆」四句則是說明，冀望當政者要宣揚禮樂與移風易俗之意，若是以禮樂教化百姓，自是上天降福而國泰民安，但更深層的意義則可視爲，常璩著書之意，除了抒發鬱憤之情外，尚有古代士大夫，以著書之法來教忠教孝之志，如前所述〈先賢志・序〉、〈先賢志・譔文〉、〈序志・述後賢志第十一〉與〈序志・述序志第十二〉等文中所提，常璩想要以《華陽國志》一書，用以「揚德教之化成，移黔黎之風氣」的志向了。

「綜括道檢，總覽幽微」之語則是說明，在上位者任用臣子之時，除了需要總括聖人之道與法度之外，也要綜觀萬事萬物微妙的道理，在這兩者相輔相成之下，自然可治理好國家。而文中最末「選賢與能，人遠乎哉」則可視爲全文之總結，「選賢與能」出自於《禮記・禮運》篇：「選賢與能，講信修睦」；而「人遠乎哉」則出自於《論語・述而》篇：「仁遠乎哉，我欲仁，斯仁至矣。」此二語之意在於，在上位者若能選舉與任用賢士，那麼賢能之人並不在遠處，眼下俯拾皆是，此亦即暗喻常璩己身，未受重用的鬱悶心情。

綜觀上文之所述，常璩欲以孔子、司馬遷自居。因孔子周遊列國仍不受重用；司馬遷身遭酷刑仍發憤著書，觀其二者身世遭遇，卻與自己也極爲相似。因此若以志向而言，常璩著書亦有「借古今之變革，警亂臣之野心」、「憂文物之亡失，懼史料之散佚」、「補典籍之缺漏，詳三州之故事」與「揚德教之化成，移黔黎之風氣」等遠大志願，故若以上述之志，論孔子、司馬遷與常璩三人的著述精神，實可說是相互比肩亦不爲過。但可惜的是，在十一與十二卷之「譔文」中，常璩透露出自己著書，除了本著上述的偉大志向外，似乎「遭擱閒置，仕途失意」也是著書的原動力之一，因此常璩與孔子、司馬遷二人相比，雖然孔子與司馬遷皆是遭受挫折後，才轉向著述一途，並且在著述後即放下對仕途的期望，專心著書立作，因此若以後期，孔子與司馬遷單純以理想，作爲教育或著書的原動力相比，常璩在這方面，似乎有那麼一點美中不足的味道，畢竟動機已然不純。因此無怪乎《四庫全書總目・史部・載記類》評常璩曰：「《晉書》載勸勢降桓溫者即璩，蓋亦譙周之流也。」倒也是對常璩一個很中肯的評價。

第二節　《華陽國志》之資料來源

常璩《華陽國志》具有高度的史料價值，其記錄的史料多爲巴蜀之地故事，自古而來巴蜀地區的史料，一直爲諸史所遺漏，如《後漢書》所記載疏漏或語焉不詳的部份，《華陽國志》大都能詳細敘述〔註 47〕，又歷來學者對於三國魏晉西南之事，或有疑惑者，多參以《華陽國志》所載之事爲根據〔註 48〕，故《華陽國志》於補遺諸史對巴蜀史事之遺缺，是有其補強資料的重要性。現本節就常璩對於「史料蒐集」的精神，用以探討常璩的寫作態度。

《華陽國志》專以巴蜀地區之史事爲記錄對象，而常璩身爲巴蜀之人，其所記錄之史事，以史料所蒐集的年代來說，即橫跨上古至東晉之時，因此史料繁複甚是龐雜。幸而常璩曾擔任，成漢政權中的散騎常侍，職掌宮中典籍，又身受良好的家學薰陶，故諸子典籍無一不窺，因此在自身史學根基，與家學淵源雙重有利的條件下，對於常璩創作《華陽國志》，無疑是提供了莫大的裨益。

對於常璩處理史料的態度，可由其自述的《華陽國志・序志》中觀察出：

> 迺考諸舊紀，先宿所傳，并南裔志，驗以《漢書》，取其近是，及自所聞，以著斯篇，又略言公孫述《蜀書》咸熙以來喪亂之事，約取耆舊士女英彥。又肇自開闢，終乎永和三年，凡十篇，號曰《華陽國記》。〔註 49〕

由以上簡短的敘述，與常璩〈序志〉中所說，可以歸納出常璩《華陽國志》對於史料的來源處理有三：一、常璩家學淵源深厚，又掌宮中典籍，故諸史知識可謂廣博；二、常璩爲成漢時期之人，除了上古至常璩識事之前，所載之事當爲親身經歷；三、常璩身爲蜀人，對於蜀地民俗風謠不會陌生，故於《華陽國志》中亦多有采集。由以上歸納出的三點，可以進一步看出，常璩對於史料蒐集的來源不外乎「諸家史籍」、「親身經歷」、「歌謠采集」與「考證勘查」等方面，以下分別試就此四個方向，討論其常璩對於史料蒐集的態度。

一、出自於諸家史籍

成漢雖爲偏安小國，但李雄頗好文藝，又以國家之力蒐求諸家典籍，常璩於成漢之時，擔任掌宮中典籍之職，故可以見到難得一見之珍本，如以其〈序志〉中所

〔註 47〕范曄《後漢書・隗囂公孫述列傳》頁 328 云：「將軍李育、程烏，將數萬眾，出陳倉，與李鮪循三輔。」於「程烏」二字下，清代學者王先謙《後漢書集解》頁 202 注云：「光武紀及馮異傳俱作『焉』，案《華陽國志》當從烏。」；又《後漢書》載記漢光武伐公孫述事，僅述其要，《華陽國志》則詳細記載滅公孫述之過程，與後續安撫蜀中人士之方式。南朝宋范曄撰 清王先謙集解《後漢書集解》（台北：藝文印書館，1972 年出版。

〔註 48〕梁啓超《中國歷史研究法》曰：「且吾不嘗言陳壽《三國志・諸葛亮傳》記亮南征事僅得二十字耶？然常璩《華陽國志》，則有七百餘字，吾儕所以得知茲役始末者，賴璩書也。」（台北：台灣中華書局，1985 年 15 版），頁 47。

〔註 49〕見《華陽國志・序志》，頁 205。

說，常璩曾得見司馬相如、嚴君平、揚雄、陽城衡、鄭廑、尹貢、譙周、任熙等八家《蜀本紀》，以上多有當時尙屬罕見之書，常璩則得以見之，因而由此可了解，常璩書中所引用者，除了有其正史之書外，亦有珍貴少見之典籍，故常志可說是一部珍貴的史籍彙整之作。

就史籍舊傳方面而言《尙書》、《春秋》《左傳》、《史記》、《漢書》、《東觀漢記》、《三國志》、《蜀王本紀》、《三巴記》與《益部耆舊傳》等，皆爲常璩旁蒐博引的資料來源，加上親身所聞的經歷，補足了歷來史籍對巴蜀之地記載上的疏漏。現就以上所述之史籍，列舉數例《華陽國志》中所引諸典籍之事，以供相互參閱〔註50〕：

《尙書·禹貢》云：

華陽黑水惟梁州。【注】鄭康成曰：梁州界自華山之南至于黑水也。〔註51〕

以上乃「華陽」之名最早的記載，常璩以此語爲本，於《華陽國志·巴志》即云：「俯壤華陽，黑水江漢爲梁州。」因〈巴志〉爲卷首，巴郡亦爲梁州之中，故常璩以「華陽」二字爲全書之名。

《華陽國志·巴志》對於春秋之時，巴、楚二國間攻伐之史，有其載記，其文摘錄如下：

《春秋》魯桓公九年，巴子使服告楚，請與鄧爲好。楚子使道朔將巴客聘鄧，鄧南鄙，攻而奪其幣，巴子怒，伐鄧，敗之。其後巴師、楚師伐申，楚子驚巴師。魯莊公十八年，巴伐楚，克之。魯文公十六年，巴與秦、楚共滅庸。魯〔註52〕哀公十八年，巴人伐楚，敗於鄾。〔註53〕

以上之事皆可見於《春秋·左傳》中，如《春秋·左傳·桓公九年》云：

巴子使韓服告于楚，請與鄧爲好。楚子使道朔將巴客以聘於鄧。鄧南鄙鄾人攻而奪之幣，殺道朔及巴行人。楚子使薳章讓於鄧，鄧人弗受。夏，楚使鬬廉帥師及巴師圍鄾，三逐巴師。不克。鬬廉衡陳其師於巴師之中，以戰，而北。鄧人逐之，背巴師，而夾攻之。鄧師大敗，鄾人宵潰。〔註54〕

〔註50〕譙周《三巴記》與陳壽《益部耆舊傳》皆已亡佚，經章太炎考證《三巴記》仍尚可見引於《藝文類聚》與《太平御覽》等，《益部耆舊傳》則見引於裴松之與顏師古等注史之書。

〔註51〕〔清〕孫星衍注《尚書·今古文注疏》（台北：台灣中華書局，1966年3月一版），頁8。

〔註52〕《華陽國志校補圖注》頁11注云：「原脱。按上桓、莊、文例，當補。」

〔註53〕見《華陽國志·巴志》，頁2。

〔註54〕以下四例有關《春秋·左傳》者同注46。〈桓公九年〉頁217，〈莊公十八年〉頁297，〈文公十六年〉頁650，〈哀公十八年〉頁1959。

《春秋·左傳·莊公十八年》云:「巴人叛楚而伐那處,取之,遂門于楚。」;《春秋·左傳·文公十六年》云:「秦人、巴人從楚師,群蠻從楚子盟,遂滅庸。」;《春秋·左傳·哀公十八年》云:「巴人伐楚,圍鄾。」由以上所舉之例,有關蜀地春秋之時的史事,多依據《春秋》且兼參《左傳》一書,若於《春秋》與《左傳》二書所不載者,則其來源尚可見於譙周《三巴記》,如《華陽國志·巴志》所載「巴蔓子」故事,歷來群書皆據《華陽國志》,於《華陽國志》之前則未見其事,故《華陽國志校補圖注》假設推論,有關「巴蔓子」故事極有可能出自於譙周《三巴記》〔註55〕。

《華陽國志》對於巴蜀之地所發生過的戰爭,其記載來源多出自於《春秋》、《左傳》與《史記》等史籍,其中對於秦、楚、巴互相征伐之事,於《史記·六國年表》中亦有所載,《華陽國志·漢中志》云〔註56〕:

> 漢中郡,本附庸國屬。周赧王二年〔註57〕,秦惠文王置郡,因水名也。〔註58〕

根據本頁注文五十八所表示,本文訛誤遺漏甚多,依校補後的全文來看,秦、楚、巴三國,對於漢中此地,曾經是發生過激烈的爭奪戰事,依《史記·六國年表》〔註59〕所記載:

周定王十八年(西元前451年),秦厲共公二十六年:

左庶長城南鄭。

〔註55〕《華陽國志校補圖注》頁12,注五。其他對於「巴蔓子」故事歷來史籍有載者有,明李賢等撰,《大明一統志》:「楚王以上卿禮葬其頭於荊門山之陽,巴國葬其身於此。」西安,三秦出版,新華經銷,1990年出版),頁1030;宋祝穆撰,《方輿勝覽》六一卷:「施州今有廟焉」江蘇省,廣陵古籍刻印社,1992年出版),頁1250;曹學佺撰,《蜀中名勝記》十九卷:「忠州……今治西北一里有蔓子塚。」台北,學海,1969年出版),頁759。以上載記傳說皆源自於《華陽國志·巴志》中。

〔註56〕見《華陽國志·漢中志》,頁15。

〔註57〕《華陽國志校補圖注》與《華陽國志校注》皆考證爲周赧王三年。如《華陽國志校注》頁104云:「考《史記·秦本紀》、《楚世家》,秦惠文王後元十三年(前三一二年)秦奪楚漢中地,置漢中郡,此年當周赧王三年。本書卷三亦云周赧王三年置漢中郡。可證此處『二年』乃『三年』之誤。」

〔註58〕《華陽國志·漢中志》頁15云:「漢中郡,本附庸國屬。」於此句下有清廖寅小字校文云:「當有脱。」經《華陽國志校補圖注》頁61考證後,此段記載脱漏訛誤嚴重,茲補全文如下:「漢中郡,本庸國地。周匡王二年,巴、秦、楚滅庸,其地分屬秦、巴。六國時,楚強盛,略有其地。後爲蜀,恆成爭地。周赧王三年,秦惠王置郡,因水名也。」

〔註59〕「中央研究院漢籍電子文獻·二十五史·新校本史記三家注」瀚典全文檢索系統1.3版1997年11月。

周定王二十八年（西元前 441 年），秦躁公二年：

南鄭反。

周安王十五年（西元前 387 年），秦惠公十三年：

蜀取我南鄭。

周安王二十五年（西元前 377 年），秦獻公八年，楚肅王四年：

蜀伐我茲方。（楚欄）

周慎靚王五年（西元前 316 年），秦惠文王後元九年：

擊蜀，滅之。取趙中都、西陽。

周赧王三年（西元前 312 年），秦惠文王後元十三年，楚懷王十七年：

庶長章擊楚，斬首八萬。（秦欄）

秦敗我將屈匄。（楚欄）

由以上《史記》的記載可知，秦、楚、巴三國爭奪漢中或南鄭〔註 60〕之地，曾發生過歷時數十年的戰爭，對照《史記・秦本紀》所載：

十三年，庶長章擊楚於丹陽，虜其將屈匄，斬首八萬；又攻楚漢中，取地六百里，置漢中郡。〔註 61〕

與《史記・楚世家》之記：

十七年春，與秦戰丹陽，秦大敗我軍，斬甲士八萬，虜我大將軍屈匄、裨將軍逢侯丑等七十餘人，遂取漢中之郡。〔註 62〕

兩相對照下，對於戰況整體情形來說，則更是一目瞭然。因漢中極具戰略地位，握有漢中即握有對方咽喉，故其慘烈的戰況不難想像，因此常璩才會有「恆成爭地」之語。

另外就蜀地偉大的水利工程「都江堰」來說，《華陽國志・蜀志》對於李冰的描述，亦是由《史記・河渠書》而來：

蜀守冰鑿離碓，辟沫水之害，穿二江成都之中，此渠皆可行舟，有餘則用溉浸，百姓饗其利。至于所過，往往引其水益用溉田疇之渠，以萬億計，然莫足數也。〔註 63〕

《華陽國志・蜀志》依此記載，加上蜀地流傳李冰的故事，另外加以鋪陳為：

周滅後，秦孝文王以李冰爲蜀守。冰能知天文、地理，謂汶山爲天

〔註 60〕戰國時秦楚相互爭伐，於沔中之地，秦築南鄭以禦楚，楚築漢中以禦秦

〔註 61〕見《史記會注考證・秦本紀》，頁 98。

〔註 62〕見《史記會注考證・楚世家》，頁 644。

〔註 63〕見《史記會注考證・河渠書》，頁 506。

彭門，乃至湔氐縣，見兩山對如闕，因號天彭闕。……冰乃壅江作堋，穿郫江檢江，別之流雙過郡下，以行舟船……於是蜀沃野千里，號爲陸海。……時無荒年，天下謂之天府也。外作石犀五頭以厭水精，穿石犀溪於江南，命曰犀牛里，後轉置犀牛二頭，一在府市市橋門，今所謂石牛門是也，一在淵中……冰鑿崖時，水神怒，冰乃操刀入水中與神鬬，迄今蒙福。〔註64〕

李冰故事最早見於《史記．河渠書》，後《漢書．溝洫志》則亦依循之，故由此而推斷《華陽國志．蜀志》所載李冰事，乃是根據《史記》並加上常璩於蜀地所采之故事，以及歷來文人對李冰傳說所作之描述而來，如揚雄〈蜀王本紀〉所云：

江水危害，蜀守李冰作石犀五枚，二枚在府中，一枚在市橋下，二枚在水中，吕厭水精，因曰石犀里也。李冰吕秦時爲蜀守，謂汶山爲天彭闕，號曰天彭門……縣前有兩石，對如闕，號曰彭門。〔註65〕

蜀地傳說故事，常璩多方采取民間神話，與歷來文人所撰之篇章，配合史籍而成。如上所述李冰之事，整體架構與〈蜀王本紀〉並無太大差異，故由此可知《華陽國志》所載李冰故事，是常璩在前人基礎上，配合《史記》所多加潤飾而成。

常璩於西漢以前地理郡縣戶政的敘述，則多參照班固所撰《漢書．地理志》，如《華陽國志．漢中志》云：

武都郡，本廣漢西部都尉治也。元鼎六年，別爲郡，屬縣九，户萬。〔註66〕

《漢書．地理志》云：

武都郡，武帝元鼎六年置，莽曰樂平。户五萬一千三百七十六〔註67〕，口二十三萬五千五百六十，縣九。〔註68〕

《華陽國志．蜀志》云：

〔註64〕見《華陽國志．蜀志》，頁30。

〔註65〕揚雄〈蜀王本紀〉殘文載錄於清嚴可均編《全上古三代秦漢三國六朝文》第五十三卷，台北，世界書局，1969年8月三版。其他蜀地傳說故事，常璩參考於〈蜀王本紀〉者，尚有「蠶叢開國」、「望帝故事」與「五丁力士」等，整體而言自蠶叢開國起至望帝、開明事，大多取材自〈蜀王本紀〉之中。

〔註66〕見《華陽國志．漢中志》，頁23。

〔註67〕此處户數有所差異，因廖寅本《華陽國志．漢中志》於武都郡的敘述下，有小注云：「當有脱」，故《華陽國志校補圖注》依《漢書．地理志》所載，認爲應再增補「户五萬餘」四字。

〔註68〕〔東漢〕班固撰，〔清〕王先謙集解《漢書．地理志》（台北：藝文印書館，1972年出版），頁799。

成都縣，郡治，有十二鄉，五部尉，漢户七萬。〔註69〕

《漢書・地理志》云：

成都，户七萬六千二百五十六。〔註70〕

《華陽國志・蜀志》云：

廣漢郡，高帝六年置，屬縣八，漢户十七萬。〔註71〕

《漢書・地理志》云：

廣漢郡，高帝置，莽曰就都。屬益州。户十六萬七千四百九十九。〔註72〕

《華陽國志・南中志》云：

牂柯郡，漢武帝元鼎二年開，屬縣漢十七，户六萬。〔註73〕

《漢書・地理志》云：

牂柯郡，武帝元鼎六年開，莽曰同亭，有柱蒲關，屬益州。户二萬四千二百一十九，口十五萬三千三百六十，縣十七。〔註74〕

由於班固《漢書》只記西漢一代之事，於西漢武帝前之史事，班固亦多依據《史記》而來，故常璩對於武帝之前的巴蜀人物載記，多兼參《史記》與《漢書》二家。於武帝之後的史事與人物敘述，雖仍有參考《漢書》的痕跡，如《華陽國志・先賢志》所載揚雄、何武、王褒等，乃是取《漢書》諸人列傳概要而成，但受到武帝至王莽篡漢，這段不過百多年時間的侷限，加上常璩只取巴蜀人物而記的範圍限制，《華陽國志》對於《漢書》人物傳記的取材，相較於《史記》與《三國志》來說，比例上是要來得比較少的，反倒是對於郡縣戶籍方面的資料，常璩則是大量參考與吸收《漢書》中的記載。

常璩對於西漢武帝後，至三國之時的史料依據，則以《東觀漢記》與《三國志》爲主。現今《東觀漢記》散佚不全，幸尚有殘存輯本可供參照，如敘公孫述之事，《華陽國志・公孫述劉二牧志》載云：

王莽……遷故中散大夫，茂陵公孫述，字子陽，爲導江卒正，治臨邛……建武元年，世祖光武皇帝即位河北，述夢人謂己曰：公〔註75〕子系，

〔註69〕見《華陽國志・蜀志》，頁34。

〔註70〕見《漢書・地理志》，頁783。

〔註71〕見《華陽國志・蜀志》，頁36。

〔註72〕見《漢書・地理志》，頁781。

〔註73〕見《華陽國志・南中志》，頁54。

〔註74〕見《漢書・地理志》，頁794。對於牂柯郡的描述，《華陽國志校補圖注》依《漢書・地理志》認爲，有「元鼎二年」與「元鼎六年」；「户六萬」與「户兩萬」二處之差異，其原因是在於歷來傳鈔《華陽國志》者甚多，於其中發生了傳鈔之誤所造成。

〔註75〕廖寅本小字注云：「按當作八厶二字。」顧廣圻校曰：「八厶子系。」《東觀漢記》與

十二爲期。述以語婦，婦曰：朝聞道，夕死尚可，何況十二乎。會夏四月，龍出府殿前，以爲瑞應，述遂稱皇帝，號大成，建元龍興。〔註76〕

《東觀漢記》卷二十三載記云：

公孫述，字子陽，扶風茂陵人……述夢有人語之曰：八厶子系，十二爲期。覺語其妻，對曰：朝聞道，夕死尚可，況十二乎。有龍出其府殿中，夜有光耀，述以爲符瑞，因稱尊號，自立爲天子，改元曰龍興。〔註77〕

《華陽國志・公孫述劉二牧志》所載公孫述之文，多於《東觀漢記》殘文三百餘字，少於《後漢書・隗囂公孫述列傳》中所載，公孫述故事四百餘字。以上三篇的特點分別爲：《華陽國志・公孫述劉二牧志》詳載公孫述符命之說；《東觀漢記》對於公孫述的身世有較多敘述；而范曄《後漢書・隗囂公孫述列傳》則兼采二書公孫述之事，由以上觀之，三篇互有詳略，可相互參照。

因陳壽《三國志》與常璩生存年代較爲接近，故以三國史事來說，常璩則多依《三國志》而成，如《華陽國志・漢中志》載蜀漢霍峻故事：

建安十八年，劉先主自葭萌南攻州牧劉璋，留中郎將南郡霍峻守葭萌城，張魯遣將楊帛誘峻，求共城守，峻曰：小人頭可得，城不可得也。帛退。劉璋將向存、扶禁由巴閬水攻峻，歲餘不能克，峻眾才八百人，存眾萬計，更爲峻所破敗退走。成都既定，先主嘉峻功。二十二年，分廣漢置梓橦郡，以峻爲太守。〔註78〕

《三國志・霍峻傳》載云：

先主以峻爲中郎將，先主自葭萌南還襲劉璋，留峻守葭萌城，張魯遣將楊帛誘峻，求共守城，峻曰：小人頭可得，城不可得。帛乃退去。後璋將扶禁、向存等帥萬餘人由閬水上，攻圍峻，且一年，不能下，峻城中兵纔數百人，伺其怠隙，選精銳出擊，大破之，即斬存首。先主定蜀，嘉峻之功，乃分廣漢爲梓潼郡，以峻爲梓潼太守、裨將軍。〔註79〕

以上霍峻故事，常璩大體以《三國志・霍峻傳》爲依據，不只於霍峻故事多依《三國志》，其他如《華陽國志・公孫述劉二牧志》之劉焉、劉璋故事，與《華陽國志・

《後漢書・隗囂公孫述列傳》皆載曰：「八厶子系，十二爲期。」《華陽國志校注》與《華陽國志校補圖注》皆依《東觀漢記》與《後漢書》所云。

〔註76〕見《華陽國志・公孫述劉二牧志》，頁67。

〔註77〕東漢班固等撰，《東觀漢記》（北京：中華書局，1985年出版），頁216。

〔註78〕見《華陽國志・漢中志》，頁22。

〔註79〕晉陳壽撰 南朝宋裴松之注《三國志・蜀書・霍峻傳》（北京：中華書局 2006年19刷，頁1007。

劉先主志》亦多依《三國志》所述載記而成，現分別於此二志中，各舉事例與《三國志》互相參照。

《華陽國志・公孫述劉二牧志》云：

> 漢二十二世孝靈皇帝，政治衰缺，王室多故。太常竟陵劉焉，字君朗，建議言：刺史太守，賄賂爲官，割剝百姓，以致離叛，可選清名重臣，以爲牧伯，鎮安方夏。焉內求州牧以避世難，侍中廣漢董扶私於焉曰：京都將亂，益州分野有天子氣，焉惑之，意在益州。〔註80〕

《三國志・蜀書・劉二牧傳》載云：

> 劉焉字君郎，江夏竟陵人也，漢魯恭王之後裔，章帝元和中徙封竟陵……靈帝政治衰缺，王室多故，乃建議言：刺史、太守，貨賂爲官，割剝百姓，以致離叛，可選清名重臣以爲牧伯，鎮安方夏。焉內求交阯牧，欲避世難，議未即行，侍中廣漢董扶私謂焉曰：京師將亂，益州分野有天子氣。焉聞扶言，意更在益州。〔註81〕

以上是在說明劉焉的身世與擔任益州牧的過程，常志與陳志兩書相較，並無太大差異，其子劉璋之事亦源載於此，《華陽國志・公孫述劉二牧志》其文曰：

> 璋字季玉，既襲位，懦弱少斷，張魯稍驕於漢中……十年璋聞曹公將征荊州，遣中郎將河內陰溥致敬，公表加璋振威將軍……十三年仍遣肅弟松爲別駕，詣公，公時已定荊州，追劉主，不存禮松……松以是怨公……松還疵毀曹公，勸璋自絕，因說璋曰，劉豫州使君之肺腑，更可與通……十六年璋聞曹公將遣司隸校尉鍾繇伐張魯，有懼心……松對曰：劉豫州使君之宗室，而曹公之深讎也，善用兵，使之伐魯，魯必破，破魯則益州強，曹公雖來無爲也……璋然之，復遣法正迎劉先主……王累，倒懸於州門，以死諫璋，璋壹無所納。〔註82〕

《三國志・蜀書・劉二牧傳》載云：

> 璋，字季玉，既襲焉位，而張魯稍驕恣……璋聞曹公征荊州，已定漢中，遣河內陰溥致敬於曹公，加璋振威將軍……璋復遣別駕張松詣曹公，曹公時已定荊州，走先主，不復存錄松，松以此怨……松還，疵毀曹公，勸璋自絕，因說璋曰：劉豫州，使君之肺腑，可與交通。……遣法正請先主，璋主簿黃權陳其利害，從事廣漢王累自倒縣於州門以諫，

〔註80〕見《華陽國志・公孫述劉二牧志》，頁70。
〔註81〕見《三國志・蜀書・劉二牧傳》，頁865。
〔註82〕見《華陽國志・公孫述劉二牧志》，頁71。

璋一無所納。〔註83〕

以上《華陽國志・公孫述劉二牧志》與《三國志・蜀書・劉二牧傳》對於劉焉、劉璋父子的描述，整體而言除了文字上的不同外，其他並無二異，可以看出常志之文來自於陳志的痕跡。其他對於三國史事與人物的描寫，常志亦多參考於陳志，如《華陽國志・劉先主志》云：

先主，諱備，字玄德，涿郡涿縣人。漢景帝中山靖王勝後也，勝子貞，元狩六年，封涿縣陸城亭侯，因家焉。祖父雄，察孝廉爲東郡范令。父弘。先主幼孤，與母販履織蓆自業，舍東南角籬上有桑樹，生高五丈餘，遙望童童如車蓋，人皆異之，或謂當出貴人。先主少時，與宗中諸兒戲於樹下，言吾必乘此羽葆蓋車。〔註84〕

《三國志・蜀書・先主傳》云：

先主姓劉，諱備，字玄德，涿郡涿縣人，漢景帝子中山靖王勝之後也，勝子貞，元狩六年封涿縣陸城亭侯，坐酎金失侯，因家焉。先主祖雄，父弘，……。先主少孤，與母販履織蓆爲業，舍東南角籬上有桑樹生高五丈餘，遙望見童童如小車蓋，往來者皆怪此樹非凡，或謂當出貴人。先主少時，與宗中諸小兒於樹下戲，言：吾必當乘此羽葆蓋車。〔註85〕

常志與陳志對於劉備的敘述幾近相似，這種情形在常志中，對於三國時期人物的載記而言，類似情況是很多見的，如《華陽國志・先賢志》有載秦宓、王甫、王累、彭羕、費詩、張翼、尹默、李譔等人之事，或在三國時期生於蜀地的人物，於《三國志》中亦多有所載。今依《華陽國志・益梁寧三州先漢以來士女目錄》所載，考於《史記》、《漢書》與《三國志》三史中，有所紀錄者製成一附表〔註86〕。

經由附表而觀之，大體上可以得知《華陽國志》的史料來源，於《史記》、《漢書》與《三國志》中皆有依據與涉略。另外於前人舊傳，常璩亦多方參考，如裴松之引陳壽《益部耆舊傳》者，於其注文出處共有十二次〔註87〕，現舉《三國志・楊洪傳》中，裴松之引陳壽《益部耆舊傳》所載何祗之事如下：

祗字君肅，少寒貧，爲人寬厚通濟，體甚壯大，又能飲食，好聲色，不持節儉，故時人少貴之者……時諸葛亮用法峻密，陰聞祗游戲放縱，不

〔註83〕見《三國志・蜀書・劉二牧傳》，頁868。

〔註84〕見《華陽國志・劉先主志》，頁77。

〔註85〕見《三國志・蜀書・先主傳》，頁871。

〔註86〕附表三。

〔註87〕裴注所引《益部耆舊傳》介紹之人分別有董扶、任安、何祗、董榮、張表、張嶷、張浩等。

勤所職，嘗奄往錄獄，眾人咸爲祇懼，祇密聞之，夜張燈火見囚，讀諸解狀，諸葛晨往，祇悉已闇誦，答對解釋，無所凝滯，亮甚異之，出補成都令。〔註88〕

由以上可以得知何祇是個不拘小節，卻又極有才能之人，而《華陽國志・先賢志》中對於何祇的敘述，亦不出以上所載，其文曰：

君肅矯矯，穎類倬群　何祇，字君肅，宗族人也。……是以西土咸服諸葛亮之能攬拔秀異也。〔註89〕

雖然常志對於何祇的記載不如陳壽《益部耆舊傳》來的多，但常璩透過「君肅矯矯，穎類倬群」的讚詞，亦即涵蓋了整個，陳壽對何祇聰穎強記的敘述。

常璩對於諸家史籍多有涉略，在《華陽國志》的記載中，當即體現他在史料處理這方面深厚的根基。然而常璩所經歷過的成漢政權，往來歷史學家多不碰觸，致使歷來對於成漢的史事研究亦不多見，幸有常璩作《華陽國志》記載了大量的成漢史料，避免成漢變爲歷史洪流中晦暗的一頁，常璩之功是不容抹滅的，以下將就常璩所記錄之成漢史事，探討其史料來源亦出自於親身經歷中。

二、出自於親身經歷

常璩依任乃強先生的考證推斷，大約生活於晉惠帝元康元年（西元 291 年）至穆帝升平五年（西元 361 年）之間，年約七十歲而卒。而成漢政權自李特建初元年（西元 303 年）至李勢嘉寧二年（西元 347 年）爲止，共歷四十三年。由以上推之，常璩存在之時與成漢建立之時，是有相當大的重疊之處，故可以說常璩的一生，即爲成漢政權的縮影，因此常璩在《華陽國志・大同志》與〈李特雄期壽勢志〉兩卷中，其載記史料應多爲親身所見，故成爲歷來史家研究成漢之時的重要參考依據。

依之前本文第二章所敘述，得知常璩在尚未入晉之前，曾作《漢之書》或稱《漢書》，之後入晉時將《漢書》改稱爲《蜀李書》，而以上〈大同志〉與〈李特雄期壽勢志〉兩卷之資料，當由《蜀李書》改寫而來。然考〈李特雄期壽勢志〉所載，常璩只記成漢史事至晉成帝咸康五年，亦爲李壽漢興二年（西元 339 年），成漢數十年的政治生命，可以說在常璩眼前一幕幕的上演，故由此推斷常璩載記蜀地成漢之時的史事，應多爲親身經歷，更是無庸置疑。

常志與歷代二十五史相比較，二十五史多爲後代修前史的方式，而常志所載成漢史事，則多爲親身經歷，故常志的可信度則更爲提高。如勸降李勢降晉一事，

〔註88〕見《三國志・蜀書・楊洪傳》，頁 1014。

〔註89〕見《華陽國志》，頁 138。

在〈李特雄期壽勢志〉末有所記載，此因文字散佚，故李埅參照歷來史書補文如下：

晉康帝建元元年，壽卒勢立，改元太和……三年春，桓溫伐蜀，軍至青衣……至溫已軍於成都之十里……勢悉眾出戰於笮橋，中書監王嘏、散騎常侍常璩，勸勢降，乃夜開東門，走至葭萌，使散騎常侍王幼送降文於溫，勢至建康，封歸義侯。〔註90〕

以上載文雖非常璩所撰，但對照於《晉書・載記》李勢卷記載來說：

溫至城下，縱火燒其大城諸門。勢眾惶懼，無復固志，其中書監王嘏、散騎常侍常璩等勸勢降……勢乃夜出東門，與昝堅走至晉壽，然後送降文於溫曰……遷勢及弟福，從兄權親族十餘人于建康，封勢歸義侯。〔註91〕

以上二文差異性不大，不過依照《晉書》所判斷，常璩對於勸降李勢是有參與在其中的，故李埅所補之文，應當與原佚文相去不遠。

除了曾經親身參與成漢之時的史事發展外，常璩對於巴蜀人物耆舊的探查，亦是親自探訪，雖然《華陽國志》全卷並未明顯表示出，常璩與蜀地人物耆舊的對話情形，不過在〈序志・述序志第十二〉的譔文中常璩曾提到：

博考行故，總厥舊聞，班序州部，區別山川，憲章成敗，旌昭仁賢，抑絀虛妄，糾正繆言，顯善懲惡，以杜未然。〔註92〕

「博考行故」乃是在說明常璩依照陳壽、常寬等作的形式，探訪考察蜀地人物與耆舊，藉以發掘出能影響當時風氣的賢士烈女，其希望能達到「旌昭仁賢，抑絀虛妄，糾正繆言，顯善懲惡，以杜未然。」的功效，因此只有親身探訪體會人物的言行舉止，才能使「旌昭仁賢」得到名符其實的效果。常璩在〈序志〉中亦云：

恨璩才短，少無遠及，不早援翰執素，廣訪博咨，流離困瘵，方資腐帛於 顛牆之下，求餘光於灰塵之中，劘滅者多，故雖有所闕，猶愈於遺忘焉。〔註93〕

以上常璩憂心故舊之事被眾人所遺忘，因此盡力的「廣訪博咨」，蒐求耆舊故事於顛牆灰塵之中，目的在於盡力保存人物耆舊的經驗與故事，使不至湮沒於歷史洪流之

〔註90〕見《華陽國志・李特雄期壽勢志》，頁 127。廖寅本小注云：「按上文晉康帝建元元年壽卒起，至此，乃李埅所續勢志，非道將之舊也，今亦不更削去。」《華陽國志校補圖注》前言指出，任乃強先生親見宋代元豐年間呂大防刻本，當時即有此補文，故判斷此文非李埅所補，今因未知此文補者爲何人，故仍依廖寅舊說。

〔註91〕〔唐〕房玄齡等撰，《晉書・李勢載記》（北京：中華書局，1974 年），頁 3048。

〔註92〕見《華陽國志・序志》，頁 209。

〔註93〕見《華陽國志・序志》，頁 205。

中，其保存史料的苦心於此顯露無遺。

常璩以親身探訪耆舊，而得到的史料彌足珍貴，其苦心也為眾人所讚許，因此宋代呂大防於〈華陽國志序〉即云：

> 晉常璩作《華陽國志》，於一方人物，丁寧反覆，如恐有遺，雖蠻、髦之民，井、臼之婦，茍有可紀，皆著於書。〔註94〕

李𡌴於〈重刊華陽國志序〉亦曰：

> 晉常璩作《華陽國志》……於一方人物，尤致深意，雖侏離之氓，賤俚之婦，茍有可取，在所不棄。〔註95〕

呂大防與李𡌴二人在深入的校勘《華陽國志》過後，他們看到了常璩對於耆舊不餘遺力探訪的苦心，更讚許常璩對於保存人物故事傳記，是不分是否為異族，或市井小民與鄉里村婦的，只要有益於風俗教化者，即皆收錄其中。而親身探訪人物耆舊並著錄其言行，這不單是常璩進步的歷史觀，更是以民為本的具體展現。

三、出自於歌謠采集

就「歌謠采集」來說，常璩於蜀地歌謠的采集亦是有所著重，因為歌謠俗諺多反映當時蜀地風俗民情，可說是相當珍貴的史料，故常璩極為重視此一區塊。

常璩所采歌謠類型，若細分則可分為三類，分別有反應民生者；有褒諷人物者；以及反映史事者。常志中有記錄歌謠現象的產生，這是因為常璩以巴蜀之事為主要載記對象，故除了人物史事與鄉里傳說的載記之外，反應當時蜀地人民生活情形，亦為《華陽國志》中重要的紀錄事項之一，而歌謠俗諺即能最真實的反映出當時之民風。常璩所采歌謠俗諺，多集中於前數卷中，今分別作表節錄如下：

類　型	出　處	內　　容
反應民生	〈巴志〉	詩曰：川崖惟平，其稼多黍，旨酒嘉穀，可以養父。野惟阜丘，彼稷多有，嘉穀旨酒，可以養母。
		詩曰：惟月孟春，獺祭彼崖，永言孝思，享祀孔嘉，彼黍既潔，彼犧惟澤，蒸命良辰，祖考來格。
		詩曰：日月明明，亦惟其名，誰能長生，不朽難獲。
		又曰：惟德實寶，富貴何常，我思古人，令問令望。
		詩曰：混混濁沼魚，習習激清流，溫溫亂國民，業業仰前脩。

〔註94〕見《華陽國志》，文本前頁。
〔註95〕見《華陽國志》，文本前頁。

褒諷人物		詩曰：肅肅清節士，執德實固貞，違惡以授命，沒世遺令聲。
		巴人歌曰：築室載直梁，國人以貞眞，邪娛不揚目，枉行不動身，奸軌辟乎遠，理義協乎民。
		詩曰：乘彼西漢，潭潭其淵，君子愷悌，作民二親，沒世遺愛，式鏡後人。
		國人風之曰：明明上天，下土是觀，帝選元后，求定民安，孰可不念，禍福由人，願君奉詔，惟德日親。
		詩曰：關關黃鳥，爰集於樹，窈窕淑女，是繡是黼，惟彼繡黼，其心匪石，嗟爾臨川，邈不可獲。
		民歌之曰：習習晨風動，澍雨潤乎苗，我后卹時務，我民以優饒。
		又曰：望遠忽不見，惆悵嘗徘徊，恩澤實難忘，悠悠心永懷。
		國人刺之曰：狗吠何諠諠，有吏來在門，披衣出門應，府記欲得錢。語窮乞請期，吏怒反見尤，旋步顧家中，家中無可爲，思往從鄰貸，鄰人已言匱，錢錢何難得，令我獨憔悴。
		百姓諺云：虜來尚可，尹將殺我。
褒諷人物	〈蜀志〉	百姓歌之曰：廉叔度，來何暮，來時我單衣，去時重五袴。
		世爲諺曰：思都郵，斬令頭。
反應民生	〈南中志〉	行人爲語曰：猶溪赤木，盤蛇七曲，盤羊烏櫳，氣與天通，看都濩�，住柱呼尹，庲降賈子，左儋七里。
褒諷人物		歌之曰：漢德廣，開不賓，渡博南，越蘭津，渡蘭倉，爲他人。
反映史事	〈公孫述志〉	蜀中童謠曰：黃牛白腹，五銖當復。

以上所節錄的歌謠俗諺，大多以反映巴蜀之地風俗民情爲主，如對於巴蜀之地人民習性描述，以「川崖惟平，其稼多黍」、「惟月孟春，獺祭彼崖」等詩來形容，細觀詩的簡單形式與質樸內容，相較於《詩經》已然不遠，故常璩對於巴蜀人民的評價爲：「其民質直好義，土風敦厚，有先民之流。」

民歌形式語言質樸，未行使儒家善用典故的手法，可以看出確實爲民間的作品。又如對於良吏或貪官，巴蜀人民亦以「廉叔度，來何暮」、「狗吠何諠諠，有吏來在門」等詩歌來發洩情緒，以簡單的筆法，深刻的描繪出一個人是好或壞的形象，令人印象深刻。整體而言，常璩所載錄的詩歌，眞實反映了巴蜀地區中，種種的社會現象，雖然這些歌謠俗諺形式簡單，語言質樸無華，內容卻是如實反應出，巴蜀人民現實生活的情形。而采集歌謠的記錄手法，在正史中不多見，歷來史家亦多不取，但是民歌卻是人民生活的眞實反應，由此足以可見，常璩對於人民的重視程度爲何了。

四、出自於考證勘查

就之前所說，常璩對於史料蒐集的處理態度，多以務實爲主，除了年代久遠無法親自采集之外，大多能以身親臨，或參照史書以考證之，諸如探訪耆舊，與參照《史記》、《漢書》二書，或兼參諸史等，於前節已討論過，今不再贅述。現就常璩對於地理史料「考證勘查」的態度，列舉數例以說明之。

《華陽國志・序志》云：

> 言三州土地，不復悉載，地理志頗言山水，歷代轉久，郡縣分建，地名改易，於以居然，辨物知方，猶未詳備。……懼益遐棄，城陴靡聞，迺考諸舊記，先宿所傳，并《南裔志》，驗以《漢書》，取其近是，及自所聞，以著斯篇。〔註 96〕

〈序志〉之中透露出，常璩對於地理史事「考證勘察」的態度，如因歷史久遠而導致山川水名，與郡縣名稱各有沿革，而爲了考證其諸山群水的名稱來歷，常璩即參照了先賢所著諸志，並以《漢書》考證之，諸如前節所提，《漢書・地理志》所載之諸郡縣情況，與《華陽國志》所記並無太大差異，又如〈序志〉中所提到：

> 《蜀記》言三皇乘祗車出谷口，秦宓曰，今之斜谷也〔註 97〕，及武王伐紂，蜀亦從行，《史記》周貞王之十六年〔註 98〕，秦厲公城南鄭，此谷道之通久矣，而說者以爲蜀王因石牛始通，不然也。〔註 99〕

此文是在說明，《華陽國志・蜀志》中所記載，秦惠王與蜀王相遇於獵谷中，互贈禮物，因爲蜀王所贈禮物皆化爲塵土，秦惠王因此決心伐蜀，做石牛五頭，曰可便金，誘使蜀王派遣五丁力士開道迎石牛，最後秦軍果然由石牛道入，而蜀因此滅亡。

只是常璩對於此一傳說深不以爲然，乃引秦宓與《史記》之說駁斥蜀道的開通，是因五丁力士爲迎石牛所開鑿而成，今考此一傳說乃是出自於《蜀王本紀》〔註 100〕。依照常璩所考，秦厲公城南鄭之時爲西元前 451 年，而秦惠王滅蜀時爲西元前 316

〔註 96〕見《華陽國志・序志》，頁 205。

〔註 97〕見《三國志》，頁 975。《三國志・蜀書・秦宓傳》載云：「三皇乘祗車出谷口，今之斜谷是也。」

〔註 98〕按《史記・六國年表》所載，應爲周貞定王十八年，秦厲公二十六年。

〔註 99〕見《華陽國志・序志》，頁 206。

〔註 100〕見《全上古三代秦漢三國六朝文》所錄《蜀王本紀》云：「秦惠王時，蜀王不降秦，秦亦無道出于蜀。蜀王從萬餘人東獵褒谷，卒見秦惠王，秦王吕金一笥遺蜀王，蜀王報吕禮物，禮物盡化爲土，秦王大怒，臣下皆再拜賀曰，土者地也，秦當得蜀矣。……秦惠王本紀曰，秦惠王欲伐蜀，乃刻五石牛，置金其後，蜀人見之，吕爲牛能大便金。……蜀王吕爲然，即發卒千人，使五丁力士拖牛成道……秦道得通，石牛之力也，後遣丞相張儀等，隨石牛道伐蜀焉。」

年，兩王在位之時相距百年，早在秦厲公之時，雖交通不便，但秦、蜀之間並不可能，無通道以交流兩國之貨物與訊息〔註 101〕，否則《蜀王本紀》所載兩王之會當從何來？況且《史記》中所載秦、蜀之間互有攻伐〔註 102〕，假若無交通之道，又何以戰事頻繁？又南鄭當爲秦、蜀之間，重要的戰略門戶之地，故秦與蜀對南鄭發動了多次的爭奪戰，其宋人郭允蹈《蜀鑑》評論南鄭戰事云：

論曰：常璩謂蜀以褒斜爲前門，則南鄭者蜀之扞蔽也。南鄭既入秦七十二年，而蜀遂亡，脣亡齒寒也。久矣後之經理蜀者，可不鑑乎。〔註 103〕

故由以上觀之，以及後來史料證明，常璩考證諸史，以駁蜀石牛道乃爲五丁力士所開之傳說，是有其根據而非憑空揑造的。

以上是就書面的歷史資料，來看常璩「考證勘查」的態度。另一方面，以親身所至，記其當地事物形象者，則集中於前四卷中，如於〈巴志〉中所載：

其地東至魚復，西至僰道，北接漢中，南極黔涪，土植五穀，牲具六畜，桑、蠶、麻、紵、魚、鹽、銅、鐵、丹、漆、茶、蜜、靈龜、巨犀、山雞、白雉、黃潤、鮮粉，皆納貢之。其果實之珍者，樹有荔芰，蔓有辛蒟，園有芳蒻、香茗，給客橙、蔎。其藥物之異者，有巴戟、天椒，竹木之璝者，有桃支、靈壽，其名山有塗、籍、靈臺、石書、刊山。〔註 104〕

常璩記載巴郡地區的物產，其種類豐富，有許多品種更是與中原地區所產殊異，可以想見在當時巴蜀之地因土地豐饒，所出物產極是繁多，故巴蜀素有「天府」之名，實是不難想像。對於土地所出的物產，常璩記載極爲詳細，對於州郡縣城內的風土名勝，常璩亦是一一記述，又如〈巴志〉江州縣云：

塗山有禹王祠及塗后祠，北水有銘書，詞云：漢初犍爲張君爲太守，

〔註 101〕《三星堆與巴蜀文化・陝南巴蜀文化的考古發現與研究——兼論蜀與商周的關係》一文中，作者魏京武即提到，四川境內長江中游的大溪文化（西元前 3300 年），與陝西境內漢江上游的老官台文化（西元前 7000 年），其二者在出土的陶器上，有著相當的關聯性，故曰：「陝南漢江上游地區遠在新石器時代，就是黃河中游地區和長江中游地區原始文化的交匯地帶，特別到了龍山文化時期及其以後，巴蜀文化在這裡有相當大的影響，可以說是巴蜀文化的範疇。」由以上考古學亦可證明，巴蜀之地與秦地乃至於中原，早在石器時代即有往來。《三星堆與巴蜀文化》李紹明等編，四川，巴蜀書社出版發行，1993 年 11 月出版），頁 218。

〔註 102〕按《史記・六國年表》載秦厲公二十六年（西元前 451 年）：「左庶長城南鄭。」，後秦躁公二年（西元前 441 年）：「南鄭反。」，後秦惠公十三年（西元前 387 年）：「蜀取我南鄭。」，後秦惠文王後元九年（西元前 316 年）：「擊蜀，滅之。」

〔註 103〕〔宋〕郭允蹈著《蜀鑑》（台北：中華書局印行，1968 年 11 月一版），頁 1。

〔註 104〕見《華陽國志・巴志》，頁 2。

> 忽得仙道，從此升度，今民曰：張府君祠，縣下有清水穴，巴人以此水爲粉，則膏暉鮮芳，貢粉京師，因名粉水，故世謂江州墮林粉也。〔註105〕

常璩於此描寫江州縣境內的名勝，與〈巴志〉前所作的綜略性概述，是有相互聯繫的，如〈巴志〉云：「禹娶於塗山，辛壬癸甲而去……今江州塗山是也，帝禹之廟銘存焉。」在〈巴志〉前，常璩只概略說明夏禹的事跡，與夏禹祠碑銘的存在，但在此並不急於一次敘述完畢，直到載記江州縣境內的情況後，才完整敘述。這種敘述上的處理方式，既不會讓整卷文章，有前重後輕與過多重複的窘境，又可達到前後呼應的效果。

「都江堰」爲世界偉大的水利工程之一，常璩於此當然亦多所著墨，如對李冰治水傳說，常璩一方面記載蜀地歷來有關於李冰的治水傳聞，另一方面則是實際勘查當地的地形與工程建設，然後與傳說相互應證，並且載記之，如〈蜀志〉中常璩所載：

> 西於玉女房下白沙郵，作三石人，立三水中，與江神要，水竭不至足，盛不沒肩。〔註106〕

此一記載歷來史籍皆有引用，如《水經注》云：「作三石人立水中，刻要江神，水竭不至足，盛不沒肩。」〔註107〕而近來考古學者於1974年整修都江堰之時，發掘出一尊石人，石像底下有銘刻曰：

> 建寧元年，閏月戊申朔廿五日，都水掾尹龍、長陳壹造三神石人，珍水萬世焉。〔註108〕

又於1975年據先前第一座石像發掘處，再次挖掘出土了一尊石人，經考古確定此二尊石人，在石材、造型與侵蝕程度上均爲一致，應屬同一時代所做，不過「建寧」爲東漢靈帝的年號，此與常璩所說，石像爲李冰所作則有所出入，或許李冰之時眞有作石像三人；或許常璩所記有誤，然這些當由考古學界，繼續追尋與探索。不過由此亦可看出，常璩所記仍有幾分準確度，在三石人的考古結果尚未明朗之前，常璩所載記三石像的紀錄，仍是一條重要的考古線索。

至於常璩所記「玉女房」之名，歷來學者皆對其名出處不甚了解，《太平寰宇記》卷七十三引李膺《益州記》云：

〔註105〕見《華陽國志・巴志》，頁9。

〔註106〕見《華陽國志・蜀志》，頁31。

〔註107〕〔後魏〕酈道元注，清楊守敬，熊會貞疏《水經注疏》（江蘇：古籍出版社，1989年出版），頁2745。

〔註108〕文見《文物・都江堰出土東漢李冰石像》第7期，四川省灌縣文教局，1974年，頁27。

其房鑿山爲穴，深數十丈，中有廊廡堂室，屈曲似若神功，非人力矣。〔註 109〕

雖有李膺與常璩等記載，但歷來學者仍無法得知「玉女房」的確切位置，不過在 1993 年 8 月 13 號之時，在因緣際會下，文史工作者紀方明先生與全家前往都江堰，因下雨使得江上迷濛，於一座山前竟浮現出玉女形象，而此說則有待考古學家進一步考證，確定「玉女房」的確切位置，是否爲紀方明先生所發現的地方。雖然此一考古問題尚未釐清，不過這倒是爲常璩《華陽國志》所載「玉女房」，提供了另一種新方向與角度的思考與解釋〔註 110〕。

第三節　小　結

古者良史所要具備的條件，不外乎要求「學」、「識」、「才」、「德」等四點相互配合，常璩之書所載史事多考證嚴謹，不是根據史籍而來，就是親身經歷；且於每卷末皆有一評，或敘心中所感，或述史事觀點；駕馭龐雜的史料，雖跨千年歷史，但不見雜亂無章，反而井井有條；書中除記事嚴謹，所載之人皆爲德行具足之士，無論男女耆幼，只要對於風俗能有所教化者，皆載錄其中。

「載史嚴謹」、「議評史事」、「駕馭史料」與「教化風俗」等四點，常璩之書無一不符合了劉知幾與章學誠，對於史家所提出「學」、「識」、「才」、「德」的四點要求，因此《華陽國志》納入古之良史的範疇中，應該是當之無愧的，乃至與《史記》、《漢書》、《後漢書》和《三國志》四史相比較而言，更可謂毫無遜色。

〔註 109〕〔宋〕樂史撰，《文淵閣四庫全書・太平寰宇記》（台北：台灣商務，1983 年出版），頁 605。

〔註 110〕「玉女房」發現過程全文詳見，易安平所作〈《華陽國志》所載「玉女」的發現〉一文《文史雜志》第六期 1995 年。

第四章　《華陽國志》成書之時代背景

據前章所述以及附表二可以得知，常璩大約生活在西晉末，與東晉中後期之間，而《華陽國志》的成書時間，則約在李氏成漢政權成立之時，換算成晉朝皇帝在位年號，則約在成帝至穆帝之間。因桓溫滅蜀，常璩隨軍回建康，雖然身爲一個降臣的身分，常璩依舊熱衷於著書，因此在舊作的基礎上，添加了新的材料與見聞，故約在穆帝永和四年（西元 348 年）完成了《華陽國志》。常志的部份，可視爲常璩一生的縮影，除去有關地理與漢末至晉的記載來說，常志中第九卷有關於李氏成漢政權的記載，常璩幾乎可說是全都參與其中的，因此本章節將以常志第九卷〈李特雄期壽勢志〉爲中心，探討常璩身處的成漢與東晉中葉之間的時代氛圍，藉以更清楚地瞭解《華陽國志》成書之時代背景。本章節將分爲「政治局勢」、「社會環境」與「史學發展」等，希望藉此三方面的探討，來還原當時常璩身處的時代概況。

第一節　政治局勢

常璩仕於成漢，爾後以降臣的身份隨轉桓溫歸於建康，因此在「政治局勢」、「社會環境」與「史學發展」上，則不得不討論成漢與東晉兩個政治集團，故以下各節將再區分爲成漢與東晉等兩部份，分別討論常璩曾經身處的兩個政權，其各有何特色。

一、成　漢

成漢的國號，並非由李雄所創建，最早有「成」此號者，出現於東漢初年公孫述所建之「大成」，如以下諸史籍所載：

《三國志・魏書》云：

孫盛曰：昔公孫述自以起成都，號曰成。〔註1〕

《華陽國志・公孫述劉二牧志》云：

龍出府殿前，以爲瑞應，述遂稱皇帝，號大成。〔註2〕

《後漢書・隗囂公孫述列傳》云：

建武元年四月，遂自立爲天子，號成家。〔註3〕

以上史籍所載，說明了公孫述所建國號「成」的由來，然而爲何以「成」爲國號？歷來史家皆認爲公孫述以四川成都爲據點，因此取成都之「成」而來，擁護此說者有以下史家：

《後漢書》李賢注云：

以起成都，故號成家。〔註4〕

《廿二史箚記》云：

述在成都……自立爲蜀王，尋稱帝。〔註5〕

《華陽國志校注》云：

因起于成都，故國號大成。〔註6〕

「成」取成都之首字而爲國號，是歷來史家的定見，不過大陸學者劉建臻認爲依據《東觀漢記・載記》篇所記載：「公孫述見白龍入井中，以爲應己之祥，改爲白帝。」上述記載是公孫述刻意營造出，東漢以來流行的符讖氛圍，其中「井」字於《易經・井・上六》中有解釋曰：「井收勿幕，有孚元吉。」《易傳・象》加以解釋：「元吉在上，大成也。」此一說法打破了歷來史家，對於國號「成」字由成都而來的定見，提供了對於「成」字的解釋，與另外一條可以思考的方向。〔註7〕

其以上兩種看法，可說各據其理，尚待進一步的考證，但由此亦可得知，若依照劉建臻之文來看，東漢以來讖緯之說的流行情況則不難想見，這也是不爭的事實，如林尹《中國學術思想大綱》中所言：

〔註1〕〔晉〕陳壽著、〔南朝宋〕裴松之注《三國志・魏書・三少帝紀》（北京：中華書局，2006年19刷，頁150。

〔註2〕〔晉〕常璩撰，〔清〕顧廣圻校《華陽國志》（台北：台灣商務，1976年出版 頁67。

〔註3〕〔清〕王先謙《後漢書集解・隗囂公孫述列傳》（台北：藝文印書館，1972年出版），頁202。

〔註4〕見《後漢書集解・隗囂公孫述列傳》，頁202。

〔註5〕〔清〕趙翼撰，《廿二史箚記》（台北：世界書局，1956年2月初版），頁45。

〔註6〕劉琳注《華陽國志校注》（四川：巴蜀書社，1984年出版），頁475。

〔註7〕劉建臻〈《廿二史箚記・元建國號始用文義》辨正——公孫述「大成」國號新解〉中國文化研究夏之卷，2003年，頁143。

> 案陰陽家之說，漢代深入人心，非但士大夫受其影響，即民間亦普遍信仰。今觀《史記・日者列傳》、〈龜策列傳〉，可見當時風氣之所趨。〔註8〕

東漢崇尚讖緯之說，其餘風連帶的影響了三國至晉代，乃至地處偏遠的成漢亦深受其影響，其證據可由前節「常璩之陰陽讖緯思想」之論述中看出，現不再贅述。

公孫述據蜀稱帝，雖發生在東漢初年之時，而建立的時間也只有短短的十二年（西元 25 年～36 年），但其影響在往後蜀中地區卻是極其深遠，如前節所提，巴蜀之地因地勢險要，一旦中原有變，巴蜀往往極易形成偏安一方的割據政權，劉備蜀漢與李雄成漢即是在這種原因下所產生。成漢政權的建立並非一夕之間而成，約有兩個時期的因素所影響，造就了李氏據蜀的結果，以下分述之。

東漢末年：

東漢獻帝建安時期，曹操攻張魯收漢中，時李虎率領五百家歸附於曹操，曹操封李虎爲將軍，此一事蹟於《華陽國志》與《晉書》中皆有所記載，如《華陽國志・李特雄期壽勢志》:「魏武定漢中，祖父虎……等，移於略陽北土，復號曰巴人。」〔註9〕《晉書・載記》亦曰:「魏武帝克漢中，特祖將五百餘家歸之，魏武帝拜爲將軍，遷於略陽，北土復號之爲巴氐。」〔註10〕以上爲李氏一族的最早紀錄。略陽（今陝西省略陽縣）地處陝、甘、川三省交界，自古以來即是戰略要地，曹操將李虎置於此處，不外乎做爲對於漢中的一種戰略監管，另一方面也充實當地戰力。李虎，依《華陽國志》記載爲賨人，天性質樸而勇銳，如《華陽國志・巴志》曾記載：

> 閬中有渝水，賨民多居水左右，天性勁勇，初爲漢前鋒，陷陣銳氣喜舞，帝善之曰，此武王伐紂之歌也，乃令樂人習學之，今所謂巴渝舞也。〔註11〕

賨人天性勇壯，且好歌善舞，因此對於日後成漢政權的建立，與李氏治下蜀中崇尚文藝氣息以及史學發達的風氣，不可不謂無所影響，關於此部分，請容後節「史學發展」再做探討。

李虎入居略陽，在地緣上與巴蜀近在咫尺，雖然此時於史籍的記載上無明顯作爲，但因有官銜在身，基本上就號召群眾來說，是有一定的影響力。因此雖然史籍上對於李虎以後的事蹟記載不明，但對日後李氏入蜀來說卻是一個開端，基本的勢力應亦於此時所建立，爲日後的成漢政權奠定了基礎。

〔註 8〕林尹著，《中國學術思想大綱》（台北：台灣商務，1979 年出版），頁 90。

〔註 9〕見《華陽國志・李特雄期壽勢志》，頁 119。

〔註10〕〔唐〕房玄齡等撰，《晉書・李特載記》（北京：中華書局，1974 年出版），頁 3022。

〔註11〕見《華陽國志・巴志》，頁 4。

西晉末至東晉時期：

巴蜀之地歷經了三國分據之後早已是民生凋敝，且在經過西晉過渡至東晉這段期間，巴蜀亦是動亂頻生，於蜀漢之後有王富、呂匡、汶山白馬胡、陳瑞等叛亂情事，雖都被晉廷一一平定，但因為在識人與用人不明的情形下，促使自蜀漢以來，成漢政權再次據蜀四十二年。

西晉惠帝元康六年：

復以梁、益州爲重州……揚烈將軍趙廞爲益州刺史，加折衝將軍。〔註 12〕

元康八年：

廞至州，雖崇簡約，而性實奢泰。略陽、天水六郡民李特及弟庠、閻式、趙肅、何巨、李遠等，及氐叟、青叟數萬家，以郡土連年軍荒，就穀入漢川，詔書不聽入蜀益州，敕關禁之。而户曹李苾開關放入蜀，布散梁州及三蜀界。〔註 13〕

上述二文是在說明，巴蜀因動亂頻繁，加上略陽、天水等六郡流民湧入益州求取糧食，晉廷朝議本來是禁止流民入蜀，但是戶曹李苾接受流民賄賂而建議晉廷：

流人十餘萬口，非漢中一郡所能振贍，東下荊州，水湍汎險，又無舟船。蜀有倉儲，人復豐稔，宜令就食。〔註 14〕

晉廷雖然接受李苾的建議，但爲防止流民入蜀時激起變亂，需要派遣一位有能力的大將加以鎮守，不過晉廷卻派任「雖崇簡約，而性實奢泰」的趙廞，晉廷調遣如此表裡不一的人鎮蜀，不免爲往後蜀地激起的禍事埋下了一個導火線。趙廞的爲人《華陽國志・大同志》之中有零星記載：

初廞以晉政衰……陰懷異計，蜀土四塞，可以自安……廞字和叔，本巴西安漢人也，祖世隨張魯內移……歷長安令、天門、武陵太守，來臨州，長子昺在洛，亦見誅。〔註 15〕

《晉書・李特載記》亦云：

永康元年，詔徵益州刺史趙廞爲大長秋，以成都內史耿滕代廞。廞遂謀叛，潛有劉氏割據之志，乃傾倉廩，振施流人，以收眾心。〔註 16〕

〔註 12〕見《華陽國志・大同志》，頁 106。
〔註 13〕見《華陽國志・大同志》，頁 106。
〔註 14〕見《晉書・李特載記》，頁 3023。
〔註 15〕見《華陽國志・大同志》，頁 108。
〔註 16〕見《晉書・李特載記》，頁 3023。

《華陽國志》與《晉書》皆記載趙廞乃是久懷異心之輩，晉廷不察終釀大禍。然而為何趙廞能擔任鎮守蜀中的封疆大吏？常志與《晉書》皆未曾說明，只有在《資治通鑑·晉紀》中曾記載：「廞，賈后之姻親也。聞徵，甚懼。」〔註 17〕此話明白指出趙廞與賈后有其裙帶關係，因此在晉廷中有些政治實力，故得以派任蜀中。只是在賈后失勢之後，趙王司馬倫大事整肅賈后殘存勢力，趙廞長子趙昺於是在洛陽被殺，消息傳到蜀中，趙廞心懷畏懼進而抗詔反叛，於是再次揭開蜀中動亂的序幕。

趙廞以六郡流民為反叛的基礎，拉攏當時流民首領李特、李庠兩兄弟，結合流民勢力準備謀反。李庠字玄序，為李特之弟，是李氏一族中最為驍勇者，如《華陽國志》曾載李庠為「以烈氣聞，人多歸之」〔註 18〕《晉書》亦載云：

> 少以烈氣聞……弓馬便捷，膂力過人……至蜀，趙廞深器之，與論兵法，無不稱善，每謂所親曰：李玄序蓋亦一時之關張也。〔註 19〕

雖然李庠為李氏一族中的佼佼者，但是因為鋒芒太露，在趙廞擊滅晉廷於益州的代表耿滕之後，益州形勢已大致底定。然而在趙廞握有益州實權之後，李庠不免也走上狡兔死走狗烹的道路上，《華陽國志·大同志》載云：「庠勸稱大號漢，庠部下放攬，廞等忌之，遂於會所斬庠，及其兄子弘等十餘人。」〔註 20〕《晉書》亦云：

> 庠欲觀廞意旨，再拜進曰：今中國大亂，無復綱維，晉室當不可復興也。明公道格天地，德被區宇，湯、武之事，實在於今。宜應天時，順人心，拯百姓於塗炭，使物情知所歸，則天下可定，非但庸蜀而已。廞怒曰：此豈人臣所宜言！……廞乃殺之，及其子姪宗族三十餘人。〔註 21〕

至此李氏一族與趙廞正式決裂，流民以李特為首，率眾反擊趙廞，兵臨成都。趙廞與妻小棄城而逃，到達廣都之時被部下朱竺所殺。趙廞敗亡之後，李特據成都並告知晉廷中央，細數趙廞罪狀且傳首京師，此舉希望晉廷能將蜀中實權委任於己。然而晉廷卻派遣羅尚為益州刺史，用意將以取代李特等人在益州的勢力。

羅尚將到益州，李特等人甚懼，因此遣使獻寶以賄羅尚，羅尚本性貪婪，在接受李特等人的貢物後，羅尚部下王敦與辛冉獻計曰：

> 王敦說尚曰，特等隴上塞盜劫賊，宜軍無後患也，會所殺之……尚不

〔註 17〕〔宋〕司馬光撰，《文淵閣四庫全書·史部·資治通鑑》（台北：台灣商務，1983 年出版），頁 720。

〔註 18〕見《華陽國志·李特雄期壽勢志》，頁 119。

〔註 19〕見《晉書·李流載記》，頁 3031。

〔註 20〕見《華陽國志·大同志》，頁 108。

〔註 21〕見《晉書·李特載記》，頁 3024。

納。〔註22〕

羅尚因爲接受李特等人的賄賂後，錯失一舉解決蜀中流民問題的大好機會，假若李氏一族，在當時因王敦等人之計而被消滅，那麼成漢政權是很有可能不會出現在蜀中。

李特等人得到了這個喘息的機會，得以保存與擴充實力，有充裕的時間觀察天下大勢之所趨，因爲當時中原正値動亂之時，故其兄李輔告誡李特曰：「中國方亂，不足復還。」〔註23〕加上晉廷強制遣返流民各歸本郡，在此一問題上，李特與羅尚兩大集團是各持己見的。流民是李特等人力量的來源，一旦流民被遣返本郡，那麼李特等人將失去有利的籌碼，況且流民是不希望舟車勞頓再回歸本郡的，故流民之心即趨向了李特這方；另一方面，羅尚這方一直以李特爲芒刺，希望能及早解決李特與流民的問題，只是羅尚等人貪婪成性，除了要求流民限期離開之外，更想要襲擊回歸的流民以奪取財物，如《華陽國志・大同志》所載云：

冉、苾又白尚，流民前廞亂際，多所枉沒，宜因移設關以奪取。〔註24〕

羅尚集團妄想奪取流民財物，以致激起民變，因此李特利用流民與羅尚之間的衝突矛盾，終於號召流民揭竿而起。

李特與羅尚兩個集團之間的戰鬥，由晉惠帝永寧元年（西元301年）至太安二年（西元303年）李特戰死爲止，持續了兩年多的時間，期間李特於太安二年自稱益州牧，改太安二年爲建初元年，將流民軍改制爲一個政治實體，初略底定往後成漢政權的規模。李特戰死後流民共推其弟李流爲首領，只是在同年九月李流亦病死，於是李雄繼任爲流民之首。李雄繼續指揮流民軍與羅尚軍戰鬥，於太安二年冬擊敗羅尚入據成都，而羅尚則棄城遠走。

李雄字仲儁，生有異相，有兄李始（庶兄）、李盪二人，《華陽國志・李特雄期壽勢志》載云：

初特妻羅氏，夢雙虹自門升天，一虹中斷，羅曰：吾二兒若有先亡，在者必大貴。雄少時，辛冉相，當貴。有劉化者，道術士也，言關隴民皆當南移，李氏子中惟仲儁天姿奇異，終爲人主。鄉里人多善之，與叔父庠並以烈氣聞，人多歸之。〔註25〕

且不論李雄的天生異相或術士之說，李雄的確是承繼父親李特與叔父李流所打下的基礎，並糾合與安撫益州的地方勢力，奠定了成漢政權的根基。在此要談到的是，

〔註22〕見《華陽國志・大同志》，頁109。
〔註23〕見《晉書・李特載記》，頁3025。
〔註24〕見《華陽國志・大同志》，頁109。
〔註25〕見《華陽國志・李特雄期壽勢志》，頁119。

流民軍畢竟爲外來，與益州地方勢力或多或少有發生過衝突，如何整合蜀民與流民之間的矛盾，是李雄的首要課題，如《華陽國志・大同志》曾記載：

廞……以李特弟庠，衛六郡人勇壯，厚卹遇之，流民恃此專爲盜賊，蜀民患之。滕數密表流民剛甕，而蜀人懦弱，客主不能相饒。〔註26〕

由上文可以想見當時流民軍紀不佳，且多有爲盜賊者，因此深爲蜀人所忌，李特與李流起兵之後體察到這一點，因此整頓軍紀與禮賢下士，藉以拉攏蜀人民心。其中蜀中素有人望者首推范長生，《華陽國志・李特雄期壽勢志》載云：

賢名長生，一名延久，又名九重，一曰支，字元，涪陵丹興人也。〔註27〕

根據唐長孺〈范長生與巴氐據蜀的關係〉〔註28〕一文中考證，范長生長年於蜀中傳播道教之流，因此蜀人多崇信之，范長生也因此對蜀人有巨大的影響力，其影響力直至成漢滅亡之時尚存，如《晉書・周訪附子撫傳》載云：

隗文、鄧定等復反，立范賢子賁爲帝。初賢爲李雄國師，以左道惑百姓，人多事之，賁遂有眾一萬。〔註29〕

由上文觀之，范氏一族在蜀中的影響力是不容忽視，因此在李雄決定稱帝之前，先以帝位讓之，范長生則是謙虛推辭，更勸李雄自立，因此爲報答范長生的支持，李雄以丞相之位事之，李雄此舉一方面爲報答范長生，一方面則是拉攏蜀人民心。

在解決蜀民與流民之間的矛盾後，李雄於晉惠帝永興元年（西元 304 年）稱帝，建元建興國號大成，定都成都，並分封諸臣。然有關於成漢在政治措施上可參考文獻不多，除了得知在《晉書・李特載記》中曾記載，李特爲攏絡蜀人民心，有「約法三章」〔註30〕之事外，尚有李雄「除晉法，約法七章」之事，至於是哪「七章」，由於無文獻可考則是不得而知。另外在分封諸臣上，李雄也是費了一番苦心，因爲成漢在草創之初，仍有「諸將恃恩，各爭班位」〔註31〕的情形發生，因此他採取尚

〔註26〕見《華陽國志・大同志》，頁 107。

〔註27〕見《華陽國志・李特雄期壽勢志》，頁 120。

〔註28〕附見於唐長孺撰，《魏晉南北朝史論叢續編》（台北：帛書出版社，1985 年 7 月出版），頁 172。

〔註29〕見《晉書・周訪附子撫傳》，頁 1583。

〔註30〕見《晉書・李特載記》，頁 3027。節文如下：「時羅尚貪殘，爲百姓患，而特與蜀人約法三章，施捨振貸，禮賢拔滯，軍政肅然。百姓爲之謠曰：『李特尚可，羅尚殺我。』」

〔註31〕見《晉書・李雄載記》，頁 3036。節錄如下：「雄時建國草創，素無法式，諸將恃恩，各爭班位。其尚書令閻式上疏曰：『夫爲國制法，勳尚仍舊。漢、晉故事，惟太尉、大司馬執兵，太傅、太保父兄之官，論道之職，司徒、司空掌五教九土之差。秦置丞相，總領萬機。漢武之末，越以大將軍統政。今國業初建，凡百未備，諸公大將班位有差，降而競請施置，不與典故相應，宜立制度以爲楷式。』雄從之。」

書閻式的建議，依照漢、晉舊制分封諸臣，其成漢諸臣職官表請見依萬斯同所著「僞成將相大臣年表」所製附表四〔註 32〕。

稱帝之後，因爲當時李雄能控制之地不多，且外圍被晉軍包圍〔註 33〕，故爲力求政權穩固，向外積極拓展則是勢在必行，且羅尚在逃出成都之後，晉廷仍命羅尚統領巴東、巴郡、涪陵三郡兵馬，因此羅尚軍勢復振。自永興元年開始，李雄與羅尚之間仍是互有攻伐，直至西晉懷帝永嘉四年（西元 310 年），羅尚死於巴郡爲止，蜀地仍是戰火連天。

東晉成帝咸和九年（西元 334 年），李雄病卒，年六十一歲，諡號武帝。李雄在位期間，版圖拓展東至巴東（今奉節白帝城），北到漢中、仇池（今甘肅成縣、文縣一帶），西至漢嘉（今蘆山縣境）、沈黎（今雅安專區），南到寧州，大致底定成漢版圖，雖戰事頻然，但政局尚稱穩定，不過在李雄死後即發生宗室相殘的悲劇，讓國小民弱的成漢，加速走上敗亡。

李雄卒後，養子李班繼位，李班字世文，依《華陽國志》與《晉書》所載，李班乃李雄兄李蕩之子，李蕩共有李琀、李稚等子〔註 34〕，皆戰死。李雄原欲立素有名望的李琀爲太子，但因李琀戰歿，李雄正妻無子，故以李班爲養子。自古有訓，不以己親之子爲嗣，將是宗族變亂的開端，李雄難道不清楚這個道理嗎？其《晉書．李班載記》對於李雄不立親子的原因，則透露出些端倪：

> 班謙虛博納，敬愛儒賢……爲性汎愛，動修軌度。時諸李子弟皆尚奢靡，而班常戒厲之。……及雄寢疾，班晝夜侍側。雄少數攻戰，多被傷夷，至是疾甚，痕皆膿潰，雄子越等惡而遠之。班爲吮膿，殊無難色，每嘗藥流涕，不脫衣冠，其孝誠如此。〔註 35〕

李班極其賢能，對待李雄亦爲誠孝，反觀李雄諸子的行爲，倒不如養子李班，或許因此李雄才有立李班爲太子的想法。但要立李班爲太子，諸大臣則是齊聲反對，李雄則是以春秋之時，宋宣公立弟不立子的史事提出了反駁，《華陽國志．李特雄期勢志》載云：

> 雄曰：孫仲謀割有江東，伯符兆基，子只侯爵，國志恥之，宣公舍子立弟，君子以爲知人，吾將彌縫國志之恥，以繼宣公之美。〔註 36〕

〔註 32〕依萬斯同《歷代史表．僞成將相大臣年表》製表，（台北：台灣商務，1968 年出版），頁 501。

〔註 33〕請見附圖五「東晉後趙成漢示意圖」。

〔註 34〕詳見附圖一「成漢帝系表」。

〔註 35〕見《晉書．李班載記》，頁 3041。

〔註 36〕見《華陽國志．李特雄期壽勢志》，頁 121。

眾大臣見李雄強力扶植李班繼位，故不便再反對，不過李班繼位之後，不到一年即被李雄之子李越、李期謀害，諡號哀帝。李班之後由李雄第四子李期繼位，改元玉恆。李期字世運，少時有賢名，然而繼位之後，卻對宗室大加殺戮，李雄所生十五子，皆在此時遇害，自此朝野震肅，民心不附，公卿亦不擁戴。東晉成帝咸康四年（西元 338 年），李壽廢李期爲邛都縣公，同年遇害，在位二年，諡號幽王。

李壽字武考，爲李雄叔父李驤之子，少時異於李氏諸子，李雄委以重任，東征南伐甚有武功。李壽繼位之後，改元漢興，自稱漢皇帝，五胡十六國「成漢」之名因此而來。李壽爲鞏固統治中心，對宗族再次進行屠戮，殺堂兄李始與諸兄弟十餘人，自此李氏宗族已相伐殆盡矣。李壽雖對宗室極是殘忍，但此爲鞏固政權而不得已爲之的辦法，除了對宗室之事外，李壽在位期間，初時承襲李雄寬儉之風，善於納諫，倒不失爲一位明君，但是到了在位後期，則大興土木，廣修宮室，亦殺進諫之臣，巴蜀之民至此思亂者甚眾。〔註 37〕

東晉康帝建元元年（西元 343 年），李壽卒，在位五年，廟號中宗，子李勢繼位，改元太和。李勢字子仁，李壽長子，爲成漢末帝。李勢弟漢王李廣，以李勢無子，求爲皇太弟，李勢不許。大臣馬當、解思明以爲李勢宗族殆盡，故勸李勢接受李廣的請求，李勢因此懷疑馬、解二人與李廣有謀，故貶李廣爲臨邛侯，後廣自殺，勢亦滅馬、解二人三族。《晉書・李勢載記》云馬、解二人爲：「思明有計謀，強諫諍，馬當甚得人心。」〔註 38〕自此以後，朝廷之內無敢諫者，棟樑之臣亦無幾矣。

東晉穆帝永和三年（西元 347 年），晉大司馬桓溫伐蜀，兵臨成都之下，成漢散騎常侍常璩、中書監王嘏勸李勢降，李勢遂開城門降桓溫，隨桓溫徙於建康，封歸義侯，自此由李特於晉惠帝太安元年（西元 302 年）起兵，至穆帝永和三年（西元 347 年）李勢降晉爲止，凡歷六世，據蜀約四十六年。

二、東晉（穆帝永和——升平年間）

東晉穆帝永和三年，成漢亡，桓溫挾著滅蜀之功回歸建康，自此權位愈重。晉穆帝及位之時，年方二歲，由皇太后臨朝聽政，會稽王司馬昱（元帝少子）當國。時桓溫滅蜀而還，威勢日重，晉廷越加疑忌。穆帝永和五年（西元 349 年），桓溫再次請旨北伐，晉廷不准，以殷浩代桓溫，總督北伐之事，耗費數年時間，卻皆戰不

〔註 37〕《晉書・李壽載記》曰：「壽承雄寬儉……壽又聞季龍虐用刑法，王遜亦以殺罰御下，並能控制邦域，壽心欣慕，人有小過，輒殺以立威……興尚方御府，發州郡工巧以充之，廣修宮室，引水入城，務於奢侈。……百姓疲於使役，呼嗟滿道，思亂者十室而九矣。其左僕射蔡興切諫，壽以爲誹謗，誅之。」，頁 3045。

〔註 38〕見《晉書・李勢載記》，頁 3047。

捷，直至永和十年（西元 354 年），桓溫上表數殷浩之罪，晉廷不得已廢殷浩爲庶人，桓溫從此掌握晉廷內外大權。

依任乃強《華陽國志校補圖注》推測，常璩入晉到身歿，恰爲東晉穆帝永和至升平年間。穆帝在位期間，東晉內憂外患不斷，不能一一細數，故依《晉書》所載製成一簡表，藉以約略的了解，穆帝在位期間，東晉當時候的政治情形。

時　間	重　要　事　件
永和元年	穆帝及位，皇太后臨朝攝政。七月于瓚、戴羲舉兵反。
二年	桓溫伐蜀。此歲有地震。
三年	桓溫滅成漢，四月蜀人鄧定、隗文復反。此歲有地震。
四年	石虎使苻健寇竟陵，豫章人黃韜反。此歲有大水。
五年	桓溫遣諸將討河北。
六年	冉閔稱國號魏，此歲疫病流行。此歲有大水。
七年	苻健稱王國號秦，桓溫北伐。
八年	苻健稱帝，幕容儁稱帝國號燕，桓溫封太尉，殷浩北伐。
九年	殷浩北伐屢敗。此歲有地震。
十年	桓溫伐關中，殷浩貶爲庶人。
十一年	姚襄寇外黃，幕容恪寇廣固。此歲有地震。
十二年	桓溫討姚襄，大敗之。
升平元年	穆帝親政。
二年	謝奕、荀羨北伐。幕容儁陷河北之地。此歲有地震。
三年	幕容儁寇東阿。
四年	幕容儁死，桓溫封南郡公。
五年	桓溫使弟豁取許昌，五月穆帝崩。此歲有大水。

依上表所載，穆帝在位十七年，期間天災戰亂不斷，桓溫亦因武功而權傾朝野。穆帝之後，哀帝司馬丕繼位，不久後病死，由司馬奕繼之，但旋即被桓溫所廢，另立司馬昱爲帝，不過在位兩年亦病死，其子司馬曜繼位，是爲孝武帝，此時依舊以桓溫爲輔政，桓溫儼然爲東晉實際的主人。

由上所述，可以看出東晉皇權旁落，皇帝的地位幾乎懸於他人之手，會造成這種情形的發生，則要歸溯於曹操與曹丕之時，所制定的「九品官人法」，即由各地權貴品評本地人物，進而推薦朝廷。因九品官人法的實行，則造成了權貴更易於壟斷官位。西晉時期，基本的選官制度是依循著曹魏而來，期間西晉更頒布「占田令」，明文規定權貴們的經濟特權，使得西晉時期漸漸形成了所謂的門閥政治。門閥政治顧名思義，政權是由少數有相互關係的人所把持，因此造成中央皇權旁落，這種情形到了東晉時期更是明顯。

西晉亡後，琅邪王司馬叡於建康稱帝，是爲東晉元帝。東晉建立初期，政權極是不穩，幸有王導拉攏江南士族，而江南士族亦想得到正統政權的加持，因此在皇權與士族兩權的平衡與妥協下，東晉政權才漸漸穩固下來。晉元帝司馬叡，知道自己的皇權是由江南士族所支撐，因此極力拉攏士族，不過另一方面對於皇權旁落在士族手上，司馬叡也是深爲不滿，故另外扶植劉隗與刁協爲親信，欲將政權收回，不過卻失敗而引發王敦〔註39〕的叛亂。王敦叛亂初期亦得到士族的支持，這是因爲士族欲報復元帝想收回政權的措施，而採取的反制手段。其後王敦欲代司馬氏於江東，卻意外地遭受到士族的反對，追究原因王敦畢竟不是出身於正統政權之下，最後王敦之亂雖然平定，卻由此可看出，士族與皇權間微妙的平衡關係，因此總而言之東晉政權可說是，皇權與士族二方平享政權，而共治國家且相互並存的局面。

第二節　社會環境

一、成　漢

益州雖是沃野千里，但在經過三國的紛亂與內部戰亂之後，益州早已是民生凋敝，爾後又有趙廞、羅尚等軍事鎮壓，益州的社會民生，其情況更是雪上加霜。之後李雄即位尚稱賢仁，對於益州百姓，可以說是提供了一個喘息的機會。《華陽國志・李特雄期壽勢志》載云：

> 雄乃虛己受人，寬和政役，遠至邇安，年豐穀登，乃興文教，立學官。其賦，民男丁一歲穀三斛，女丁一斛五斗，疾病半之，户調絹不過數丈，緜不過數兩，事少役稀，民多富貴，至乃閭門不閉，路無拾遺，獄無滯囚，刑不濫及。〔註40〕

由以上常璩的這段記載來看，於李雄在位的期間，蜀地生氣已漸恢復。而皇太子李班，也是能體察民情的一個人，李班對於境內土地分配不均甚感不滿，《晉書・李班載記》云：

〔註39〕見《晉書・王敦列傳》：「王敦字處仲，司徒導之從父兄也。」，頁2553。
〔註40〕見《華陽國志・李特雄期壽勢志》，頁121。

班以古者墾田均平，貧富獲所，今貴者廣占荒田，貧者種植無地，富者以己所餘而賣之，此豈王者大均之義乎！雄納之。〔註 41〕

李班看到了成漢土地分配不均的情況，體察到富者不事生產，卻廣占土地，讓這些土地荒廢，而失去了它應有的經濟生產價值，貧者卻只分配到些許土地，成漢一國的經濟卻只能由這些貧者的耕作所撐起，這不但違背了公平的原則，對於成漢政權的經營上，也是一個潛在的大問題，因爲經濟基礎的脆弱，往往是國家動亂的開端。李雄因此接受了李班的建議，只是後續怎麼落實李班的意見，於史籍上則是並未提到。

由上所述，土地的多寡，關係著一家乃至一國的生計，掌握了土地則代表擁有了權力，因此在中國自古以來的社會環境中，土地一直被視爲權力的來源，而在巴蜀之地，這種情形也不例外。常璩對於掌握大多數土地的大姓，對其生活描述也是有些記載的，如《華陽國志・蜀志》載云：

成都縣　後有廣漢劉龐爲令。大姓恣縱，諸趙倚公，故多犯法……郫民陽伯侯奢侈，大起冢營，因龐爲郫令，伯侯遂徙占成都。〔註 42〕

郪縣　大姓王、李氏，又有高、馬家，世掌部曲。蜀時高勝、馬秦皆叛伏誅。〔註 43〕

由以上記載可以概略看出，一郡之中大姓往往掌有多數權力，且多橫行不法，其成都大姓陽伯侯，勢力可以大到有奪取成都的實力，因此大姓在一個政權之中其實力是不容小覷的。由以上所述可以知道，大姓說穿了也只不過是地方豪霸，但在巴蜀之地的大姓，多有組織與戰鬥的能力，如范長生則是最明顯的例子。

李特之弟李流，在李特亡後繼續帶領流民軍與羅尙對抗，不過初時因糧草不足而發生危機，後來在范長生的支持下，軍糧的問題才得以解決，《晉書・李流載記》云：

三蜀百姓並保險結塢，城邑皆空，流野無所略，士眾飢困。涪陵人范長生率千餘家依青城山……徐轝說長生等使資給流軍糧。長生從之，故流軍復振。〔註 44〕

在范長生的資助下，供給流民軍所需軍糧，使得流民軍得以不被殲滅，而可以提供一個爲數不算少的戰鬥集團所需物資，其蜀地大姓的實力是不難想像。范長生提供軍需此舉，延續了流民軍的生命，對流民軍而言可說是大功一件，因此在李雄即位

〔註 41〕見《晉書・李班載記》，頁 3041。
〔註 42〕見《華陽國志・蜀志》，頁 34。
〔註 43〕見《華陽國志・蜀志》，頁 37。
〔註 44〕見《晉書・李流載記》，頁 3030。

於成都之後，范長生即受封爲丞相，得到了李雄無比的尊遇，《晉書‧李雄載記》云：

> 范長生自西山乘素輿詣成都，雄迎之於門，執版延坐，拜丞相，尊曰范賢……加范長生爲天地太師，封西山侯，復其部曲不豫軍征，租稅一入其家。〔註45〕

由以上所載而言，范氏一族在蜀中無疑爲有實力的大姓之一，加上范長生長時間在蜀中傳佈宗教，因此實力更不容小覷，故使得李雄在稱帝之前，尚需演出一齣謙讓帝位的戲碼，以取得蜀中百姓的認同。

成漢的社會結構，基本上是由蜀中大姓所掌控，大姓掌握了大部分的土地，但卻又不事生產，因此才有往後李班進諫李雄，要求進行土地改革一事，雖然改革之事不見史籍所載，但卻可由此發現，成漢的社會結構，與魏、晉之時所形成的士族政治有著相似之處。兩相對照之下，在東晉之時，皇權與士族兩權相互依傍，有時士族更凌駕於皇權之上；相對的在成漢之中，大姓掌握了一定的實力，讓李氏一族不得不有所忌憚，因此以尊位與禮遇安撫之，故在成漢之中，倒是沒有像東晉，有其士族叛亂之類事情發生。

二、東　晉

晉室南遷之後，其權力的基礎是由士族所支撐著，而南方的士族又分爲「僑姓」與「吳姓」。「僑姓」指的是由北方遷徙至南方的士族，代表者以王、謝、袁、蕭等諸姓爲主；「吳姓」則是原來本地的士族，以朱、張、顧、陸爲代表，大體而言「吳姓」的地位遠不如「僑姓」，而且東晉朝廷亦極爲排擠南方士族，相對的因遭受不平等的對待，南方士族亦不與朝廷合作，因此東晉朝廷內部基本上是處於階層對立的局面，故常璩入晉之後，即遭受到排擠的命運，這是可想而知。

歷經八王之亂與五胡亂華之後，中原地區早已殘破不堪，人民因此大舉遷徙他處，遷徙的地方則以江南與四川兩處爲主，四川流民的情形於前節已有說明，故不再贅述，現以江南地區爲本處討論的重點。

百姓南渡之後，大多依附一些有威望的大姓或官僚，在依附的百姓日益眾多之下，相對上治安問題也愈趨嚴重，東晉朝廷爲避免引發出變亂，於各地設置了「僑縣」來安置流民，「僑縣」顧名思義就是分別以北方各地名稱，招安由中原南渡的流民，如元帝太興三年（西元 320 年），晉廷設置了「懷德縣」以安流民〔註46〕，其

〔註45〕見《晉書‧李雄載記》，頁 3036。

〔註46〕見《晉書‧元帝紀》載云：「琅邪國人在此者近有千户，今立爲懷德縣，統丹陽郡。」頁 153。

後又設置了徐、兗、豫、幽、冀、青等「僑縣」。起初「僑縣」並沒有固定的地域，只是臨時在流民居處所設立的名號，但是到了後來「僑縣」之名慢慢落實，有了實際的畫分土地，朝廷爲掌握這些流民的實際人數，於是命流民在各自的「僑縣」中登記戶口，稱之爲「僑籍」或「白籍」。

此後，晉廷一方面爲安定民心，一方面爲重建經濟，於初期即頒佈了一連串的經濟措施，除了獎勵農桑墾荒之外，並規定依品級不同，官員可以收留爲數不等的「佃客」或稱「衣食客」，這種制度稱之爲「給客制度」，而這種制度的實施，基本上或多或少可以解決部分流民人數眾多的問題。

不過爲了有效解決北方民眾一波波的遷徙潮，晉廷於是頒布了「土斷」政策，其「土斷」的用意在於，流民遷徙至何處，即在此處登記戶口。而在東晉共有四次「土斷」的發生，有成帝咸和三年（西元 328 年），成帝咸康七年（西元 341 年），哀帝興寧二年（西元 364 年）與安帝義熙九年（西元 413 年）等。以哀帝時「土斷」爲例，《宋書・武帝紀》載云：

> 及至大司馬，桓溫以民無定本，傷治爲深，庚戌土斷，以一其業，于時財阜國豐。〔註 47〕

「土斷」的政策，的確爲晉廷解決了流民的問題，也著實地增加了稅收，因此對於晉廷來說不失爲一舉兩得的好辦法。

在經濟得到穩定的發展之後，爲了維護東晉政權的穩定性，對於士族，晉廷不得不在經濟特權上做了一些讓步。士族壟斷了大部分的土地，也享有土地內人口的支配權，這種情形是朝廷所允許的，而這種制度基本是延續著西晉時所頒布的「占田令」而來，用意在於拉攏江南士族，確保統治權的穩固，因此有了朝廷明確的法令保護下，東晉士族的地位則愈加穩固。

第三節　史學發展

一、成　漢

李雄初登大位，本身極其仰慕中原文化的豐富內涵，因此在覽政之餘，常手不釋卷，《晉書・李雄載記》云：「雄乃興學校，置史官，聽覽之暇，手不釋卷。」〔註 48〕除了己身熱愛讀書之外，仍不忘大興學校，建置史職，因此巴蜀境內文風

〔註 47〕〔南朝宋〕沈約撰，《宋書・武帝紀》（台北：藝文印書館，1972 年出版），頁 26。
〔註 48〕見《晉書・李雄載記》，頁 3040。

自此大盛。

在中國文化的薰陶下，李雄決心徹底漢化，首先在稱成都王之後，仿效中原王室古制，追諡曾祖李虎爲巴郡公，祖父李慕爲隴西王，父親李特爲景王，以及戰死或已歿等叔伯皆有追諡。更在漢、晉的品秩制度上分封諸臣，以期達到徹底漢化的決心。除此之外，李雄侍母至孝，在其母羅氏逝世之後，欲仿效古代喪制，守喪三年，因群臣勸諫而作罷，如《晉書‧李雄載記》所云：

> 雄母羅氏死……雄欲申三年之禮，群臣固諫，雄弗許。……惇曰：三年之喪，自天子達於庶人，故孔子曰：何必高宗，古之人皆然。但漢魏以來，天下多難，宗廟至重，不可久曠，故釋縗絰，至哀而已。……回跪而進曰：今王業初建，凡百草創，一日無主，天下惶惶。昔武王素甲觀兵，晉襄墨絰從戎，豈所願哉？爲天下屈己故也。願陛下割情從權，永隆天保。遂強扶雄起，釋服親政。〔註 49〕

由以上的記載可以看出，李雄對於中原文化的仰慕之深，並非只是做做樣子而已，在他半生皆處於兵馬倥傯之際，仍不忘興學校置史官，且接受了養子李班的建議，仿效古制，欲恢復周代的井田制度，雖不知成效如何，但仍可以看出李雄仰慕中原文化與漢化的決心。

成漢在李雄決心追求漢化，與極力興學置史的助益之下，巴蜀境內的學術環境與人文素養，亦大大的提昇，不過由於史料短缺，因而無法詳細得知成漢文學與學術思想的發展情況，但是單就史學這方面而言，常璩的《華陽國志》，在史學的思想與涵養上，其豐富的思想內涵已於前節大略討論過，今便不再贅述，不過可以肯定的是，常璩的《華陽國志》在史學上，於當時雖不被注意，但卻受到往後史家的肯定與讚賞，這是不容置疑的。

歷來史籍對於成漢時期的巴蜀，關於文化學術方面的記載甚少。其中最詳者莫如《晉書》的載記篇，不過於載記篇中，亦只是偏重於成漢諸李興滅的記載，其中有關於文化環境的描述，也只能由李雄的興學、置史、百官建置與親服母喪等處觀察推敲，在推敲之後，也才能大略得知李雄於治下巴蜀，對其文化推動應是不餘遺力的。

然而在零星的記載中，與上述的整理過程裡，可得知李雄對巴蜀的文化環境，是很用心去經營的，因此可以設想的是，常璩雖有其深厚的家學涵養，但身處在當時的文化氛圍中，不能說對於《華陽國志》的創作是沒有其助益的，相反來說，常

〔註 49〕見《晉書‧李雄載記》，頁 3037。

璩的《華陽國志》，其豐富的思想內涵，亦可反映出巴蜀之地人文薈萃，文化發展鼎盛的情況。

二、東　晉

晉室偏安之後，傳統儒家學說的地位日漸衰落，取而代之的是清談與史學兩部份。就史學而言，東晉史學的興盛，有諸多原因，歸究起來有以下數點：

（一）執政主導，重視修史

東晉時期，與晉廷並存者尚有許多割據政權，整個國家社會陷入於動盪不安的處境中，割據的各個政權除了需要記取前代覆滅的教訓外，尚且需要一個可以宣揚自己政權正統性的媒介，能兼顧以上兩者的，只有著史一途了。

東晉在草創之初，元帝因極其重視史書的功用，即採納中書監王導的建議，命著作郎干寶等撰修國史，如《晉書・干寶傳》載曰：

> 中興草創，未置史官，中書監王導上疏曰：夫帝王之迹，莫不必書，著爲令典，垂之無窮。……陛下聖明，當中興之盛，宜建立國史，撰集帝紀，上敷祖宗之烈，下紀佐命之勳。〔註50〕

王導認爲一國之史，關係著國家正統性的延續，強調元帝是承襲著西晉正統一脈而來，只有修史才可以上續祖宗之迹，以及對開國功臣能名留青史而有所交代。

干寶身居著作郎之職，而東晉「著作郎」一職，基本上是沿襲著曹魏與西晉而來，著作郎之職在曹魏時隸屬於中書省，西晉時則改爲祕書省所管轄。東晉在干寶之後，尚有王隱、虞預及孫盛等人擔任過秘書郎此職，觀其以上諸人，皆爲一時在文壇上頗具份量的人物，因此東晉以文壇之士擔任修史之職，可以看出晉廷對於修史方面的重視，以及希望藉以史書的力量，發揮穩定政局功效，故自東晉以後，史學爲政治服務的痕跡則是愈加明顯了。

（二）史學名家，輩出於時

依《隋書・經籍志》統計，魏晉六朝的史籍計有八百一十七部，一萬三千二百六十四卷，這些還不包括在唐時即已亡佚的史籍，相較於《漢書・藝文志》所載史籍有三十四部，一千三百八十四篇的數字比起來，魏晉六朝的修史之風可見一般。當然有如此眾多的史籍出現，創作史書的人數亦爲可觀，現以晉史爲例，劉知幾《史通・正史篇》載云：

> 皇家貞觀中，有詔以前史十有八家，製作雖多，未能盡善，乃敕史官

〔註50〕見《晉書・干寶傳》，頁2149。

更加纂錄。〔註51〕

以上說明在修晉史的這個範圍內，於房玄齡的《晉書》之前，共有十八家修過晉史，雖然在修史的品質上未臻完善，不過亦可由此得知，唐以前修晉史百家爭鳴的盛況，對於此現象，梁啓超於《中國歷史研究法．過去中國之史界》中說道：「兩晉六朝，百家蕪穢，而治史者獨盛，在晉尤著。」〔註52〕史籍的大量湧現，也代表著史籍作家的人數眾多，現以出現在東晉時期的史家爲例，列舉數家簡單分析之：

（一）干寶，字令升，東晉新蔡人。《晉書．干寶傳》稱之曰：「少勤學，博覽書記，以才器召爲著作郎。」爲王導所看重，建請元帝，命修國史。後干寶以編年體制，記司馬懿至愍帝共五十三年，撰成《晉紀》二十卷，其他著作尚有《春秋左氏義外傳》與《搜神記》等，又注《周易》、《周官》凡數十篇，可惜的是大多已散佚。不過劉知幾在《史通．序例》中曾盛讚道：「惟令升先覺，遠述丘明，重立凡例，勒成《晉紀》。」〔註53〕又曰此書是：「理切而多功。」

（二）孫盛，字安國，東晉太原中都人。《晉書．孫盛傳》稱之曰：「盛年十歲，避難渡江。及長，博學，善言名理。」〔註54〕因才氣名聲響亮，爲晉廷起用爲祕書監，與加給事中，其著作有《魏氏春秋》與《晉陽秋》等史著，不過後因《晉陽秋》一書評論桓溫枋頭之役失利，其言直切，爲桓溫所不喜，威逼盛子欲以改之，卻爲孫盛所拒，爾後諸子以改寫本獻於桓溫，終遂無事。因爲孫盛的耿直性格，所撰寫出來的史書，更是有良史的美名，如《晉書．孫盛傳》評盛史曰：「《晉陽秋》詞直而理正，咸稱良史焉。」〔註 55〕《文心雕龍．才略篇》亦曰：「孫盛、干寶文勝，爲史準的，所撰志乎典訓；戶牖雖異，而筆采略同。」〔註56〕

（三）袁宏，字彥伯，東晉陳郡陽夏人。《晉書．袁宏傳》稱之曰：「宏有逸才，文章絕美。」〔註57〕爲桓溫所看重，遷爲大司馬桓溫府記室，他仿效荀悅《漢紀》的體例，兼採諸家後漢史籍，撰成《後漢紀》三十卷，其書重名教，反老莊，亦暗喻己身是深切反對桓溫的專權亂政。其著作尚有

〔註51〕劉知幾撰，趙呂甫校注《史通．正史》（重慶：重慶出版社，1990年出版），頁720。
〔註52〕梁啓超撰，《中國歷史研究法》（台北：台灣中華書局，民74年15版），頁47。
〔註53〕見趙呂甫校注，《史通．序例》頁208。
〔註54〕見《晉書．孫盛傳》，頁2147。
〔註55〕見《晉書．孫盛傳》，頁2148。
〔註56〕〔南朝宋〕劉勰著，《文心雕龍．才略》（台北：台灣商務，1965年出版），頁65。
〔註57〕見《晉書．袁宏傳》，頁2391。

〈三國名臣頌〉、《正始名士傳》、《竹林名士傳》、《中朝名士傳》等，大多爲表彰名士的高超志節，用以宣揚君臣之義，在當時的混亂政風中，有著一定的影響。

（四）習鑿齒，字彥威，東晉襄陽人。《晉書・習鑿齒傳》稱之曰：「鑿齒少有志氣，博學洽聞，以文筆著稱。」〔註 58〕因博學多才，亦爲桓溫所看重，累遷爲別駕。雖然他爲桓溫所拔擢，但他卻與孫盛、袁宏一般，同樣反對桓溫篡政的野心，以其著作《漢晉春秋》中所描述曹魏篡漢的史事，諷勸桓溫不要走上重蹈覆轍的道路上。而此書以蜀漢爲正統，故主張晉朝不該承接曹魏，而是應接續在蜀漢之後，其書特色與袁宏《後漢紀》一樣，亦是以名教爲本，以維持君臣之義。

以上諸位爲東晉時期，最具盛名的史家，雖然以上諸家史籍多有散佚，但對於後來總括而說的六朝史學，是有著一定的影響與帶動作用。

（三）諸體漸成，各立為學

中國史體眾多，紀傳、編年等早已發展成熟，尤其以紀傳體爲中國史籍的主流，其成熟度可說已達完善，故不再敘述。然而可與紀傳體相媲美者，則爲編年體，因爲魏晉南北朝時王朝更迭迅速，使得多以斷代爲史的編年體得以發展，如上述已提過的袁宏《後漢紀》、孫盛《晉陽秋》以及干寶《晉紀》等，無一不是可以代表此時的編年體大作。

另外，融合紀傳與編年二體優點者，則爲起居注。根據《隋書・經籍志》的記載來說，東晉時起居注有十八部，因數量之多可由此看出，若是沒有爲數豐富，專門記載皇家實錄的起居注，紀傳與編年兩體的史籍，則不可能在東晉之時大量湧現。而在東晉之後的南朝時期，起居注的數量則更是可觀，因此可以說南朝史籍中的本紀，基本上是沿襲著東晉重視起居注記載的趨勢而行。

中國古代有關於地理方志的史籍著不多，而地理志又多含有歷史的成分，因此地理方志多權歸於史部之下，成爲歷史學的一部分。東晉之時，地理志的專著亦不多見，不過已有專記風俗的地理史籍出現，如西晉時期周處的《風土記》三卷。雖然地理志在數量上寥寥可數，但卻已是開啓東晉常璩《華陽國志》的先聲，常璩將地理、人物與史事相結合，創造出地理方志的一個新境界，更是成爲後世地理專著的典範。

一門學術的成熟與否，可由是否已經可以分門別類中所看出。西漢之時，劉歆

〔註 58〕見《晉書・習鑿齒傳》，頁 2152。

《七略》並未分有史部一類，而是將《國語》、《戰國策》與《史記》等史書，歸於〈六藝略〉中的「春秋類」，此時的史籍尚依附於經學之中。直至西晉之時，荀勖編《中經新簿》以甲、乙、丙、丁爲四部，將史籍、雜事等分入丙部之中，此時爲經、史第一次分家，史部也漸漸脫離於經學的附庸之下。然而眞正確立了史部地位者，則是由東晉李充所分的甲、乙、丙、丁四部分類法，與荀勖不同的是，李充以史部獨立歸入丙部之中，這不僅顯示出史學的發展迅速，史部典籍的大量增加，更是反映出史學的地位提升。其後《隋書・經籍志》則是依循著李充的分類法，將乙部正式改爲史部，更爲確立了史部的地位。

第四節　小　結

成漢身爲五胡十六國中的一個偏安小國，其史事一直以來並未受到史家所重視，在正史中有記載者充其量也只是短短幾篇載記而已，使得成漢之史一直以來，身處在中國正統王朝之外而備受冷落。史料記載不多且不被史家所重視，此不單是成漢所特有的現象，亦是五胡十六國時諸國的共有特徵，畢竟五胡諸國的政權從建立到滅亡，大多只有短短數十年的時間，政權遞嬗猶如書頁翻覆一般迅速，因此十六國之史雖是中國歷史的一部分，但影響力卻不能和正統王朝比肩而語，進而被史家所輕忽這是可以理解的。

成漢雖爲偏安小國，但因李氏諸帝多雅好文學，對於境內的文藝風氣有一定的提升與影響，故造就出常璩這一位優秀的史學家，而成漢也因爲有了常璩盡心記載下所作的《華陽國志》，使得成漢之史不至於像五胡諸國一般，其史事大多湮沒於歷史的洪流之中，也因爲有了《華陽國志》的流傳記載，讓後世學者可以一窺當時地處天南的成漢，其史事的演變軌跡，相較於五胡諸國而言，這已經是很値得讓人慶幸的。

第五章　《華陽國志》之結構探討

《華陽國志》依名稱而言，概略可視爲一部記載史事的史書，但是史書的歸類其界線尚未明確，如史籍可分爲正史、別史、載記、地方志與起居注等等，以上皆可歸類於史籍的範圍裡，因此以《華陽國志》而言，此書包含正史中紀傳類與編年體的記載，亦涵蓋地方志的範疇，因此要明確地將《華陽國志》定位於史籍中的何類，歷來學者一直是爭論不休的，如田富美〈常璩《華陽國志》研究述略〉〔註1〕中，曾整理一表略述歷來史家對於《華陽國志》的定位爭議，現附錄於下以供參考〔註2〕：

作　　者	典　　籍	分　　類
後晉・劉昫等人	《舊唐書・經籍志》	乙部：史錄、僞史
唐・魏徵等人	《隋書・經籍志》	史部：霸史
唐・劉知幾	《史通・雜述篇》	地理類
唐・杜佑	《通典・州郡門》	地理類
宋・歐陽修、宋祁等人	《新唐書・藝文志》	乙部：史錄、僞史
宋・晁公武	《郡齋讀書志》	史部：僞史
宋・鄭樵	《通志・藝文略》	史部：霸史
宋・王應麟	《玉海》	雜史類
宋・陳振孫	《直齋書錄解題》	雜史類
宋・馬端臨	《文獻通考・經籍考》	史部：僞史、霸史
元・托克托等人	《宋史・藝文志》	史部：僞史
明・焦竑	《國史經籍志》	史部：霸史
清・紀昀等人	《四庫全書》	史部：載記

〔註1〕田富美撰，〈常璩《華陽國志》研究述略〉書目季刊第35卷第3期，2001年12月，頁45。

〔註2〕爲使表格所述更爲清晰有序，對於表格內所舉書目，將以時代先後爲序，作爲調整依據，故與原表有些許出入。

由上表可以清楚的看出，歷來學者對於《華陽國志》的歸類，各有自己的看法，有歸於歷史類的，也有歸於霸史類的，更有歸於地理類等種種說法，會造成歷來學者對於《華陽國志》定位爭論不休的原因，細審書中內容，不難發現《華陽國志》前四卷以地理郡縣沿革等記載爲主，分類者若以此爲依據，則視爲地理類；卷五至卷九所載的王朝歷史，並非中原正統政權，分類者若著眼於此，則視爲霸史、僞史，甚之謂爲載記；第十與十一卷則以記載地方人物爲主。綜觀以上內容敘述，《華陽國志》是集合了地方志與史事記載於一身的史籍，以前四卷與後二卷而觀，則與地方志相近，會造成分類不一的情況產生，惟方志學於清代前並沒有明確的概念，直至清代方志學才真正成熟。故劉知幾與杜佑二人，只能勉強將之歸入地理類。章學誠《校讐通義．史考釋例》云：

> 割據與霸國之書，初分爲二門，今合而爲一，亦謂如《越絕書》、《吳越春秋》下至南唐諸家皆是也。惟《華陽國志》，《隋志》入於霸史，後人多仍其目，或入地理，按此書上起魚鳧蠶叢，中包漢中公孫述、二劉、蜀漢，下及氐父子，非爲一國紀載，又非地志圖經，入於霸國固非，而入於地理尤非。〔註3〕

章學誠此話除了說出《華陽國志》史籍歸類不明的情況外，更是直指此書應爲「限於方隅者」，故該列入方志類的。近代學者傅振倫於《中國方志學通論》亦曰：

> 《越絕》、《華陽》二書，皆爲方志類，率述一地編霸歷史沿革，及其掌故、風土、人物。自古志逸而此遂成方志之所昉。〔註4〕

以上章、傅二人總結了歷來對《華陽國志》歸類的爭議，明白的定位出《華陽國志》當爲方志之祖。時至今日方志學的研究已不同以往，各項研究條件與觀念亦日臻成熟，因此任乃強《華陽國志校補圖注》則是對《華陽國志》下了一個更爲明確的定義：

> 其一書而兼備各類，上下古今，縱横邊腹，綜名物，道度，存治要，章法戒，及人事之變化，窮天地之所有，匯爲一帙，使人覽而知其方隅之全貌者，實自常璩此書創始。此其於地方史中開創造之局，亦如正史之有《史記》者一。〔註5〕

文中對於《華陽國志》極爲贊賞，認爲常志記載巴蜀之事詳盡，於史事與地方事無

〔註3〕〔清〕章學誠撰，《文史通義》附《校讐通義》（台北：華世出版社，1980年9月初版），頁650。

〔註4〕傅振倫撰，《中國方志學通論》（台北：台灣商務，1966年出版），頁59。

〔註5〕任乃強撰，《華陽國志校補圖注》（上海：古籍出版社，1987年），頁6。

所不包，故應歸於地方志一類。此外於載事中更內涵德行教化的苦心，於歷來史籍裡只有司馬遷《史記》當可以媲美，這無疑已是給予常志極高的評價了。

通常一部地理方志所記載，包含著地方史事、傳說、物產、人物等等，幾乎已到了無事不記的程度，在前人未有方志形式規範的基礎下，常璩面對的又是巴蜀之地異常豐富的人文事蹟，要將如此龐雜的方物資料，整理得條理清晰，不致有混雜紊亂的情形發生，常璩是下了一番苦心安排的。

本節將從（一）以全面性的角度來探討全書之結構佈局；（二）個人對於《華陽國志》之結構佈局的看法等兩部份，來探討《華陽國志》全書之結構。

第一節　全書結構

《華陽國志》全書共分十二卷〔註 6〕，其中此十二卷若依性質來區分，概可分爲地理、物產、歷史與人物四部份，其中物產則歸入於地理之中。若是按照體裁來說，則可分爲地理志、編年史（亦爲巴蜀史）與人物志等三部份，故前四卷可視爲地理志；卷五至卷九則可稱之巴蜀史；卷十至卷十一因專載人物，故可視之爲人物志；卷十二則是抒發已志。

在常璩之前，中國方志應始於春秋之時，盛於東漢之間。相傳孔子曾見「百二十國寶書」〔註 7〕此語當爲中國最早方志的雛型，爾後「後漢光武，始詔南陽，撰作風俗，故沛、三輔有耆舊節士之序，魯、廬江有名德先賢之讚。郡國之書，由是而作。」〔註 8〕此語則可視作中國方志之興盛期，自此之後方志之書陸續出現，創作方志之書亦蔚爲風氣。雖然方志創作風氣大盛，但在體例上仍未趨完善，或記歷史，或記地理，或記人物，此三者分離，無法有兼顧之憾，如《山海經》、《水經注》、《越絕書》、《吳越春秋》等，或記地理，或記史事，多只能偏頗一方而無法地理、史事、人物三者兼顧，現以下分別將上列之書目整理成一表，藉以說明在《華陽國志》之前，諸家有關地理方志之書，在體例上安排之情形：

〔註 6〕此十二卷分別爲第一卷〈巴志〉、第二卷〈漢中志〉、第三卷〈蜀志〉、第四卷〈南中志〉、第五卷〈公孫述劉二牧志〉、第六卷〈劉先主志〉、第七卷〈劉後主志〉、第八卷〈大同志〉、第九卷〈李特雄期壽勢志〉、第十卷〈先賢志〉、第十一卷〈後賢志〉、第十二卷〈序志并益梁寧三州先後以來士女名目錄〉。

〔註 7〕〔清〕阮元校勘，《十三經注疏・春秋・公羊傳》（台北：藝文印書館，1955 年出版），頁 6。

〔註 8〕〔唐〕長孫無忌等撰，《隋書・經籍志》（北京：中華書局，1985 年出版），頁 55。

書　　名	卷　目　列　舉	內　容　舉　例
《山海經》	《山經》：卷一〈南山經〉；卷二〈西山經〉……《海經》：卷一〈海外南經〉；卷二〈海外西經〉……卷十三〈海內經〉。	〈南山經〉之首曰鵲山。……有獸焉，其狀如禺而白耳，伏行人走，其名曰狌狌，食之善走。麗麐之水出焉，而西流注于海……。〈南山經〉〔註 9〕
《水經注》	卷一〈河水一〉；卷二〈河水二〉……卷七〈濟水一〉……卷三十三〈江水一〉……卷四十〈漸江水〉等水名。	崑崙墟在西北，三成為崑崙丘。《崑崙記》曰：「崑崙之山三級」，下曰樊桐……一名天庭，是謂太帝之居……。〈河水一〉〔註 10〕
《越絕書》	卷一〈越絕外傳本事越絕荊平王內傳〉；卷二〈越絕外傳記吳地傳〉……卷十四〈越絕外傳春申君越絕德序外傳記〉；卷十五〈越絕篇敘外傳記〉。	昔者，吳之先君太伯，周之世，武王封太伯於吳……吳大城，周四十七里……吳小城，周十二里……伍子胥城周九里……。〈越絕外傳記吳地傳〉〔註 11〕
《吳越春秋》	卷一〈吳太伯吳王壽夢王僚使公子光傳〉；卷二〈闔閭內傳〉；卷三〈夫差內傳〉；卷四〈越王無余句踐入臣外傳〉；卷五〈句踐歸國句踐陰謀外傳〉；卷六〈句踐伐吳外傳〉。	吳之前君太伯者，后稷之苗裔也。后稷其母，台氏之女姜嫄，為帝嚳元妃，年少未孕出游於野，見大人跡而觀之……後妊娠……。〔註 12〕

由上表可知《山海經》記載內容偏重於山川水文與物產等；《水經注》以水文為主要記載對象；《越絕書》則重於傳記與地理；《吳越春秋》則以帝王貴族傳記為主要記載對象。綜觀而論，以上沒有一部地理方志，是具備有其全面性的記載體例。

因此常璩不滿上述歷來方志記載簡略的情形，故將地理、物產、史事與人物等四部份結合一體，此乃中國方志體例上的創舉，更是將中國方志帶領於更趨成熟的境界上，因此《華陽國志》的體例結構是很有其探討的價值，現以下分別依地理志、巴蜀史與人物志等三部份來論述之。

一、地理志

前四卷約佔全書三分之一，歷來學者對於此四卷有其高度評價，因這部份的記載專以巴、蜀、漢中與南中等郡，所出之物產或州郡沿革建置為主要記載對象，豐富的史料記載，使後世研究巴蜀地區物產與州郡沿革的學者，得到莫大的助益。

前四卷在結構上的安排，皆先詳細敘述上古至常璩時代，有關地區上的歷史大

〔註 9〕袁珂校注，《山海經校注》（台北：里仁書局，1981 年出版），頁 1。

〔註 10〕〔北魏〕酈道元注，楊守敬，熊會貞疏，《水經注疏》（江蘇：古籍出版社，1999 年出版），頁 1。

〔註 11〕《越絕書》（北京：中華書局，1985 年出版），頁 7。

〔註 12〕〔漢〕趙曄撰，《吳越春秋》（北京：中華書局，1985 年出版），頁 3。

事，如以〈巴志〉來說，於卷前常璩記載云：

昔在唐堯，洪水滔天，鯀功無成，聖禹嗣興，導江疏河，百川蠲脩，封殖天下，因古九囿以置九州。仰稟參伐，俯壤華陽，黑水江漢爲梁州……璆、鐵、銀、鏤、砮、磬、熊、羆、狐、狸……。九州牧伯率職，周文爲伯，西有九國，及武王克商……迄於秦帝。漢興高祖藉之成業，乃改雍曰涼，革梁曰益，故巴、漢、庸、蜀屬益州，至魏咸熙元年平蜀，始分益州，巴漢七郡置梁州……其屬有濮、賨、苴、共、奴、獽、夷、蜑之蠻……其德操仁義，文學政幹，若洛下閎、任文公、馮鴻卿、龐宣、孟元、文和、趙溫柔、龔升侯、楊文義等，播名立事，言行表世者，不勝次載者也。〔註13〕

本文因篇幅有限故無法詳細摘錄，但是大致上是以記載「巴」這個地方爲主要內容，其中「巴蔓子」故事、秦滅蜀置漢中郡以及「巴渝舞」的由來，等等故舊諸史，皆詳盡的記載於〈巴志〉卷中。除故舊諸事之外，巴地物產與少數民族等重要史料，常璩亦記載於其中，爲後世學者提供了豐富且珍貴的研究資料。

在敘述完地區性的歷史事件之後，常璩則以巴郡諸縣爲主要記載對象，如以涪陵郡來說：

巴之南鄙，從枳南入析丹，涪水本與楚商於之地接，秦將司馬錯由之，取楚商於地爲黔中郡也。漢後恆有都尉守之，舊屬縣五，去洛五千一百七十里，東接巴東，南接武陵，西接牂柯，北接巴郡，土地山險水灘，人戇勇，多獽、蜑之民。縣邑阿黨，鬬訟必死，無蠶桑，少文學，惟出茶、丹漆、蜜蠟。漢時赤甲軍常取其民，蜀丞相亮，亦發其勁卒三千人爲連弩士，遂移家漢中。延熙十三年，大姓徐巨反，車騎將軍鄧芝討平之，見玄猨緣其山，芝性好弩，手自射猨中之，猨子拔其箭，卷木葉塞其創，芝嘆曰：嘻，吾傷物之性，其將死矣。乃移其豪徐、藺、謝、范五千家於蜀，爲獵射官。分羸弱，配督將韓蔣，名爲助郡軍，遂世掌部曲爲大姓。晉初，移弩士於馮翊、蓮勺，其人性質直，雖徙他所，風俗不變，故迄今有蜀漢、關中、涪陵，其爲軍在南方者猶存。山有大龜，其甲可卜，其緣可作叉，世號靈叉。〔註14〕

上文中，常璩對於四川涪陵郡有其詳細的記載與描寫，對於涪陵的地界、屬縣、少

〔註13〕〔東晉〕常璩撰，〔清〕顧廣圻校，《華陽國志》（台北：台灣商務，民65年出版），頁1。

〔註14〕見《華陽國志・巴志》，頁11。

數民族、民風、特產、故舊史事等，皆無所不載。記載地方的文字架構，基本上亦是依照常璩《華陽國志》整部書的格局而來，無論大至巴郡地區或小至涪陵一郡，原則上都是依循著載地、載事、載人等三方面而成，先記行政區域的沿革，次記地方政事與山川、戶口、人物、物產等，呼應著整部書所安排佈局的大架構，讓常璩所載之事，不論大小與性質，皆建構在地理志、巴蜀史與人物志等三部份之下，可謂條理清晰而記事井然矣。現作一簡圖，冀說明以上所述：

地理志（卷一－卷四）
- 載地：如「俯壤華陽，黑水江漢為梁州」；「巴之南鄙，從枳南入析丹」
- 載事：如「昔在唐堯，洪水滔天，鯀功無成，聖禹嗣興，導江疏河」；「延熙十三年，大姓徐巨反，車騎將軍鄧芝討平之」
- 載人：如「若洛下閎、任文公、馮鴻卿……播名立事，言行表世者，不勝次載者也」；「芝性好弩，手自射猨中之……芝嘆曰：嘻，吾傷物之性」

二、巴蜀史

卷五至卷九專記巴蜀地區所立政權，記載紀年可上述至東漢光武建武元年（西元 25 年）下至東晉穆帝永和三年（西元 347 年），其卷載之事分別為公孫述、劉二牧、蜀二主及成漢之興亡，橫跨三百二十二年的史事躍然於紙上，其中成漢史一直以來晦暗不明，諸多史籍總是記載不甚詳細，而常璩的《華陽國志》正好填補了此段空白，為後世提供了難能可貴的史料。

再以三國史來說，常璩對於史事的記載亦較《三國志》詳盡，如梁啟超《中國歷史研究法》曰：「且吾不嘗言陳壽《三國志・諸葛亮傳》記亮南征事僅得二十字耶？然常璩《華陽國志》，則有七百餘字，吾儕所以得知茲役始末者，賴璩書也。」〔註 15〕連專記三國史的《三國志》，對於諸葛亮南征之事也僅有二十餘字的記載，我們今天要進一步瞭解其史事，還要藉助於常璩《華陽國志》中對於南中史事的詳細記載，由此觀之，《華陽國志》對於補足史籍針對巴蜀之地的缺漏，其貢獻實功不可沒。

就中國歷史資料上最為貧乏的成漢史來看，現舉《華陽國志》卷九〈李特雄期壽勢志〉與《晉書》載記、《資治通鑑》等史籍做一相互對照，藉以觀察後世史籍有關於成漢之史，皆多出於《華陽國志》之中。

> 李特，字玄休，略陽臨渭人也。祖世本巴西宕渠賨民，種黨勁勇，俗

〔註 15〕梁啟超，《中國歷史研究法》（台北：台灣中華書局，1985 年 15 版），頁 47

好鬼巫。漢末張魯居漢中，以鬼道教百姓，賨人敬信。值天下大亂，自巴西之宕渠，移入漢中，魏武定漢中，曾〔註16〕祖父虎，與杜濩〔註17〕、朴胡、袁約、楊車、李黑等移於略陽北土，復號曰巴人〔註18〕。〔註19〕

以上記載出自於常璩〈李特雄期壽勢志〉中，反觀《晉書・李特載記》云：

李特，字玄休，巴西宕渠人……漢末，張魯居漢中，以鬼道教百姓，賨人敬信巫覡，多往奉之。值天下大亂，自巴西之宕渠遷于漢中楊車坂，抄掠行旅，百姓患之，號爲楊車巴。魏武帝克漢中，特祖將五百餘家歸之，魏武帝拜爲將軍，遷於略陽，北土復號之爲巴氐。〔註20〕

比較上下兩文，除《晉書・李特載記》中尚引《後漢書・南蠻傳》所載有關「廩君」〔註21〕的神話，作爲附會李特爲其苗裔之外，其餘並沒有太大差異。

另外於《資治通鑑中》對於成漢的記載，其文字與《華陽國志》與《晉書》二者亦無太大差別，其文如以下所錄：

詔徵益州刺史趙廞爲大長秋，以成都內史中山耿滕爲益州刺史，廞賈后之姻親也，聞徵甚懼。〔註22〕

《晉書・李特載記》云：

詔徵益州刺史趙廞爲大長秋，以成都內史耿滕代廞，廞遂謀叛。〔註23〕

《華陽國志・大同志》云：

詔徵刺史親爲大長秋，遷成都內史中山耿滕爲益州刺史、折衝將軍。〔註24〕

由以上三則文字敘述來看，《資治通鑑》除了提到趙廞爲賈后之姻親外，其餘與《晉書》和《華陽國志》並無二異，因此可以得知，《華陽國志》之後的史籍，對於成漢史事的了解，則多出於常璩的記載。

〔註16〕顧廣圻校「曾當作特」；廖寅注「曾字不當有」。

〔註17〕顧廣圻校「杜下當有濩字，約上當有袁字」。

〔註18〕廖寅注「當作氐」。

〔註19〕見《華陽國志・李特雄期壽勢志》，頁119。

〔註20〕〔唐〕房玄齡等撰，《晉書》（北京：中華書局，1974年出版），頁3022。

〔註21〕《後漢書・南蠻傳》：「巴郡南郡蠻，本有五姓：巴氏，樊氏，瞫氏，相氏，鄭氏。皆出於武落鍾離山……因共立之，是爲廩君。」；《晉書・李特載記》：「李特字玄休，巴西宕渠人，其先廩君之苗裔也。昔武落鍾離山崩……凡四姓：曰曎氏、樊氏、柏氏、鄭氏。」

〔註22〕〔宋〕司馬光撰，〔元〕胡三省音注，《景印文淵閣四庫全書・資治通鑑》（台北：台灣商務，1983年出版），頁305-720。

〔註23〕見《晉書》，頁3023。

〔註24〕見《華陽國志・大同志》，頁107。

卷九〈李特雄期壽勢志〉爲常璩親身目睹的近代史，其記載資料豐富而詳盡，是研究成漢史的重要瑰寶，亦填補起中國歷史上堪稱空白一頁的成漢史，由此評斷常璩之功，實是不容磨滅矣。

三、人物志

卷十至卷十一，爲常璩專記巴蜀人物的部份，此二卷共記載自西漢以來到西晉之時，有關於巴蜀地區賢士烈女共四百四十二人〔註25〕。

此二卷以人物爲記載中心，以人物德行分爲：善行、忠義、文學、武略、文學、治經、經世、隱士、孝子、烈女等數十類，將梁、益、寧三州賢士烈女分類置入其中，並寓以諷勸教化之意。如於〈先賢志〉卷中曾記載：

> 長卿彬彬，文爲世矩　司馬相如，字長卿，成都人也。游京師，善屬文，著〈子虛賦〉而不自名。武帝見而善之曰：吾獨不得與此人同世。楊得意對曰：臣邑子司馬相如所作也。召見相如，相如又作〈上林賦〉，帝悅，以爲郎，又上〈大人賦〉以風諫。制封禪書爲漢辭宗，官至中郎將，世之作賦者，自楊雄之徒咸則之。〔註26〕

記載中，敘述了司馬相如，如何以賦見擢於武帝，更贊司馬相如爲漢代賦體之宗，使得後世揚雄等賦體大家，皆以司馬相如爲學習模仿的對象。除了文學名士之外，常璩對於風俗民心有教化之效的人物，更加青睞與重視，如於〈先賢志〉卷中亦曾記載：

> 昭儀殉身　昭儀，新繁張氏女，廣漢朱叔賢妻也。賢爲郡督郵，建安十九年，劉主圍劉璋於成都，賢坐謀外降，璋以昭儀配兵，將見逼，昭儀自殺，三軍莫不哀嘆。〔註27〕

記載中，昭儀爲一貞節烈女，因夫婿預謀投降劉備，而觸怒了當時困守成都的劉璋，劉璋爲報復昭儀之婿，欲將昭儀分配於士兵，昭儀爲保清白，因而自殺。有女貞烈如此，聞之莫不下涕，天地亦爲之動容，因此常璩將其事蹟收錄，除了爲表其烈節之外，更深層的意思是希望能夠感動與教化人心。諸如此類的貞烈之事，於〈先賢志〉、〈後賢志〉與〈士女目錄〉三卷中，多有所記載，於此其中亦可體會到常璩對於諷勸教化的工作，可說是念茲在茲的。

〔註25〕常璩於〈益梁寧三州先漢以來士女目錄〉末自曰：「三州後賢五十一人，并前賢三百九十一人。」但因傳鈔之誤，歷來各本於人數上並無統一，因此廖寅本注云：「按人數不合，蓋傳寫多非其舊也，卷中前後各條皆放此。」現當依常璩自說。

〔註26〕見《華陽國志・先賢志》，頁132。

〔註27〕見《華陽國志・先賢志》，頁140。

第二節　《華陽國志》前四卷結構析論

《華陽國志》集歷來方志之大成，且綜合史籍與方志的特點，開創了中國方志的體例範疇。常璩不滿歷來的方志典籍，只能以史事、地理、人物等三方面各志其述，各自地反映其側面所重之事，並未有將此三方面做一完整統合的著作出現，因此他大膽革新了歷來方志無法全面性記載的闕失，將史事、地理與人物相結合，創造出來一種前所未見的新體裁，不過可惜的是，於《華陽國志》之後，方志歷經了南北朝、隋、唐等時代，仍舊是依循著史事、地理、人物等各自爲重的體例來發展，此種情形直到了宋代之時，才漸獲改善。因在宋之時，方志一方面漸受重視，另一方面其發展也到了新的階段，不但取材更爲廣泛，分門別類更爲精細，影響了明清以來諸多方志的體例。自宋以來的方志，觀其內容可以發現，史事、地理與人物的記載已不再分隔，追本溯源來說，三大體例的融合，實濫觴於《華陽國志》。現以下就其《華陽國志》各卷之結構，提出一些個人的看法。

一、卷一：巴志

〈巴志〉主要是記載，巴地的風土民情與人物故事，其編寫方式可分爲三部份，(一)、巴地故事；(二)、巴地諸郡縣概說；(三）總贊等。

(一）巴地故事

就第一部份「巴地故事」而言，常璩記載了上自古唐堯之事，下至三國蜀漢諸事，於此部分又可細分爲:「上古之事」、「巴地地名沿革」、「周武王事」、「物產」、「民歌」、「秦、楚、巴三國事」、「戰國時巴地事」、「巴地地理民風」以及「巴地地理沿革」等部份。現製一表用以說明其上所述之結構與原文：

巴志所載之事	巴志所載之事原文舉例
上古之事	昔在唐堯，洪水滔天，鯀功無成，聖禹嗣興，導江疏河，百川蠲脩，封殖天下……。〔註28〕
巴地地名沿革	及武王克商，并徐合青，省梁合雍……漢興，高祖藉之成業，乃改雍曰涼，革梁曰益，故巴、漢、庸、蜀，屬益州，至魏咸熙元年平蜀，始分益州巴漢七郡置梁州，治漢中。〔註29〕
周武王事	周武王伐紂，實得巴蜀之師。著乎《尚書》，巴師勇銳，歌舞以淩，殷人前徒倒戈，故世稱之曰，武王伐紂，前歌後舞也。武王既克殷，以其宗姬封於巴，爵之以子。〔註30〕

〔註28〕見《華陽國志・巴志》，頁1。
〔註29〕見《華陽國志・巴志》，頁1。
〔註30〕見《華陽國志・巴志》，頁2。

物　　產	土植五穀，牲具六畜，桑、蠶、麻、紵、魚、鹽、銅、鐵、丹漆、茶、蜜、靈龜、巨犀、山雞、白雉、黃潤、鮮粉，皆納貢之……。〔註31〕
民　　歌	詩曰：惟月孟春，獺祭彼崖，永言孝思，享祀孔嘉。彼黍既潔，彼犧惟澤，蒸命良辰，祖考來格。〔註32〕
秦楚巴三國事	魯莊公十八年，巴伐楚，克之。魯文公十六年，巴與秦、楚共滅庸。〔註33〕
戰國、秦、漢時巴地事	戰國時嘗與楚婚，及七國稱王，巴亦稱王。周之季世，巴國有亂，將軍有蔓子請師於楚……周愼王五年，蜀王伐苴侯……秦惠文王遣張儀、司馬錯救苴……儀貪巴苴之富，因取巴，執王以歸……天下既定，高帝乃分巴置廣漢郡……永初中廣漢、漢中羌反……孝安帝元初三年，涼州羌入漢中……。〔註34〕
巴地地理民風	江州以東，濱江山險，其人半楚，姿態敦重。墊江以西，土地平敞，精敏輕疾，上下殊俗，性情不同……。〔註35〕
巴地地理沿革	獻帝初平元年……分巴爲二郡……建安六年……璋乃改永寧爲巴郡，以固陵爲巴東，徙羲爲巴西太守，是爲三巴……。〔註36〕

由上表可以得知，常璩對於一地之記載與敘述是相當詳盡的，將巴地無論是史事、物產、地理沿革或民物風情，都以極其精細的筆法記載之，這不僅表示出常璩對於身爲一個史家所應有的嚴謹態度，更表示出常璩對於巴蜀這片土地的熱忱與維護。

（二）巴地諸郡縣概說

第二部份就「巴地諸郡縣概說」而言，其編排則爲「以郡領縣」之形式，即郡在前，下轄附屬之縣。基本上以諸郡縣所發生著名之人、事、物爲記載對象，然而各縣故事發生時間不一，常璩於編排上並未以時間先後爲次，故在編排上有些錯亂之感，如本卷所載巴郡與巴東郡諸縣爲例：

巴　郡

江州縣　郡治　漢初犍爲張君爲太守……。〔註37〕

平都縣　蜀延熙時省，大姓殷、呂、蔡氏。〔註38〕

〔註31〕見《華陽國志・巴志》，頁2。
〔註32〕見《華陽國志・巴志》，頁2，尚有13首。
〔註33〕見《華陽國志・巴志》，頁2。
〔註34〕見《華陽國志・巴志》，頁3。
〔註35〕見《華陽國志・巴志》，頁7。
〔註36〕見《華陽國志・巴志》，頁8。
〔註37〕見《華陽國志・巴志》，頁8。
〔註38〕見《華陽國志・巴志》，頁9。

墊江縣　郡西北中水四百里，有桑、蠶、牛、馬。漢時龔榮以俊才為荊州刺史。後有龔揚、趙敏以令德為巴郡太守。淳于長寧雅有美貌，黎、夏、杜皆大姓也。〔註 39〕

樂城縣　在西州江三百里，延熙十七年省。常安縣，亦省。〔註 40〕

巴東郡

魚復縣　郡治公孫述更名為白帝，章武二年，改曰永安……。〔註 41〕

朐忍縣　……咸熙元年，獻靈龜於相府……。〔註 42〕

漢豐縣　建安二十一年置……。〔註 43〕

南浦縣　郡南三百里，晉初置，主夷。〔註 44〕

由以上常璩對於巴郡諸縣的排列情形來看，先不論縣志中沒有明確提及年代的縣份，在有提及年代的縣份來說，則並未按照時間先後排列，易讓讀者有錯亂之感，如「平都縣」記載為蜀漢後主延熙年間；後接「墊江縣」之事則為漢時；之後於「樂城縣」，又接為延熙十七年；「巴東郡」下屬「魚復縣」，以公孫述事為首，「朐忍縣」則以後主咸熙為紀年，「漢豐縣」則又以獻帝建安年間為紀首，「南浦縣」又以晉年為紀。如此的編排方式，易讓讀者有時間錯亂而不能延續的感覺，假若可依時間相近者編排，即可免去這種情形。雖說每地發生的史事於時間上來說不一致，但若於當初編排時，盡量將史事發生相近者編排在左近，那麼對於讀者來說，於閱讀上則不會有太大的不便存在。現以下將作一簡圖，以相對照常璩原文與筆者所建議調整過後的編次，提供後續研究者比較參考：

常　璩	筆者建議
巴　郡	
江州縣　郡治　漢初犍為張君為太守……。	江州縣　郡治　漢初犍為張君為太守……。
平都縣　蜀延熙時省……。	墊江縣　……漢時……。
墊江縣　……漢時……。	平都縣　蜀延熙時省……。
樂城縣　……延熙十七年省……。	樂城縣　……延熙十七年省……。（延熙十七年，西元 254 年）

〔註 39〕見《華陽國志・巴志》，頁 9。
〔註 40〕見《華陽國志・巴志》，頁 9。
〔註 41〕見《華陽國志・巴志》，頁 10。
〔註 42〕見《華陽國志・巴志》，頁 10。
〔註 43〕見《華陽國志・巴志》，頁 11。
〔註 44〕見《華陽國志・巴志》，頁 11。

巴東郡	
魚復縣　郡治。公孫述更名白帝，章武二年，改曰永安。咸熙初……。	魚復縣　郡治。公孫述更名白帝，章武二年，改曰永安。咸熙初……。
朐忍縣　……咸熙元年，獻靈龜於相府……。	漢豐縣　建安二十一年置……。（建安二十一年，西元 216 年）
漢豐縣　建安二十一年置……。	朐忍縣　……咸熙元年，獻靈龜於相府……。（咸熙元年，西元 264 年）
南浦縣　郡南三百里，晉初置，主夷。	南浦縣　郡南三百里，晉初置，主夷。

上表是對於〈巴志〉諸縣的排序，個人所提供的一點意見，筆者對於年代的編排，以先提出者爲優先，如「樂城縣」屬明延熙十七年，故置於「墊江縣」漢時之後；而對於未明確提出年份者，則以人物存在或年代後先後爲優先，如「魚復縣」公孫述爲先，故置於「南浦縣」晉初之前。

（三）巴志總贊

史籍總贊的形式，是其來有自的，如《左傳》的「君子曰」，《史記》的「太史公曰」，《漢書》的「贊曰」，《後漢書》的「論曰」，以及《三國志》的「評曰」等，尤其以《史記》的論贊體式，更是對於後世史籍的論贊體例影響甚深。常璩於《華陽國志》中仿擬司馬遷《史記》的論贊形式，將己身對於該卷的感想作一總結。常璩於贊文之前模仿歷來史籍評論的形式，以「譔曰」爲起首，下接評論該卷的思想大意，基本上與四史論贊的形式並無二異。如〈巴志〉卷末「譔曰」：

> 譔曰：巴國遠世，則黃炎之支封，在周則宗姬之戚親，故於春秋班侔秦、楚。示甸衛也，若蔓子之忠烈，范目之果毅，風淳俗厚。世挺名將，斯乃江漢之含靈，山岳之精爽乎。觀其〔註 45〕足以知其敦壹矣昔沙麓崩，卜偃言其後當有聖女興。元城郭〔註 46〕，公謂王翁孺屬當其時，故有政君。李雄，宕渠之斯伍，略陽之黔首耳，起自流隸，君獲〔註 47〕士民，其長人之魄，良有以也。〔註 48〕

譔文之中常璩總結了巴郡諸事，將巴國的由來，上述至炎黃之時，下與周、秦、楚等國皆有關係牽連；且亦提及巴地著名人物事蹟，如巴蔓子、范目與李雄等；此外山川地貌，民土風情多以數語概括，藉以帶出巴郡乃爲地靈人傑之域矣。常璩於譔

〔註 45〕廖本小字注云：「舊校云闕。」
〔註 46〕廖本小字注云：「當作建，見《漢書》。」
〔註 47〕廖本小字注云：「當作獲君，誤倒。」
〔註 48〕見《華陽國志・巴志》，頁 13。

文中概略提及諸事之故，卻又不失諸事之要，使得讀者假若不熟悉全卷之內容，於譔文之中亦可對〈巴志〉之卷有一整體的概念。

二、卷二：漢中志

〈漢中志〉主要是記載漢中此地所發生之大事，常璩於〈漢中志〉中主要以三國時期所發生之事爲主要載記對象，其中穿插春秋、秦、漢、晉、成等各朝代諸事。其編寫方式可分爲三部份：(一)、漢中郡漢至三國故事；(二)、漢中諸郡縣三國故事；(三)、總贊等。

(一) 漢中郡——漢至三國故事

此部份以漢中郡所發生之事爲主要記載對象，其記載紀年概可由，上述漢代下至三國時所發生之重要大事。其中亦可細分爲「漢中地名由來」與「漢至三國故事」等兩部份，其中「漢中地名由來」最早紀年則爲戰國周赧王之時，其摘錄如下：

> 漢中郡，本附庸國屬〔註49〕周赧王二年，秦惠文王置郡，因水名也。漢有二源，東源出武都氐道漾山，因名漾。《禹貢》流漾爲漢是也。西源出隴西〔註50〕嶓冢山，會白水，經葭萌入漢，始源曰沔，故曰漢沔。在詩曰：滔滔江漢，南國之紀。其應上照於天，又曰：惟天有漢，其分野與巴蜀同占。其地東接南郡，南接廣漢，西接隴西、陰平，北接秦川，厥壤沃美，賦貢所出，略侔三蜀。〔註51〕

上文常璩記載漢中於秦惠文王時置郡，其名得自於漾、沔二水，因漾水又稱漢水，故亦稱漢沔。其地東接南郡，南接廣漢，西接隴西，北接秦川，又土壤肥沃，足以自足，故自古以來即爲戰略要地。如漢高祖劉邦，進關中獲子嬰，有滅秦之功，卻被項羽分封於地處偏遠的巴蜀，而深感不平，丞相蕭何卻從戰略的角度進諫劉邦，其曰：

> 雖王漢中之惡，不猶愈於死乎。且語曰天漢，其稱甚美，夫能屈於一人之下，則伸於萬乘之上者，湯、武是也，願大王王漢中，撫其民以致賢人，收用巴蜀，還定三秦，天下可圖也。〔註52〕

蕭何分析了當時的局勢，認爲當時楚強漢弱，只要忍一時之辱，經營漢中而定三秦，招賢士而收巴蜀，那麼底定天下南面稱君，也不是不可能的事。劉邦聽從了蕭何的

〔註49〕廖本小字注云：「當有脱。」
〔註50〕廖本小字注云：「當有西縣二字，《水經注》引不誤。」
〔註51〕見《華陽國志·漢中志》，頁15。
〔註52〕見《華陽國志·漢中志》，頁15。

計策，以漢中爲基地，徐徐進圖，因而在數年之後即滅楚一統天下。

由以上的記載可以看出，漢中的確是上天賜給劉邦的帝王之資。由於戰略地位重要，故歷來漢中於亂世之時，即爲兵家必爭之地，如〈漢中志〉記載：

> 莽時公孫述據蜀，跨有漢中，當秦隴之徑，每罹於其害。安帝永初二年，陰平、武都羌反，入漢中，煞太守董炳，沒略吏民。四年羌復來……天子乃拜巴郡陳禪爲漢中太守，虜素憚禪……漢末沛國張陵學道於蜀鶴鳴山，造作道書，自稱太清玄元，以惑百姓。陵死，子衡傳其業，衡死，子魯傳其業。……扶風蘇固爲漢中太守，張魯遣其黨張脩攻固成……魯遂有漢中。……二十年，魏武帝西征魯，魯走巴中。……二十四年春，先主進攻漢中，至定軍，淵、郃、顒來戰，大爲先主所破，將軍黃忠斬淵、顒首。……先主遂爲漢中王……先主乃以牙門義陽魏延，爲鎮遠將軍漢中太守。……是後處蜀、魏界，固險重守，自丞相、大司馬、大將軍皆鎮漢中。〔註53〕

新莽時天下大亂，公孫述趁機據蜀且兼有漢中之地，進而以窺中原；東漢安帝之時，羌族攻略漢中，爲患不小，安帝遂以陳禪爲漢中太守，羌族素來忌憚陳禪，故漢中持平無事了一段的時間；東漢末時，張陵、張衡、張魯祖父子三代，以左道惑民，在經營一段時間後，至張魯之時勢力已成，故進佔漢中，據其地以窺西川；然曹操西征，破張魯收漢中，以夏侯淵、張郃等人鎮漢中，不過不久之後亦爲劉備所破。劉備於收西川之後兼併漢中，劉備即自立爲漢中王，並以魏延爲漢中太守，自此蜀漢之基大致底定。此後漢中地處魏、蜀交界，戰事頻繁，諸葛亮、姜維等更以此爲恢復中原之基地，因此漢中爲戰略要地則不難想見。

由以上敘述可以看出，漢中自亂世以來，無論秦、兩漢、三國之時，即爲兵家必爭之地，因地處戰略要衝，各方無不以漢中爲進圖的基地。假若以中原立場而觀之，漢中爲收蜀的前哨；又若以西川的立場而言，漢中則是進窺中原或長安的重要基地。無怪乎蜀漢失漢中之後，旋即被滅；曹操失漢中之後，則中原震動。

（二）漢中諸郡縣——三國故事

漢中卷與前卷〈巴志〉有著相同的問題，雖亦「以郡領縣」，但各縣時間上亦出現安排不一的情況。現以下舉其〈漢中志〉卷原文以示之：

漢中郡

〔註53〕見《華陽國志・漢中志》，頁16。

漢中　蜀平梁州，治沔陽。太康中，晉武帝子漢王迪受封……。〔註 54〕

南鄭縣　郡治　周貞王十六年，秦厲公城之。有池水從旱山來入沔，大姓李、鄭、趙氏。〔註 55〕

⋮

褒中縣　孝昭帝元鳳六年置，本都尉治也。山名扶木，有唐公房祠也。〔註 56〕

成固縣　蜀時以沔陽爲漢城，成固爲樂城。〔註 57〕

⋮

魏興郡

魏興郡，本漢中西城縣。哀平之世……建安二十四年，劉先主命宜都太守孟達，從姊歸北伐房陵、上庸。……黃初二年，文帝轉儀爲魏興太守，封鄖鄉侯。〔註 58〕

西城縣　郡治。元康元年，封越騎校尉蜀郡何攀爲公國也。〔註 59〕

⋮

興晉縣　晉置。〔註 60〕

以上所列之文，皆由《華陽國志・漢中志》而來，在諸縣排列次序上，與〈巴志〉相同的是，諸縣事件發生時間不一，排列次序上有錯綜之感，使讀者於閱讀上甚感不便，故筆者依上節〈巴志〉諸縣重新排列次序的作法，將〈漢中志〉諸縣依事件時間發生先後爲體，重新排列，現製一表如下：

常　璩	筆　者　建　議
漢　中　郡	
漢中　蜀平梁州，治沔陽。太康中，晉武帝子漢王迪受封……。	南鄭縣　郡治　周貞王十六年，秦厲公城之。（周貞王十六年，西元前 453 年）
南鄭縣　郡治　周貞王十六年，秦厲公城之。	褒中縣　孝昭帝元鳳六年置，本都尉治也。（元鳳六年，西元前 75 年）

〔註 54〕見《華陽國志・漢中志》，頁 18。
〔註 55〕見《華陽國志・漢中志》，頁 18。
〔註 56〕見《華陽國志・漢中志》，頁 18。
〔註 57〕見《華陽國志・漢中志》，頁 18。
〔註 58〕見《華陽國志・漢中志》，頁 18。
〔註 59〕見《華陽國志・漢中志》，頁 19。
〔註 60〕見《華陽國志・漢中志》，頁 19。

褒中縣　孝昭帝元鳳六年置，本都尉治也。	成固縣　蜀時以沔陽爲漢城。
成固縣　蜀時以沔陽爲漢城。	漢中　蜀平梁州，治沔陽。太康中，晉武帝子漢王迪受封……。
魏　興　郡	
魏興郡，本漢中西城縣。哀平之世……建安二十四年，劉先主命宜都太守孟達，從姊歸北伐房陵、上庸。……黃初二年，文帝轉儀爲魏興太守。	魏興郡，本漢中西城縣。哀平之世……建安二十四年，劉先主命宜都太守孟達，從姊歸北伐房陵、上庸。……黃初二年，文帝轉儀爲魏興太守。
西城縣　郡治。元康元年，封越騎校尉蜀郡何攀爲公國也。	興晉縣　晉置。
興晉縣　晉置。	西城縣　郡治。元康元年，封越騎校尉蜀郡何攀爲公國也。（元康元年，西元 291 年）

上表中排列次序亦依上節〈巴志〉所附之表排列，以時間先後爲次，如「南鄭縣」最早紀年爲周貞王十六年（西元前 453 年），故於西漢昭帝元鳳六年「褒中縣」之前（西元前 75 年）。然有縣無注明紀年者，因無法確定正確紀年，故置於同一時代有紀年者之前，如「興晉縣」只屬明晉置，而無法確定爲晉代何時，故置於西晉惠帝元康元年（西元 291 年）「西城縣」之前。

（三）漢中志總贊

漢中卷之贊，爲全書除卷十〈先賢士女〉上、中、下分卷小贊之外，篇幅最爲短小的贊文〔註 61〕。其所錄全文者如下：

> 譔曰：漢、沔彪炳，靈光上照，在天鑿爲雲漢，於地畫爲梁州。而皇劉應之，洪祚悠長。蕭公之云，不亦宜乎。〔註 62〕

常璩於贊文之中，盛讚漢中爲一地靈之所，漢家帝祚亦由漢中所生，無論是高祖劉邦，或先主劉備，皆以漢中做爲進圖天下的基地，只是邦、備兩人的成敗不同而已。這並不是漢中到了劉備之時，已經失去了它戰略要地的條件，相反的漢中當時地處蜀、魏交界，其戰略條件更是比起楚、漢相爭之時，要來的重要，這是因爲楚、漢與蜀、魏兩個時代條件各自不同，故所造成的結果亦不相同。

劉邦之時，天下大勢尚未底定，除楚項羽之外，尚有九江王英布、魏王豹與雍王章邯等軍事集團各自割據，力量分散故易於個別擊破，且項羽集團中，未有張良、

〔註 61〕根據任乃強《華陽國志校補圖注》云：「案：『右〈梁州讚〉一章。益州、寧州（南中）皆有讚，此獨簡短。蓋以其爲李氏與晉所爭地。蜀臣降晉，難于措詞也。』」，頁 108。

〔註 62〕見《華陽國志・漢中志》，頁 25。

蕭何、韓信等智囊、戰將，唯一謀士范增亦去楚，故項羽敗勢已然可見；然三國時，劉備撫有兩川，與當時劉邦的情形相近，只是可惜在於曹魏據中原已久，且人才濟濟，孫吳亦經營江東三世，根基穩固，反觀劉備據蜀為基，皆在魏、吳之勢穩固之後，人才方面又不如魏、吳兩國，故在劉、關、張相繼辭世之後，蜀漢可說只有諸葛亮獨撐大局，因此在諸葛亮崩逝之後，劉禪既非英明之主，姜維之才亦非比孔明，在內有腐政，外有強敵之下，蜀國難免也走向滅亡的道路上。

三、卷三：蜀志

〈蜀志〉的編排，基本上與前二志並無不同，不過在內容上卻比前二卷要來的豐富。因為蜀地為人文薈萃之所，在傳說與史事的發生機率方面，的確是比其他三志要來的多，因此在內容上相對是要比其他三志來得豐富。

在編排次序上基本與前二志一致，基本遵循著（一）、蜀地故事；（二）、蜀地諸郡縣概說；（三）、總贊等三部份。現以下分別敘述之：

（一）蜀地故事

蜀地故事部份，其記載形式基本上是延續著前二卷而來，由上古的傳說載記直至晉世。其概略可分為「蜀地傳說」、「蜀國故事」、「李冰治水」與「蜀地賢士女」等部份。就蜀地傳說而言，常璩載記摘錄如下：

> 蜀之為國，肇於人皇，與巴同囿。至黃帝為其子昌意娶蜀山氏之女，生子高陽，是為帝嚳，封其支庶於蜀，世為侯伯，歷〔註63〕夏、商、周，武王伐紂，蜀與焉，其地東接於巴，南接於越，北與秦分，西奄峨、嶓，地稱天府，原曰華陽。……其寶則有璧玉、金、銀、珠、碧、銅、鐵、鉛、錫、赭、堊、錦、繡、罽、氂……之饒。……周失綱紀，蜀先稱王，有蜀侯蠶叢，其目縱，始稱王。……次王曰柏灌，次王曰魚鳧……後有王曰杜宇……七國稱王，杜宇稱帝，號曰望帝。……其相開明，決玉壘山以除水害……法堯、舜禪授之義，遂禪位於開明。帝升西山隱焉，時適二月，子鵑鳥鳴，故蜀人悲子鵑鳥鳴也。……蜀有五丁力士，能移山舉萬鈞……。〔註64〕

由上文可以瞭解，蜀地稱國早在上古之時，其地幅員遼闊，物產豐饒，自有天府之國的稱號。其次常璩根據揚雄《蜀王本紀》所載，配合蜀地之傳說，將蜀國帝系上

〔註63〕廖本小字注云：「當脫唐、虞二字。」
〔註64〕見《華陽國志・蜀志》，頁27。

述自蠶叢，下敘至開明，把蜀國諸王的傳承再次詳細地補足。其中著名的望帝與五丁力士等傳說，常璩於〈蜀志〉中亦有所記載。

常璩於〈蜀志〉之前，以蜀地傳說爲主，記載多爲上古杳遠之事，直至周秦之世，常璩所載才漸爲有據之信史，但其中亦多穿插神話與傳說，其摘錄如下：

> 周顯王之世，蜀王有褒、漢之地，因獵谷中，與秦惠王遇，惠王以金一笥遺蜀王，王報珍玩之物，物化爲土，惠王怒，群臣賀曰：天承我矣，王將得蜀土地。惠王喜，乃作石牛五頭，朝瀉金其後，曰牛便金。……蜀人悅之，使使請石牛，惠王許之，乃遣五丁迎石牛。……武都有一丈夫化爲女子，美而豔，蓋山精也，蜀王納爲妃。……蜀王別封弟葭萌於漢中，號苴侯，命其邑曰葭萌焉。苴侯與巴王爲好，巴與蜀仇，故蜀王怒，伐苴侯，苴侯奔巴，求救於秦。……周愼王五年秋，秦大夫張儀、司馬錯、都尉墨等，從石牛道伐蜀……王遯走，至武陽，爲秦軍所害……開明氏遂亡，凡王蜀十二世。……周赧王元年，秦惠王封子通國爲蜀侯。〔註65〕

由上文記載可以看出，常璩載記漸漸由神話傳說，進入了較爲可信的信史之中，但也可以從中看出，信史與神話傳說參雜的跡象甚爲明顯，如石牛與蜀女山精等傳說。然於信史部份，亦可於其中得知先秦時，秦常有併蜀之志，如《史記‧張儀列傳》曰：

> 苴蜀相攻擊，各來告急於秦，秦惠王欲發兵以伐蜀，以爲道險狹難至，而韓又來侵秦，秦惠王欲先伐韓，後伐蜀，恐不利，欲先伐蜀，恐韓襲秦之敝，猶豫未能決，司馬錯與張儀爭論於惠王之前，司馬錯欲伐蜀……惠王曰：「善，寡人請聽子」卒起兵伐蜀，十月，取之，遂定蜀。〔註66〕

故秦惠王趁蜀中宗室之隙，遣張儀、司馬錯等滅蜀，自此之後，蜀地乃爲秦轄之地。《史記》記載與《華陽國志‧蜀志》所記並無太大差異，故其〈蜀志〉中所記載信史部份，當爲可信。

李冰治水的事蹟，在《史記》與《漢書》中記載只有寥寥數語，如《史記‧河渠書》曰：

> 於蜀，蜀守冰鑿離碓，辟沫水之害，穿二江成都之中，此渠皆可行舟，

〔註65〕見《華陽國志‧蜀志》，頁28。

〔註66〕司馬遷著，〔日〕瀧川龜太郎考證，《史記會注考證》（台北：藝文書局，1972年出版），頁891。

有餘則用溉浸，百姓饗其利。〔註67〕

於《史記》中提及李冰者，約不出於此語，而在《漢書》中李冰只見於〈溝洫志〉中，全文皆摘於《史記．河渠書》中，並無差別。

然於《華陽國志．蜀志》之載，則詳盡於《史》、《漢》二書，常璩將李冰治水的始末原原本本的記載下來，其摘錄如下：

周滅後，秦孝文王以李冰爲蜀守……冰乃壅江作堋，穿郫江檢江，別支流雙過郡下……又溉灌三郡，開稻田，於是蜀沃野千里，號爲陸海。旱則引水浸潤，雨則杜塞水門，故記曰：水旱從人，不知飢饉，時無荒年，天下謂之天府也。……郵作三石人，立三水中，與江神要，水竭不至足，盛不沒肩。……冰鑿崖時，水神怒，冰乃操刀入水中與神鬭，迄今蒙福。〔註68〕

以上所載，將李冰生存的年代明確載記約於秦孝文王之時，又將李冰治水過程詳細描述，其中亦穿插些神話傳說，這些記載是《史》、《漢》二書所不能比擬的，因常璩詳盡的紀錄，使得後世學者依此一線索，於1975年之時，在都江堰處發掘出二石人，雖然石人上的銘刻與常璩所載有所出入，但常璩記載之文仍是不容忽視，亦是一條極有價値的珍貴史料，常璩留下此一線索，更待後世學者來研究李冰三石人與出土二石人之間的關聯。〔註69〕

由於李冰治水之功，致使蜀地土地豐饒，年無荒歲，蜀民因此人文之風大盛，尤以蜀地士女更是名冠於其他三郡，如嚴平、司馬相如、揚雄、王褒等皆爲蜀郡人。其常璩所載蜀地士女，依道將於〈先賢志〉卷上所載而言，共計有五十五人，其士有四十三人，女有十二人。〈先賢志〉卷所載之諸士女於〈蜀志〉中，即已有概略提及，其文摘錄如下：

蜀自漢興至乎哀平，皇德隆熙，牧守仁明，宣德立教，風雅英偉之士，命世挺生，感於帝思，於是璽書交馳於斜谷之南，玉帛踐乎梁益之鄉……故司馬相如耀文上京，楊子雲齊聖廣淵，嚴君平經德秉哲，王子淵才高明雋…王褒做中和頌……其次張俊、秦宓英辨博通……王累懸頸州門，張任守節故主。其淑媛則有元常、紀常……是以四方述作，有志者莫不仰其高風，範其遺則，擅名八區，爲世師表矣。其忠臣孝子，烈士貞女，不勝詠述，雖魯之詠洙泗，齊之禮稷下，未足尚也，故漢徵八

〔註67〕見《史記會注考證》，頁506。
〔註68〕見《華陽國志．蜀志》，頁30。
〔註69〕詳見第三章111之注。

士，蜀有四焉。〔註70〕

常璩盛讚蜀地自漢興乃至於漢末，因爲政令鮮明，加上對於文教風德方面多所著力，致使風雅之士大興，諸如司馬相如、揚雄、嚴平、王淵、王褒等，皆爲當時一時文士。除文風大勝之外，德教亦盛行於蜀地，如王累、張任等守節志士，忠於主而殉其節，諸如此忠貞志士於蜀地中則不勝枚舉，因此常璩則對蜀地多出志節之士而有所感歎，故曰：「漢徵八士，蜀有四焉。」

（二）蜀地諸郡縣概說

蜀地諸縣與前二志相同，皆有不以時間爲序的現象，且所載之事多爲東漢末三國時蜀漢事，現將其文摘錄如下：

蜀　郡

臨邛縣　郡西南二百里，本有邛民，秦始皇徙上郡實之……漢文帝時，以鐵、銅賜侍郎鄧通……。〔註71〕

廣都縣　郡西三十里，元朔二年置……。〔註72〕

⋮

廣漢郡

緜竹縣　劉焉初所治……。〔註73〕

新都縣　蜀以成都、廣都、新都爲三都……。〔註74〕

五城縣　郡東南有水通於巴，漢時置五倉……。〔註75〕

郪縣　……蜀時高勝、馬秦皆叛，伏誅。〔註76〕

廣漢縣　有山原田，蜀時彭羲〔註77〕有雋才……。〔註78〕

⋮

以上所摘錄的蜀地諸郡縣，除蜀郡之外，尚可從中觀察出，其事發生年代前後參差的情形，於排列上與前二卷有著相同的狀況，現依史事發生先後爲次，製表重新排列：

〔註70〕見《華陽國志・蜀志》，頁32。
〔註71〕見《華陽國志・蜀志》，頁35。
〔註72〕見《華陽國志・蜀志》，頁35。
〔註73〕見《華陽國志・蜀志》，頁37。
〔註74〕見《華陽國志・蜀志》，頁37。
〔註75〕見《華陽國志・蜀志》，頁37。
〔註76〕見《華陽國志・蜀志》，頁37。
〔註77〕廖本小字注云：「當作羕。」
〔註78〕見《華陽國志・蜀志》，頁37。

常　　璩	筆　者　建　議
蜀　　郡	
臨邛縣　郡西南二百里，本有邛民，秦始皇徙上郡實之……漢文帝時，以鐵、銅賜侍郎鄧通……。	臨邛縣　郡西南二百里，本有邛民，秦始皇徙上郡實之……漢文帝時，以鐵、銅賜侍郎鄧通……。
廣都縣　郡西三十里，元朔二年置……。	廣都縣　郡西三十里，元朔二年置……。（元朔二年，西元前127年）
廣　漢　郡	
緜竹縣　劉焉初所治……。	五城縣　郡東南有水通於巴，漢時置五倉……。
新都縣　蜀以成都、廣都、新都爲三都……。	緜竹縣　劉焉初所治……。
五城縣　郡東南有水通於巴，漢時置五倉……。	郪縣　……蜀時高勝、馬秦皆叛，伏誅。（高勝、馬秦事，發生於建安二十三年，西元218年）
郪縣　……蜀時高勝、馬秦皆叛，伏誅。	新都縣　蜀以成都、廣都、新都爲三都……。
廣漢縣　有山原田，蜀時彭義有雋才……。	廣漢縣　有山原田，蜀時彭義有雋才……。

上表所排列之原則，與前二卷所製二表相同，以其郡縣所發生之首次紀年爲先，並依其史事發生先後爲次，若無明確標明年代時間者，則一律列於斷代之前，如「五城縣」只標明漢時置五倉之事，故編排於東漢末年時劉焉「緜竹縣」、蜀時「郪縣」高勝、馬秦叛亂，與「新都」、「廣漢」二縣之前。

（三）蜀志總贊

〈蜀志〉總贊歸結了蜀地的一切傳說與史料，其文摘錄如下：

> 譔曰：蜀之爲邦，天文井絡輝其上，地理岷、嶓鎮其域，五岳則華山表其陽，四瀆則汶江出其徼，故上聖則大禹生其鄉，媾姻則黃帝婚其女，顯族大賢。彭祖育其山，列仙王喬升其岡，而寶鼎輝光於中流，離龍仁虎，躍乎淵陵，開闢及漢，國富民殷，府腐穀、帛，家畜蓄積，雅頌之聲，充塞天衢。中林之詠，侔乎二南，蕃衍三州，土廣萬里，方之九區，於斯爲盛，固乾坤之靈囿，先王之所經緯也。〔註79〕

上文中常璩以極精要的文字，歸結了蜀地的種種，將蜀地的地理人文、神話傳說、風俗民情等，以短短數語一以概括。如地理形勢上，蜀地有岷、嶓二山矗立其中，西岳華山之餘緒綿延其上，汶江則漫流其域；於人文傳說方面，大禹誕生於蜀，黃帝娶嫘祖生二子，爲其子昌意娶蜀山氏女，生子是爲帝嚳，其他如彭祖、王喬等傳

〔註79〕見《華陽國志・蜀志》，頁44。

說亦流傳於蜀中，以上短短數語精煉明確，即可讓讀者彷彿身處於蜀地之上。

蜀地得天獨厚的地理與人文環境，造就蘊育出蜀地天府之美名，與諸多文人雅士貢獻於廟堂之上，如此人文薈萃與豐饒的地理環境，無怪乎蜀地，一直以來即爲王業所興之處。

四、卷四：南中志

〈南中志〉爲四志之末，其結構與前三志並無太大差異，概略亦分爲三部分，依次爲（一）、南中郡周至晉故事；（二）、南中諸郡縣概說；（三）、總贊等。本卷基本上依循著前三志規模而成，故卷首即以南中地區沿革與故事爲主要記載對象，現以下摘錄其原文並分述之。

（一）南中郡——周至晉故事

> 寧州，晉泰始六年初置，蜀之南中諸郡庲降都督治也……周之季世，楚威〔註80〕王遣將軍莊蹻，泝沅水出且蘭以伐夜郡……因名且蘭爲牂柯國……漢興，遂不賓。有竹王者，興於遯水，有一女子浣於水濱，有三節大竹流入女子足閒，推之不肯去，聞有兒聲，取持歸，破之，得一男兒，長養有才武，遂雄夷狄，氏以竹爲姓……武帝使張騫至大夏國……後西南夷數反……武帝轉拜唐蒙爲都尉……因斬竹王，置牂柯郡，以吳霸爲太守……昭帝始元元年，益州廉頭、姑繒等二十四縣民反……平帝末……公孫述時拒郡不服，光武稱帝，以南中有義……章帝時，蜀郡王阜爲益州太守……迄靈帝熹平中，蠻夷復反……建安十九年，劉先主定蜀……建興三年春，亮南征……孟獲代闓爲主……凡七虜七赦，獲等心服……及晉世……泰始六年，以益州大，分南中四郡爲寧州……夷人大種曰昆，小種曰叟……太安元年……二年……李特、李雄作亂益州……。〔註81〕

文中明白指出寧州，於晉武帝泰始年間設置，寧州即爲南中地區。周代時楚國即有用兵於其中，南中因地處偏遠，加上蠻夷民風強悍，如竹王傳說中所述，可以略見其民性，南中蠻夷並非是易於賓服之輩，故中原政權牽制不易，因此叛亂之事頻傳，如漢武帝之時西南夷不賓於漢廷，故武帝即遣將平叛，置牂柯郡。雖然此時因漢朝國勢強盛，暫時歸入版圖之中，但實因地處天南，一旦中央朝廷權力衰落，叛亂立起，而昭帝、平帝乃西漢王朝中衰與最爲衰微之時，內憂外患之際無暇南顧，故西

〔註80〕廖本小字注云：「按顏師古《漢書．地理志注引》作頃襄。考《史記》、《漢書．西南夷傳》皆作威。蓋顏師古因秦奪楚黔中地，在頃襄王時，改而引之也。」

〔註81〕見《華陽國志．南中志》，頁47。

南復叛。

西漢亡後，新莽亦無力控制南中，而在公孫述據蜀十二年期間，南中亦不服於大成政權，時至光武帝滅公孫述後，才將南中復歸於版圖之中。不過如前所說，南中因地處偏遠，一旦中央勢力衰弱，南中則易於獨立於天南之外，故東漢靈帝之時，朝政腐敗，是東漢國勢最爲衰頹之際，因此南中蠻夷再度作亂。此後蜀漢政權立基於蜀中，對於南中地區，蜀漢政權也不敢等閒視之，因此才有蜀丞相諸葛亮南征，七擒七縱孟獲之事，目的在於收服蠻夷之心，以代替征伐之事。

諸葛亮以收服蠻夷民心爲主要手段，確實收到了安定蜀國後方的效果，因此可以專心致力於伐魏之舉，而南中與蜀漢卻也相安無事維持了一段的時間，直至魏滅蜀，而晉代魏之後，爲方便管理起見，因此在武帝泰始六年（西元 270 年）將南中劃爲寧州，希望藉以縮小行政區域，以達方便管理的目的。

（二）南中諸郡縣概說

南中地區於晉時稱爲寧州，據常璩所載寧州統郡十四，屬縣六十八。本卷之郡縣編排方式，並未有前三卷所出現時間錯落的情形，且多無標誌時代年號，又多載記簡略。結構上基本與前三卷無異，皆以郡領縣，先詳盡介紹大郡之事物民情，後載郡下治縣之事，摘錄其文如下：

牂柯郡

萬壽縣　郡治有萬壽山……。〔註 82〕

且蘭縣　漢曰故且蘭，有柱蒲關也。〔註 83〕

廣談縣

毋斂縣　有剛火也。〔註 84〕

平夷郡

平夷縣　郡治有硊津，安樂水。山出茶、蜜。〔註 85〕

鼈縣　故犍爲郡城也。不狼山出鼈水，入沅。有野生薛，可食。大姓王氏。〔註 86〕

夜郎郡

夜郎縣　郡治　有遯水，通廣鬱林。有竹王三郎祠，甚有靈響也。

〔註 82〕見《華陽國志·南中志》，頁 55。
〔註 83〕見《華陽國志·南中志》，頁 55。
〔註 84〕見《華陽國志·南中志》，頁 55。
〔註 85〕見《華陽國志·南中志》，頁 55。
〔註 86〕見《華陽國志·南中志》，頁 55。

〔註87〕

談指縣〔註88〕

晉寧郡

滇池縣　郡治　故滇國也，有澤水，週迴二百里……。〔註89〕

同勞縣

同安縣

連然縣　有鹽泉，南中共仰之。〔註90〕

建伶縣

毋單縣

秦臧縣

由以上觀之〈南中志〉載其縣事，大多簡略，不如前三志來得詳細，會有這種情形發生，可由下文所述約略得知，可能爲傳鈔之訛漏所造成，如任乃強《華陽國志校補圖注》於「晉寧郡」後云：

常氏所記，雖皆得自傳聞，要是當時身歷目見者之言。徒因傳鈔者忽視邊區，信手訛脫，校勘者又莫能依據成文以訂正之，故多脫誤耳。〔註91〕

任乃強所言，將〈南中志〉載縣之事簡陋的情形，歸咎於傳鈔與校勘二者之上，任乃強認爲當時常璩對於縣事是有所記載的，但因傳鈔者輕視邊疆化外之地，故有心或無意的訛漏，然校勘者又不加以審查，不欲遍訪群史以補之，在得過且過之下，造成了如今所見〈南中志〉諸縣記載簡陋的情形。

（三）南中志總贊

〈南中志〉譔文與前三志無異，皆概略總括地方特色與民俗風情，其文摘錄如下：

譔曰：南域處邛、笮五夷之表，不毛閩濮之鄉，固九服之外也，而能開土列郡，爰建方州，踰博南，越蘭滄，遠撫西垂武漢之迹，可謂大業。然要荒之俗，不與華同，安邊撫遠，務在得才，故高祖思猛士作歌，孝文

〔註87〕見《華陽國志・南中志》，頁55。

〔註88〕《華陽國志校補圖注》於「談指縣」後補：「出丹，不津江，有瘴氣。」等字，其所補之文來自於《後漢・郡國志》劉昭注引《華陽國志・南中志》。

〔註89〕見《華陽國志・南中志》，頁56。

〔註90〕見《華陽國志・南中志》，頁56。

〔註91〕見《華陽國志校補圖注》，頁268。

思頗、牧、咨、嗟，斯靜禦之將。信王者所詳擇也，馬霍、王尹得失之際，足以觀矣。交趾雖異州部，事連南中，故并志焉。[註92]

譔文中除了讚賞漢代用心經營南中的事蹟外，更透露出常璩對於一方郡守人才選拔的重視，此一觀念不時呼應著，常璩認爲人才對於地方的重要性，因爲有了良好的治理人才，人民得以被妥善照顧，民心一旦穩固，則天下亦即大治矣。此亦爲《尚書》中「民爲邦本，本固邦寧」的思想，更是常璩受到儒家思想薰陶所發展出來「以民爲本」觀念的痕跡。

第三節 《華陽國志》後八卷結構析論

《華陽國志》後八卷與前四卷最大的不同在於，前四卷以記載地方沿革、物產、風俗與民情爲主要對象，後八卷則正式進入了史籍中「人物志」與「史傳體」等部分，其中亦包含了「本紀」如：〈公孫述劉二牧志〉、〈劉先主志〉、〈劉後主志〉、〈李特雄期壽勢志〉等；與「列傳」如：〈先賢士女總讚〉、〈後賢志〉等；與「自序」如：〈序志〉。依以上所列舉之條件，基本上已經是一部完整史書的基本架構。而在「本紀」中值得讓人玩味的是，〈劉後主志〉雖說是要以劉禪爲主要敘寫的對象，但全文卻以諸葛亮、蔣琬、費褘、董允、姜維等蜀中名臣，爲綱要來加以敘寫，並在其中穿插諸葛、蔣、費、董、姜等人活躍之時所發生的大事，反倒劉禪幾乎成爲配角，這與〈劉先主志〉以劉備爲主角的敘寫方式有很大的不同，因此在其中是有其值得探討之處的。

另外卷八〈大同志〉主要記載的是蜀漢滅亡至李氏興起的這段時間，其作用類似於在塡補〈劉後主志〉到〈李特雄期壽勢志〉間，此時益州處於動亂的空白時期，因此可說是爲〈李特雄期壽勢志〉之前鋪陳的「序」，這些體例在歷來史籍尚屬特別，現以下將分文以討論之。

一、卷五：公孫述劉二牧志

本卷以記載西漢末公孫述，與東漢末劉焉、劉璋父子之事爲主[註93]。在結構

[註92] 見《華陽國志・南中志》，頁65。

[註93] 爲何常璩將兩個相差近兩百年的割據政權合爲一卷，而不將劉備、劉禪父子納入？筆者認爲在新莽末與東漢末皆爲動亂之時，恰巧在蜀地於此兩個時期末皆出現割據的局面，故時間點上公孫述與劉焉、劉璋之事發生時間較爲相似，因此納爲一卷；另外以斷代的觀點來看，公孫述與劉焉、劉璋分處於新莽與東漢尚未完結的階段，而蜀漢則成立於三國獨立的斷代時期，故可獨立成篇；又假若亦將劉備、劉禪父子之事一同收入，那麼在篇幅上將會超過各卷，在諸多考量下，因此將公孫述與劉焉、

上約可分爲四部分，分別爲：(一)、卷序；(二)、西漢末公孫述事；(三)、東漢末劉焉、劉璋父子故事；(四)、公孫述劉二牧志總贊等，現以下分別討論之：

（一）卷　序

〈公孫述劉二牧志〉中在進入載事之前，有一小序，主要是在說明本卷的主旨，其摘錄如下：

> 先王命史立典遠〔註94〕則經紀人倫，三才炳煥，品物章矣。然而有志之士，猶敢議論於鄉校之下，蒭蕘之人，加之謠誦於林野之中，管闚瞽言，君子有採，所以綜核群善，休風惟照也。公孫述、劉牧二主之廢興存亡，《漢書》、《國志》固以詳矣。統之州部，物有條貫，必申斯篇者。格之前憲，《左氏》素臣之功，王侯之載籍也，而《八國之語》作焉，《五傳》淵邃，大義洋洋，聖人之微言也。而《八覽之書》興焉，苟在宜稱，雖道同世出，一事〔註95〕身見，遊精博志，無嫌其繁矣。〔註96〕

由上文可知，常璩以前歷代諸王皆設史官，無論朝廷鄉野，士人蒭夫之言，皆有所採擷，其目的都是在於勸善教化。雖然公孫述與劉氏父子諸事，多已被記載於班固《東觀漢記》與陳壽《三國志》之中，但常璩亦本其前代史官之精神，立志於前人之基上，愈加精益求精，以求傳承歷代良史的優良傳統。此一小序，透露出常璩作史的立意與精神，故一方面可視爲本卷之主旨，另一方面亦可視作常璩創作時所秉持的主要精神。

（二）西漢末公孫述故事

於小序之後，正式進入了公孫述的記載，其文節錄如下：

> 漢十二世孝平皇帝，帝祚短促，國統三絕……王莽篡盜稱天子，改天下郡守爲卒正，又改蜀郡爲導江……公孫述，字子陽，爲導江卒正……建武元年，世祖光武皇帝即位河北。述夢人謂己曰：公〔註97〕子系〔註98〕十二爲期，述以語婦，婦曰：朝聞道，夕死尚可，何況十二乎。會夏四月，龍出府殿前，以爲瑞應，述遂稱皇帝，號大成，建元龍興。以莽尚黃，乃服色尚白……具置百官……改益州爲司隸，蜀郡爲成都……世祖報曰……

劉璋之事收爲一卷。

〔註94〕廖本小注云：「當作建。」

〔註95〕廖本小注云：「當作一事出，誤倒，一句絕。」

〔註96〕見《華陽國志・公孫述劉二牧志》，頁67。

〔註97〕廖本小注云：「按當作八厶二字。」

〔註98〕廖本小注云：「舊校云，《後漢》作八厶子系，今按此傳寫之譌，非有異也。」

又使述舊交馬援喻述，述不從……十一年，世祖命征南大將軍岑彭，自荊門泝江征述……述兵敗，漢騎士高午以戟刺述，中頭即墜馬……漢盡誅公孫氏。〔註99〕

由上文中可以清楚的看出公孫述，在因爲中原有王莽篡漢，加上漢代普遍流行的讖緯思想，與符瑞等因素的推波助瀾下，決心據蜀稱帝，後因光武帝崛起，以漢家正統爲號召，公孫述因無法阻擋大勢所趨，漸而走向滅亡之路。常璩於其中除了記載，公孫述所建大成的興亡過程之外，亦詳細記載了大成的建制與服色等，其文多有參考班固《東觀漢記》〔註100〕。

（三）東漢末劉焉、劉璋父子故事

公孫述故事後，及接續東漢末劉焉，劉璋父子之事，其文節錄如下：

漢二十二世孝靈皇帝，政治衰缺……太常竟陵劉焉，字君朗……焉求州牧以避世難，侍中廣漢董扶私於焉曰：京都將亂，益州分野有天子氣。焉惑之，意在益州……漢獻帝初平二年……焉意盛，乃造乘輿車服千餘，僭擬至尊。焉長子範，爲左中郎將，仲子誕治書御史，季子璋奉車都尉，皆從獻帝都長安……荊州牧山陽劉表，上焉有子夏在西河疑聖人論，遣璋曉諭焉，焉留璋，不遣返。四年，征西將軍馬騰，自郿與焉、範通，謀襲長安……謀洩範、誕受誅……興平元年，焉徙治成都，既痛二子，又感祅災，疽發背，卒……京師大亂，不能更遣，天子除璋監軍使者，領益州牧。〔註101〕

上文明白指出劉焉爲求避禍而自願外放，但又惑於旁人預言益州將出天子，因此懷有野心，自願領益州。但因野心太大，竟想聯合馬騰謀取長安，致使劉焉二子遭罪受誅，因此憂憤而死。另外劉璋因滯留益州逃過一劫，且中原動亂開始，漢廷無力平定益州，竟直接以劉璋爲益州牧，故由此可見當時東漢末，中央政府權力竟衰弱到如此地步。此外劉焉故事大多取材陳壽《三國志・蜀志・二牧傳》〔註102〕。

〔註99〕見《華陽國志・公孫述劉二牧志》，頁67。

〔註100〕班固，《東觀漢記》載：「公孫述，字子陽，扶風茂陵人……述夢有人語曰：八厶子系，十二爲期。覺語其妻，對曰：朝聞道，夕死尚可，況十二乎。有龍出其府殿中，夜有光耀，述以爲符瑞，因稱尊號，自立爲天子，改元曰龍興。」（北京：中華書局，1985年），頁216。

〔註101〕見《華陽國志・公孫述劉二牧志》，頁70。

〔註102〕《三國志・蜀書・劉二牧傳》：「劉焉字君郎，江夏竟陵人也，漢魯恭王之後裔，章帝元和中徙封竟陵……靈帝政治衰缺，王室多故，乃建議言：刺史、太守，貨賂爲官，割剝百姓，以致離叛，可選清名重臣以爲牧伯，鎮安方夏。焉內求交阯牧，欲

劉焉死後，劉璋繼領益州牧，其興亡過程，常璩亦根據《三國志》記載而成，其文節錄如下：

> 璋，字季玉，既襲位，懦弱少斷……十六年，璋聞曹公將遣司隸校尉鍾繇伐張魯，有懼心。松進曰……劉豫州，使君之宗室，而曹公之深讎也，善用兵，使之伐魯，魯必破，破魯則益州強，曹公雖來無爲也……璋然之，復遣法正迎劉先主……劉主由巴水達涪，璋往見之……十七年……張松書與劉主及法正曰：今大事垂可立……十八年，璋遣將……拒劉主於涪……十九年……夏，劉主克雒城，與飛等合圍成都……被圍數十日，城中有精兵三萬，穀支二年，眾咸欲力戰，璋曰：父子在州，二十餘年，無恩德以加百姓……何以能安。遂遣張裔奉使詣劉主……遷璋於南郡之公安。吳主孫權之取荊州也，以璋爲益州刺史……璋於吳卒也。〔註103〕

《三國志》與常璩所載劉璋之事並沒有太大差異〔註104〕，但常璩於其中，與陳壽記載的方式還是有所不同，如他以年爲綱，於各個階段注明其年代，並穿插蜀中人傑故事，如張松、王累等，使之架構更爲完整，將陳壽載事散列，不注年代的情形加以聯繫與改善，這在記載史事上是一個很大的突破與進步。

（四）公孫述劉二牧志總贊

常璩於本卷末，仿照歷來史籍的體例，亦評有自己的看法，其文節錄如下：

> 譔曰：公孫述藉導江之資，值王莽之虐，民莫援者，得跨巴蜀，而欺天罔物，自取滅亡者也。然妖夢告終，期數有極，奉身歸順，猶可以免，而矜愚遂非，何其頑哉。劉焉器非英傑，圖射僥倖，璋才非人雄，據土亂世，其見奪取，陳子以爲非不幸也。昔齊侯嗤晉魯之使，旋蒙易乘之困，魏君賤公叔之侍人，亦受割地之辱，量才懷遠，誠君子之先略也。觀劉璋、曹公之侮慢法正、張松，二憾既徵，同怨相濟，或家國覆亡，或三分天下。古人一饋十起，輟沐揮洗，良有以也。〔註105〕

避世難，議未即行，侍中廣漢董扶私謂焉曰：京師將亂，益州分野有天子氣。焉聞扶言，意更在益州。」（北京：中華書局，2006年重印），頁865。

〔註103〕見《華陽國志．公孫述劉二牧志》，頁70。

〔註104〕見《三國志．蜀書．劉二牧傳》：「璋，字季玉，既襲焉位，而張魯稍驕恣……璋聞曹公征荊州，已定漢中，遣河內陰溥致敬於曹公，加璋振威將軍……璋復遣別駕張松詣曹公，曹公時已定荊州，走先主，不復存錄松，松以此怨……松還，疵毀曹公，勸璋自絕，因說璋曰：劉豫州，使君之肺腑，可與交通。……遣法正請先主，璋主簿黃權陳其利害，從事廣漢王累自倒縣於州門以諫，璋一無所納。」，頁868。

〔註105〕見《華陽國志．公孫述劉二牧志》，頁75。

常璩於譔文之中明白的指出，公孫述與二劉父子，皆爲乘隙而起之徒，本身既非英才之器，卻心懷非份的欲望，縱使據地爲王，終非名正言順，最後仍不免走向敗亡一途。常璩於每卷中的架構，皆甚有條理，先記載其人事與時物，但不加以評斷，等待讀者明白史事的來龍去脈，心中皆自有評價之後，於卷末常璩再以一個歷史的旁觀者與記錄者，發表其自身感受，一方面可以抒發自己的想法，另一方面也可以引導讀者的觀念，並且加以說明。

二、卷六：劉先主志

本卷架構較爲簡單，可分爲：(一)、劉備之起沒；(二)、劉先主志總贊等兩部分。其取材多來自於陳壽《三國志》，於陳志的基礎上略加刪減與增補。

(一) 劉備之起沒

其文節錄如下：

> 先主，諱備，字玄德，涿郡涿縣人，漢景帝中山靖王勝後也……先主幼孤，與母販履織席自業。舍東南角籬上有桑樹，生高五丈餘……先主少時，與宗中諸兒戲於樹下，言吾必乘此羽葆蓋車……河東關羽，雲長，同郡張飛，益德……先主與二子，寢則同床，食則共器，恩若兄弟……建安元年，曹公表爲鎮東將軍，封宜城亭侯……五年，公東征先主，先主敗績……十三年，表卒，少子琮襲位，曹公南征……建安十九年，先主克蜀……二十年，孫權使報先主，欲得荊州……二十一年，先主還成都……二十二年，蜀郡太守法正進曰：曹操三舉降張魯，定漢中……二十三年，先主急書發兵……二十四年，先主定漢中……二十五年，春，正月魏武王薨……冬，魏王丕即皇帝位，改元黃初……章武元年……先主即帝位……二年，春，正月，先主軍姊歸……三年，春，正月，召丞相亮於成都……夏，四月，先主殂於永安宮，時年六十二。〔註106〕

上述所載史料，對於劉備一生的興起，有著極爲完整的記載，不過史料取材多來自於陳壽《三國志・蜀書・先主傳》，中間亦穿插常璩自己所蒐集之史料，將陳壽〈先主傳〉較爲疏漏的部分，補其所遺漏與不足的地方。〔註107〕

〔註106〕見《華陽國志・劉先主志》，頁77。

〔註107〕《華陽國志・劉先主志》：「北海相魯國孔融，爲黃巾賊所圍，使太史慈求救於先主，先主曰：孔文舉聞天下有劉備乎，以兵救之。廣陵太守下邳陳登，元龍……有儁才，輕天下士，謂功曹陳矯曰：閨門雍穆，有德有行……雄姿傑出，有王霸之略，吾敬劉玄德。」孔、陳兩人之記載，爲《三國志・蜀書・先主傳》所無。

（二）劉先主志總贊

常璩在譔文中，對於劉備的一生，有著極高的評價，其文節錄如下：

> 譔曰：漢末大亂，雄桀並起，若董卓、呂布、二袁、韓、馬、張楊、劉表之徒，兼州連郡，眾踰萬計，叱咤之閒，皆自謂漢祖可踵，桓文易邁。而魏武神武幹略，戡屠盪盡，於時先主名微人鮮，而能龍興鳳舉，伯豫君徐，假翼荊楚，翻飛梁益之地，克胤漢祚，而吳魏與之鼎峙，非英才命世，孰克如之。然必以曹氏替漢，宜扶信順以明至公。還乎名號，爲義士所非，及其寄死託孤於諸葛亮，而心神無貳。陳子以爲君臣之至公，古今之盛軌也。〔註 108〕

常璩於譔文中仍不免批評了，漢末一些擁兵自重之徒，感嘆這些人，在擁有勢力之後，心中即做起了遙不可及的帝王夢，而在連年相互征伐之後，這些在當時不可一世的群雄，卻也一個個的走向敗亡，只有剩下來的劉備與曹操兩人，才有資格一爭天命。常璩盛讚劉備初時以白衣之身，在歷經數十年的考驗之後，一方面以德服眾而求得人和，另一方面則是遇逢良機，得到了諸葛亮等賢士輔佐，因此得以成就帝業。諸葛亮等人也因爲劉備的知遇之恩而盡心輔佐，在君臣皆肝膽相照惺惺相惜之下，永安的白帝城託孤，則成爲中國歷代君臣以來最爲感人的一幕。

三、卷七：劉後主志

本卷爲《華陽國志》中最有特色的一卷，概可分爲兩部分：(一)、以劉禪之事爲副，蜀中人物爲主，尤以諸葛亮、蔣琬、費禕、董允、姜維等人爲主要敘事對象，全卷可視爲蜀漢的縮影；(二)、於總贊中的敘寫方式，亦以劉禪之事爲副，蜀臣之事爲主。然爲何有此一現象，現以下討論之。

（一）劉禪事為副，蜀臣事為主

> 後主，諱禪，字公嗣，先主太子，甘夫人所生也……建興元年，夏，五月，後主即位……二年，丞相亮開府領益州牧，事無巨細，咸決於亮……三年……三月，亮南征四郡……秋，南中平……五年……春，丞相亮將北伐……六年，春，丞相亮揚聲，由斜谷道取郿……七年，春，丞相亮遣護軍陳式攻武都、陰平……九年，春，丞相亮復出圍祁山……十二年，春，丞相亮以流馬運，從斜谷道出武功，據五丈原……秋，八月，亮疾病，卒

〔註 108〕見《華陽國志・劉先主志》，頁 87。

於軍，時年五十四。〔註 109〕

上文中可以看出，除了介紹劉禪的字號與基本資料外，幾乎全以諸葛亮之事爲主要敘寫對象，其後諸葛亮病歿，蜀國分別爲蔣琬、費禕、董允、姜維等人來治理與輔佐國政，此時常璩亦是以上述蜀臣，爲主要記載對象，劉禪的事蹟反倒是不多見，現舉文如下：

> 十三年，拜尚書令蔣琬爲大將軍，領益州刺史，以費禕爲尚書令……延熙元年……冬，十二月，大將軍琬出屯漢中……延熙二年，春，二月，進大將軍琬大司馬開府……是以上下輯睦，歸仰於琬，蜀猶稱治……七年……秋，九月，禕還，大司馬琬以病故，讓州職於費禕、董允……於時蜀人以諸葛亮、蔣、費及允爲四相，一號四英……十三年，衛將軍維復出西平，不克而還……將軍維自負才兼文武……屢出師旅，功績不立，政刑失錯矣……六年，春，魏相國晉文王命征南將軍鄧艾……五道伐蜀……光祿大夫譙周勸降魏，魏必裂土封後主，後主從之……三月後，後主舉家東遷洛陽。丁亥，封安樂縣公……劉氏凡得蜀五十年，正稱尊號四十二年。〔註 110〕

由上文可以看出，本卷劉禪之事蹟似乎只剩下了點綴的功能〔註 111〕，常璩爲何於本卷中，明該以劉禪之事爲主，以各臣之事爲輔，反倒是以諸臣之事爲主，劉禪本身之事爲輔？其中或許可歸究爲，劉禪並非開國之君，而只是一位守成之主，加上本身才能資質平庸，生居在深宮之中，生活可說是一成不變，加上蜀國於劉備亡後，正値多事之秋，處理這些內憂外患之事，多半爲蜀臣所親自處理，如諸葛亮南征北伐，蔣琬、費禕、董允等安定內政，姜維承志孔明數次伐魏，諸如於蜀國中所發生的大事，劉禪幾乎沒有一件事是親力而爲，都是諸位蜀國臣下所分擔爲之，因此劉禪既無舉足輕重的地位，但在名義上他又是蜀漢的一國之主，造成無事可記卻又無法捨棄的處境，因此常志在處理上，與陳壽《三國志・蜀書・後主傳》有著相同的情形發生〔註 112〕，

〔註 109〕見《華陽國志・劉後主志》，頁 89。

〔註 110〕見《華陽國志・劉後主志》，頁 94。

〔註 111〕於〈劉後主志〉中，較有關於劉禪的事蹟有：「建興元年，夏，五月……立皇后張氏，車騎將軍飛女也。」；「延熙元年，春，正月，立皇后張氏，敬哀皇后妹也。」；「大將軍維惡皓之恣擅，後啓主，欲殺之，後主曰：皓趨走小臣耳，往者董允切齒，吾常恨之，君何足介意……後主敕皓詣維陳謝。」；「百姓聞艾入坪，驚迸山野。後主會群臣議，欲南入七郡，或欲奔吳。」；「艾至成都，後主輿櫬、面縛、銜璧迎之，艾親釋其縛，受其璧，焚其櫬，承制拜驃騎將軍。」；「丁亥，封安樂縣公，食邑萬户，賜絹萬匹，奴婢百人。」

〔註 112〕《三國志・蜀書・劉後主傳》有關於劉禪之事者有：「後主諱禪，字公嗣，先主子

即以劉禪之事爲綱，蜀臣之事爲要的處理手法，記載著蜀國的興亡始末。

（二）劉後主志總贊

劉禪譔文中，對於劉禪的評論可說幾乎不見，其情形與全卷編排方式類似，即以蜀臣爲主劉禪爲副的方式，現節錄其文如下：

> 譔曰：諸葛亮雖資英霸之能，而主非上興之器，欲以區區之蜀，假已廢之命，北吞強魏，抗衡上國，不亦難哉。似宋襄求霸者乎，然亮政脩民理，威武外援，爰迄琬、禕，遵脩弗革，攝乎大國之閒，以弱爲強，猶可自保。姜維才非亮匹，志繼洪軌，民嫌其勞，家國亦喪矣。〔註 113〕

全篇譔文，嚴格來說對於劉禪的評價只有「主非上興之器」這一句而已，而其他各文亦與本卷編排方式一樣，以蜀臣爲主要評論對象。全卷充斥著以劉禪之事爲輔，蜀臣之事爲主的情形，有此一現象產生，或許可以從常璩評論劉禪爲「主非上興之器」此句即能說明一切，雖然蜀國有四相與姜維相繼輔佐，但因主上不賢，君臣難以得到協調相濟之效，蜀國難免也是走向滅亡的道路上。且劉禪才識平庸，政事無法親力爲之，蜀國所倚者只有四相與姜維等人，但卻又身爲一國之主，無法無視其存在，因此常璩此語「主非上興之器」即已隱含了劉禪無重大事蹟可記，卻又無法捨棄的窘境。

四、卷八：大同志

本卷所記載，主要是載記蜀漢滅亡後，魏遭晉所代，晉滅吳一統天下，至三分歸一後，中原動亂再起，蜀地亦再次遭逢割據的史事。其功用應是在填補巴蜀之地於蜀漢滅亡後，至李雄稱帝前動亂紛擾的時間。

蜀漢滅亡後，雖有晉廷短暫的統治，因此持平了一段時間，但因晉廷八王之亂並起，導致五胡亂華，使得中原動亂再生，故對於蜀地已無力羈絆，致使趙廞、李特之流欲據蜀稱王，只是後來趙廞、李特相繼敗亡，繼之而起的是李雄稱帝於蜀中。蜀漢滅亡（西元 265 年）至李雄稱帝（西元 304 年），時間相距近四十年，此段時期的蜀地除了短暫持平外，皆處在動亂不堪的情形下，因群雄並起，使得此一時期並沒有一個統合的局面，因此常璩特分出此卷，以整理與填補蜀漢滅亡後，至李雄稱帝之前的這段混亂時期。

本卷編排概可分爲三部分：(一)、卷序；(二)、蜀漢滅亡後至李雄稱帝前等事

也……後主襲位於成都，時年十七……十四年夏四月，後主至湔，登觀阪，看汶水之流，旬日還成都……後主舉家東遷……公泰始七年薨於洛陽。」，頁 893。

〔註 113〕見《華陽國志·劉後主志》，頁 102。

蹟；(三)、總贊等。現以下分文敘述之：

(一) 卷　序

常璩於〈大同志〉之前有作一文，旨在說明本卷之敘寫意義，其文節錄如下：

> 古者國無大小，必有記事之史，表成著敗，以明懲勸。稽之前式，州部宜然。自劉氏祚替，而金德當陽，天下文明，不及曩世，逮以多故。族祖武平府君、漢嘉杜府君〔註114〕，並作《蜀後志》，書其大同，及其喪亂。然逮在李氏，未相條貫，又其始末，有不詳第。璩往在蜀，櫛沐艱難，備諳諸故事。更敘次顯挺年號，上以彰明德，下以治違亂，庶幾萬分有益國史之廣識焉。〔註115〕

常璩以「大同」爲本卷之名，主要是取《禮記・禮運》篇中對於「大同」兩字的意義，有稱頌晉廷對於蜀中所施恩德的含意，另一方面則是因爲常璩之族祖，常寬所作之《蜀後志》中，後來考證出亦有篇名爲「大同」之卷，故常璩本著先人的餘緒，亦將本卷定名爲「大同」。

本段序文雖在闡述常璩對於本卷的創作意義，一方面在於秉持前人餘緒，有承繼家學之意，另一方面則是憂心文物喪失，並希望以史爲鑒，警惕後世有異心者，要以百姓蒼生爲念，不要妄動兵戈。歸結以上數點，無論爲何，皆在呼應常璩全書的創作動機與中心思想〔註116〕，因此亦可將本序視作爲全書之總序。

(二) 蜀漢滅亡後至李雄稱帝前事蹟

蜀漢滅亡後，至李雄稱帝前這一時期，益州因群雄並起故動亂不已，計有王富之亂、呂匡之亂、白馬胡之亂、陳瑞之亂、龔祚之亂以及趙廞、李特一族等陰懷異計之徒的產生，加上晉廷曾以益州爲伐吳基地，故益州此時可說是民變與兵變不絕於縷，現節錄其文如下：

> 四年〔註117〕，故中軍士王富，有罪逃匿……密結亡命刑徒，得數百人，自稱諸葛都護，起臨邛，轉侵江原……七年，汶山守兵呂匡等，殺其督將以叛……十年，汶山白馬胡恣縱掠諸種……咸甯三年，春，刺史濬誅犍爲民陳瑞，瑞初以鬼道惑民……四年，春，漢中都吏龔祚等，謀殺太守姜宗以叛……五年……濬因自成都帥水陸軍，及梁州三水胡七萬人伐

〔註114〕《華陽國志・後賢志》載：「常寬……拜武平太守。」；「漢嘉太守蜀郡杜龔、敬脩亦著《蜀後志》。」，頁200。

〔註115〕見《華陽國志・大同志》，頁103。

〔註116〕常璩之中心思想與創作動機，請分見本書第二章與第三章。

〔註117〕此時爲晉泰始四年（西元268年）。

吳……元康六年……揚烈將軍趙廞為益州刺史，加折衝將軍……略陽、天水六郡民李特及弟庠……數萬家，以郡土連年軍荒，就穀入漢川……初廞以晉政衰……陰懷異計。〔註 118〕

由上文中可以明白看出，巴蜀在蜀漢滅亡之後連年動盪，烽火兵燹連綿不絕，其中造成巴蜀，再次遭到割據的最大原因是，趙廞與李特兩人。因晉廷識人不明，派遣素行不良的趙廞鎮蜀，加上對於李特所率之流民安置失當，促使趙廞被流民軍擊敗後，李特一族因此乘隙坐大，而後來晉廷派遣羅尚代替趙廞，亦是一嚴重錯誤決定，因羅尚與趙廞本性相近，皆是不以民為念的貪婪之輩，故代李特而起的李雄，一方面掌握住流民之心，另一方面則與蜀人交好，因此在擊破羅尚之軍後，中原即將大亂，晉廷再也無力西顧，李雄一族由是據蜀四十餘年。〔註 119〕

上文約略交代了蜀漢滅亡後的益州情勢，不難看出益州軍、民關係緊張，在如此緊繃的情況下，造成了益州的變亂層出不窮，時局混亂得可說毫無章序，而這些情況，直到李雄坐定益州後才有些許改善。故筆者認為，常璩為避免章節上太過於混亂，故分出章節以專門交代李雄稱帝前之情形，用以分界出李雄稱帝前後之益州情勢，一方面避免讀者過於混淆，另一方面則有助於讀者，了解史事之來龍去脈。

（三）大同志總贊

〈大同志〉譔文中，常璩亦一再提及地方首長人選的重要性，其文節錄如下：

譔曰：先王規方萬國，必兼親尊賢能，而任宗盟者，蓋內藩王室，外禦叛侮。故元牧有連率之職，奉貢無失職之愆。爰及漢氏，部州必卿佐之才，郡守皆台鼎之望。是以王尊、王褒，著名前世，弟五倫、蔡茂，徑登三司。斯作遠之準格，不凌之令範也。自大同後，能言之士，無不以西土張曠為憂，求王皇宗，樹賢建德。於時莫察，視險若夷。缺垣不方，任非其器，啓戎長寇，遂覆三州。詩所謂四國無正，不用其良也。〔註 120〕

歷來動亂的發生，多為官逼民反所造成，故中央政府任「官」之賢能與否，實際上是關係著國家，是否安定的主要因素，諸如當時的李雄割據，上述漢代公孫述之輩，乃至於後來的唐朝藩鎮等變亂，莫不出於此。因此常璩在感嘆之下，欲藉往鑑今的想謀求解決之道，在他的歷史經驗中，地方太守必是親近皇室的重臣或

〔註 118〕見《華陽國志・大同志》，頁 103。
〔註 119〕〈大同志〉史事之始末，請詳見第四章《華陽國志》成書之時代背景。
〔註 120〕見《華陽國志・大同志》，頁 118。

宗親，因爲與皇室親近的大臣與宗親，皇帝大多熟悉其性格，故派任地方可以比較安心，也不易發生變亂。不過上述解釋，則可以看作是常璩於字面上的解釋意義，而實際上常璩是有另一深層含意的，因爲當時桓溫滅蜀，挾其戰功，桓溫儼然爲東晉的主人，當然桓溫坐大，最深感不安者當然爲東晉王室，爲想抑制桓溫的勢力，東晉王室想出了以分封藩王爲因應對策，常璩正是處於當時候的這種氛圍之下，有所感的抒發於譔文中，表露出與當時眾人，對桓溫不滿與不安的情緒。〔註 121〕

五、卷九：李特雄期壽勢志

本卷主要記載李特、李雄、李班、李期、李壽、李勢等人之事，其中只有李特未曾稱帝，而卷名則缺李班之名。本卷篇幅主要圍繞在李雄一族之家世，與一統巴蜀的過程，在結構上概略可分爲兩部分：(一)、李特與雄、班、期、壽、勢諸帝之史；(二)、總贊等。現以下分文敘述之：

（一）李特與雄、班、期、壽、勢諸帝之史

本卷一開始以李特爲主要敘述對象，不過篇幅不多，主要功用在於，爲後來李雄事蹟所作的鋪陳，現節文如下：

> 李特，字玄休，略陽臨渭人也……特長子蕩，字仲平，好學有容觀，少子雄，字仲儁。初特妻羅氏，夢雙虹自門升天，一虹中斷，羅曰，吾二兒若有先亡，在者必大貴。雄少時，辛冉相，當貴……李氏子中惟仲儁天姿奇異，終爲人主……與叔父庠並以烈氣聞，人多歸之。〔註 122〕

上文中概以介紹李特之身世，篇幅極短，其主要是爲李雄的帝王之姿所作的一番鋪陳，除此之外，文中並透露出李雄既有貴相亦是驍勇，故於下文中也可看出成漢政權的根基與全盛時期，可說是奠立於李雄之手，現以下敘述之：

> 既克成都……雄遣信奉迎范賢，欲推戴之，賢不許，更勸雄自立。永興元年，冬，十月……雄遂稱成都王……光熙元年，雄稱皇帝，改元晏平……雄得梓潼……天水陳安舉隴右來降，武都氐王楊茂搜奉貢稱臣……漢嘉夷王沖遣子入質，頃之，朱提審炤率民歸降……其餘附者日月而至，雄乃虛己受人，寬和政役，遠至邇安。年豐穀登，乃興文教，立學官……事少役稀，民多富貴，至乃閭門不閉，路無拾遺，獄無滯囚……但爲國威

〔註 121〕見《晉書·殷浩傳》：「時桓溫既滅蜀，威勢轉振，朝廷憚之，簡文以浩有盛名，朝野推伏，故引爲心膂，以抗於溫。」頁 2045。

〔註 122〕見《華陽國志·李特雄期壽勢志》，頁 119。

儀無則，官無秩祿，職署委積，班序無別……故綱紀莫稱……雄妻任無子，養琀弟班爲子，雄自有庶子十五人……永昌元年，冬，立班爲太子，驤泣曰，亂始於是矣……夏，六月，癸亥，雄疾病卒，時年六十一，僞諡曰武帝，廟稱太宗，凡自立三十年。〔註123〕

李雄自承父業，稱帝於蜀中，且南征北討致使武功彪炳，並大興文教，使得蜀中與當時混亂的中原相比，可謂一個獨立於天南之外的治世，頗有逐鹿中原一統天下的實力。但可惜的是，蜀中雖然稱治，於制度的建立上並不完善，造成「官無秩祿」與「班序無別」等缺失，這對一個國家的基礎來說，是有相當程度的傷害。除此之外，李雄不立己子而改立兄子，這對封建時代來說，更是埋下了一個變亂的導火線，不幸的在李雄死後，立即應驗了李驤的預言。

繼李雄之位，成爲成漢的第二位皇帝者，爲李雄兄李蕩之子——李班。李班在位僅一年，即被李雄四子李期與李越所害，其文節錄如下：

班字世文，蕩第四子也。少見養於雄，年十六，立爲太子。好學愛士，每觀書傳，謂其師友天水文夔、隴西董融等曰，吾見周景王太子晉，魏太子丕、吳太子孫登，文章鑒識，超然卓絕，未嘗不有慚色，何古人之難及乎？進止周旋，勤於諮問，但性輕躁，失在田獵……冬，十月，癸亥，期、越殺班於臨次……諡班曰戾太子，壽追諡曰哀皇帝。〔註124〕

李班由以上所記載來看，雖「性輕躁」與「失田獵」，但仍不失有賢名，可惜的是，歷來中國古代權力鬥爭，最爲慘烈者應該是宗室間的相互屠戮，爲爭權位，在手段上可謂無所不用其極，李班或許可以是一位賢明的好皇帝，但錯就錯在不是李雄的嫡生子，因此成爲宗室鬥爭下的犧牲者。

謀篡而起的李期與李越二人，分別成爲成漢的皇帝與相國，雖然篡位成功，但李期以殘暴的手段，揭開對於李氏宗室殺戮的序幕，故僅在位四年後，隨即被李雄堂弟李壽所害，其事蹟節錄如下：

期字世運，雄第四子也。母冉賤，雄妻任養爲子，少攻學問，有容觀……雄亡，越自江陽來赴喪，兄弟怏怏，既以班非雄所生，又慮玝不利己，與兄越密謀圖班……越殺班，期自立，以越爲相國……改元玉恆……二年，忌從子載多才藝，託他事誅之，而霸、保皆暴病死，於是大臣自疑，骨肉內不相親。而期志益廣，忽慢父時公卿，政刑失錯。四年，夏，四月，壽自涪還襲期，假以誅越……初廢期爲邛都縣公。五月，乃殺期及誅李始等，

〔註123〕見《華陽國志・李特雄期壽勢志》，頁119。
〔註124〕見《華陽國志・李特雄期壽勢志》，頁123。

殺兄弟十餘人。期死時，年二十四，謚曰幽王。〔註 125〕

李期因李班非李雄嫡生子，故密謀篡位，雖然帝位得之無名，但他少時有其賢名，本該期待應繼承父志，繼續充實成漢的實力，而一展鴻圖，不過他卻將全副精力用來進行內部鬥爭，嫉賢又失德，故他走向敗亡的道路上，倒也不會讓人感到訝異。繼李期之位者，爲李雄的堂弟，李期之叔父——李壽。

李壽少時亦有賢名，故李雄委以兵權，在南征北討之下，立有赫赫戰功，於謀篡之後，初期承繼李雄政風，頗有中興氣象，但在位後期，愈發殘暴，對宗室並大加屠戮，將李氏一族幾乎消滅殆盡，也使得成漢政權，更是處於風雨飄搖之境，現將李壽之事節錄如下：

壽字武考，有幹局，愛尚學義……雄奇之，自代父爲將，志在功名，故東征南伐，每有效事……思明及李奕、王利等，勸壽稱鎮西將軍，益州牧，成都王……任調與司馬蔡興、侍中李豔及張烈等，勸壽自立……稱漢皇帝……改元漢興……五年，春，二月……恆思明等復議奉晉計……夏，建甯太守孟彥，率州人縛甯州刺史霍彪於晉，舉建甯爲晉。〔註 126〕

《華陽國志》對於李壽之事的記載，大略僅止於此，會有這種情形產生，則是因傳鈔不全所致，現以《晉書．李壽載記》補之，其文節錄如下：

壽承雄寬儉……壽又聞季龍虐用刑法，王遜亦以殺罰御下，並能控制邦域，壽心欣慕，人有小過，輒殺以立威……興尚方御府，發州郡工巧以充之，廣修宮室，引水入城，務於奢侈。……百姓疲於使役，呼嗟滿道，思亂者十室而九矣。其左僕射蔡興切諫，壽以爲誹謗，誅之……八年，壽死，時年四十四，在位五年。僞謚昭文帝，廟曰中宗。〔註 127〕

由上文中可知，李壽初期承繼李雄寬厚之政，但於後期卻以殺罰來御下，且好大喜功，連年征戰不說，並大興宮室，致使蜀中民不聊生而人心思亂。李壽雖在位只有八年，但集賢明與殘暴於一身，會如此巨大的轉變，或許可由《晉書．李壽載記》後的評語可看出一些端倪，其曰：「動慕漢武、魏明之所爲，恥聞父兄時事，上書者不得言先世政化，自以己勝之也。」〔註 128〕

《晉書》之評揭露出李壽心羨前朝帝王的事蹟，且一心以爲依歸，但自己卻以不正當的手段奪取帝位，並深以父兄之事爲恥，因此在既想要有一番作爲，卻又自

〔註 125〕見《華陽國志．李特雄期壽勢志》，頁 123。
〔註 126〕見《華陽國志．李特雄期壽勢志》，頁 124。
〔註 127〕見《晉書．李壽載記》，頁 3045。
〔註 128〕見《晉書．李壽載記》，頁 3046。

卑的心態下，李壽因此走向其極端之個性是可以理解的。

李壽亡後，將帝位傳予其子李勢，也是成漢最後一位皇帝。李勢作風並未承襲前祖的優點，反倒是將昏庸與好殺等諸多缺點集於一身，其事蹟於《華陽國志》中並未記載，可能爲傳鈔訛漏所致，現節錄李𡍼所補〈李勢志〉之文如下：

> 晉康的建元元年，壽卒勢立，改元太和……勢之弟大將廣，以勢無子，求爲太弟，勢不許。馬當、解思明固請許之，勢疑與廣有謀，收當、思明斬之，廣自殺……勢驕淫，不卹國事，中外離心……桓溫伐蜀……中書監王嘏，散騎常侍常璩勸勢降……勢至建康，封歸義侯。〔註 129〕

自李雄稱帝到李勢降晉，共歷時五世又四十二年，但因本卷傳鈔訛漏嚴重，無法得知當時常璩於本卷編排的原貌，不過歷經後世史家的努力考證下，已經盡量的還原本卷的原來樣貌，或許有些地方尚未考證完全，但這已是礙於史料有限的情況下所做的最大努力，期待往後會有新的出土證據，以補強本卷尚未完善之部分。

（二）李特雄期壽勢志總贊

本卷雖有傳鈔訛漏的情形，但於「譔文」部分則是完整的保留了下來，現節錄如下：

> 譔曰：特流乘衅險害，雄能推亡固存，遭皇極不建，遇其時，與期倡爲禍階，而壽、勢終之，詩所謂亂離瘼矣，爰其適歸者也。長老傳譙周讖曰：廣漢城北有大賊，曰流、曰特攻難得，歲在玄宮自相賊，終如其記。先識預覩，何異古人乎，歷觀前世僞僭之徒，縱毒虔劉，未有如兹，每惟殷人丘墟之歎，賈生〈過秦〉之論，亡國破家，其監不遠矣。〔註 130〕

常璩身侍成漢，因此對於成漢的種種過往有著極深刻的體會，其本身又是一位家學深厚的史學家，故將本身在成漢的經驗與歷代史事做了一番結合，寫下這篇譔文，其感嘆歷來史事皆殷鑑不遠，無奈的是後來的人們卻一再重複著這些「殷鑑」。

六、卷十：先賢志

常璩於前九卷中，概略可分爲地方志與本紀等兩種體例，在介紹完了巴蜀地方的風土與歷代政權後，仿照著歷來史書中不可或缺的傳記體例，如〈先賢志〉即是以此種體例寫成。本卷因收錄人物眾多，故在篇幅上，將卷十分爲上、中、下等三

〔註 129〕見《華陽國志・李特雄期壽勢志》，頁 127。
〔註 130〕見《華陽國志・李特雄期壽勢志》，頁 128。

部分，編排方式則可概分爲：(一)、卷序（分於卷十上）；(二)、每郡士女傳（分於上中下）；(三)、總贊等（分於卷十下）。現以下分文敘述之：

(一)卷　序

常璩於本卷之前，與卷八〈大同志〉相同，將本卷之撰寫動機，明白的敘述於此，其文節錄如下：

> 含和誕氣，人倫資生，必有賢彥，爲人經紀，宣德達教，博化篤俗，故太上立德，其次立功，其次立言，品物煥炳，彝倫攸敘也。益、梁爰在前代，則夏勳配天，而彭祖體地，及至周世，韓服將命，蔓子中堅，然顯者由鮮，豈國史簡闕，亦將分以秦、楚，希預華同，自漢興以來，迄乎魏、晉，多士克生，髦俊蓋世，愷元之疇，感於帝思，於是璽書交馳於斜谷之南，束帛戔戔於梁、益之鄉，或迺龍飛紫閣，允陟璿璣，亦有盤桓利居，經綸皓素。其躭懷道術，服膺六藝，弓車之招，旃旌之命，徵名聘德，忠臣孝子，烈士賢女，高劭足以振玄風，貞淑可以方蘋蘩者，奕世載美，是以四方述作，來世志士，莫不仰高軌以咨詠，憲洪猷而儀則，擅名八區，爲世師表矣。故耆舊之篇，較美史、漢，而今州部區別，未可總而言之，用敢撰約其善，爲之述讚，因自注解，甄其洪伐，尋事釋義，略可以知其前言往行矣。〔註131〕

綜觀本序可以得知，常璩對於地方人才是非常看重，因爲在鄉里間若有一位賢德兼具的人士存在，那麼此間的民眾，將會以這人爲效法對象，達到風行草偃之效。當然以本卷中所收錄的人士來看，所謂的有德之人，是不分男女老幼的，只要其德行，能爲眾人效仿者即可，畢竟只以政治與法律的手段來治理大眾，所收到的效果是有限的，若是人民能發自內心的自理自身，那麼古代傳說中的「大同」之世將不再遙不可及，這也是常璩一心想追求的理想世界，而要到達此一境界，常璩的辦法就是，遍訪蜀中賢德人物，將其言行紀錄下來，以達後人借鑑之效。

(二)每郡士女傳

上、中、下三卷部分，依照所收錄人物，及其所在地來看，應是以郡來分類，而於各郡人物之前皆有一標題，署名所收人物應當歸於何郡，如「蜀都士女」〔註132〕，

〔註131〕見《華陽國志．先賢志》，頁129。

〔註132〕《華陽國志校補圖注》於「蜀都士女」標題下注云：「此題，常氏原著所必無，乃傳鈔所加。」，頁532。然亦可於本卷眾人敘述後，發現一小標題，如蜀都人物後有「述蜀郡人」五字，此乃因爲漢魏著書慣於文末標題，而於卷首標題者，則始於宋代以後，故可知「蜀都士女」之標目非爲常璩所作，而爲後世傳鈔所加。

經後世考證，這些標題《華陽國志》中本無，應爲後來傳鈔者所加，本書爲求清晰與方便閱讀，於人物傳略前，亦加諸上述標題。現製成一表分述如下：

蜀都士女（卷十上）	
人　物　評　語	人　物　傳　略
嚴平恬泊，皓然沈冥	嚴遵，字君平，成都人也……。
	略
炎光中微，巨述僭亂	（以下爲王莽、公孫述時期之人物）
章王刎首	章明，字公儒……王皓，字子離……去莽歸蜀。
	略
劉主割據，資我英俊，鴻臚淵通，與道推運。	（以下爲劉備時期之人物）何宗，字彥若，郫縣人也……。
	略
休休眾彥，殊途同臻，金聲玉振，蜀之球琳。	（對上述眾人之總讚）休休美也……。
敬司穆穆，暢始玄終	（以下爲蜀郡列女之事）敬司，馬氏女，五更張伯饒妻也……。
	略
峨峨淑媛，表圖銘旌	（對上述列女之總讚）淑、善、媛、婉、娩也……。
	凡五十五人。四十三人士，十二人女。（人數統計）
巴郡士女（卷十中，全文闕）	
廣漢士女（卷十中）	
講學沖邃，洙泗是晞，胤帝紹聖，庶熙疇咨。	楊宣，字君緯，什邡人也……。
	略
詵詵彥造，或哲或友，昭德音芳，垂名厥後。	（對上述眾人之總讚）總讚此四十六人也。
任母治內，子成名賢	（以下爲廣漢列女之事）任安母姚氏也……。
	略
思媚列媛，美稱惟休	（對上述列女之總讚）總讚十一人也。
	凡五十七人。四十六人士，十一人女。（人數統計）
犍為士女（卷十中）	

王延河平，纂禹之功	王延世，字長叔，資中人也……。
	略
猗猗眾偉，芳烈名垂，方德繹動，犍之瓊瑰。	（對上述眾人之總讚）總讚此二十一人也。
進楊穆穆，先姑是憲	（以下爲犍爲列女之事）進，武陽楊氏女……。
	略
烈哉諸媛，節稱義遵	（對上述列女之總讚）讚此九女也。
	凡三十人。二十一人士，九人女。（人數統計）
漢中士女（卷十下）	
鄭眞岳峙，確乎其清	鄭子眞，褒中人也……。
	略
渙渙龍宗，振振麟趾，文炳彬蔚，漢之表軌。	（對上述眾人之總讚）總讚二十五人也。
穆姜溫仁，化繼爲親	（以下爲漢中列女之事）穆姜，安眾令程祗妻……。
	略
祈祈令姬，如玉如金，允矣淑媛，齊德姜任。	（對上述列女之總讚）讚此九人也。
	凡三十四人。二十五人士，九人女。（人數統計）
梓潼人士（卷十下）	
鎭遠敦壯，立勳南瀕	文齊，字子奇，梓潼人也……。
	略
衎衎禕彥，玉潤蘭芬，劭名表器，江漢之俊。	（對上述眾人之總讚）總讚十五人也。
季姜雍穆，化播二婦，王氏世興，實由賢母。	（以下爲梓潼列女之事）季姜，梓潼文氏女……。
	略
惟茲三媛，仁暢義理，邦有斯嬪，以馳遐紀。	（對上述列女之總讚）總讚三人。
	凡士女十八人。十五人士，三人女。（人數統計）
譔曰：〔註 133〕二州人士，自漢及魏，二百四十八人而已。後賢二十人，合兩百六十八人，以示來世君子焉。如其遺脫，及後世可書者，顧貽後雋。又《春秋穀梁》傳首敘曰，成帝時議立三傳，博士，巴郡胥君安獨駮《左傳》不祖聖人。後漢時魏郡太守王牧薦尹方爲三公，天子詔尚書郎蜀郡張俊策之，然不詳其行事。	

〔註 133〕「譔曰」二字，廖寅本小注云：「當衍此二字。」故此文並非本卷總評，只是人數總計與小結，此亦爲後世傳鈔之誤。

藉由上表可整體看出，〈先賢志〉上、中、下三部分的編排情形，在編排次序上概可分爲三部分：一、郡中人士記載與小讚；二、郡中列女記載與小讚；三、人數統計等，其中編排方法，以時代爲先後，並與男前女後爲次序，最後再以一小結，統計所載諸郡之人物，編排甚是有次序與其條理，使人一目瞭然。

（三）先賢志總贊

常璩照例於本卷之後，以譔文作一總結，因本卷篇幅較大，選人亦多，故其譔文爲全書最長者，其文節錄如下：

> 譔曰：二州人士，自漢及魏，可謂眾矣。何者，世宗多事則相如麟遊，伯司鳳翔，洛下雲翳，叔文龍驤，在孝宣則王褒蔚炳，中和作詠，屬文〈甘泉〉，葩爲世鏡。在元成則君公謇謇，心思國病，慮經劉危，直忤王聽，其高者則嚴君味道，易俗移風，仲元端委，居爲人宗，若夫秉心塞焉，與物盈沖，則楊子雲也。名重泰山，華夏仰崇，則鄭子眞也。不屈其身，志高青雲，則譙玄也。不恥惡君，混到推運，則楊宣也。降及建武、明、章以來，出者則能內貫朝揆，外播五教，贊和鼎味，經綸治要，上荅太階，下允明照，處者則利居槃桓，皓然玄蹈，天爵翫之，人爵則笑。懸車門肆，夷惠齊紹，若斯之倫，海內服其英名，洙、泗方其煥燿矣。故曰漢徵八士，蜀出其四，又曰漢具四義，蜀選其二，可謂不眾乎。然巴郡胥君安以儒學典雅，稱於孝成，蜀郡張俊策問尹方不出五經常議，犍爲呂孟有託孤之節，若茲之類，郡邑往往垂象刊銘，見有苗裔。璩晚生長亂，故老已沒，莫所咨質，不詳其事，但依《漢書》、《國志》、陳君所載，凡士女二百四十八而已，後賢二十人，合兩百六十八人，以示來世之好事者，如能詳其遺脫，及有可書，願附於左。其傳志父、祖、子、孫，及有名失事失官位者，不列。寧州人士亦不列，別爲目錄，至晉元康末，凡三百九十二人也。〔註 134〕

由上文中可知，常璩敘事所本，是參考《漢書》與《三國志》等史籍，而選取人物的標準則是「失事失官位」等失德之士，與寧州人士皆不取。然常璩亦自豪於巴蜀人才濟濟，天下有名之士，如司馬相如、揚雄等皆出身自蜀中，且中央取士，有近二分之一的人是來自巴蜀，常璩之說雖有些誇大，但不可否認的是，蜀地人才英俊者確實不少。而常璩作此譔文，除了誇讚蜀地人才繁多之外，其實是另有一層深意的，因爲常璩降於晉廷，江左朝野卻輕視這些，並非由中原遷徙過來的士大夫，因

〔註 134〕見《華陽國志・先賢志》，頁 179。

此常璩在受到晉廷朝野與文壇的排擠之下，一方面藉由此譔文，抒發自己鬱鬱不得志的心情，另一方面也藉由此譔文暗諷晉廷，無法重用這些非中原出身的士人，實是晉廷的一大損失。

七、卷十一：後賢志

〈後賢志〉中所載記的對象，多為晉時蜀中人物，其中收錄人物橫跨蜀漢至晉二個時期，總共收錄二十人。在編排方法上，可分為四部分：(一)、卷序；(二)、二十人讚語；(三)、二十人傳略；(四)、總贊等。現分別敘述如下：

(一)卷　序

常璩亦如同前卷一般，將作本卷之創作動機書寫於此，其文節錄如下：

> 聞之善志者述而不作，序事者實而不華，是以史遷之記，詳於秦漢；班生之書，備乎哀平，皆以世及事邇，可得而言也。西州自奉聖晉後，俊偉倜儻之士，或脩德讓，行止從時；或播功立事，羽儀上京，策勳王府；甄名史錄，侔於先賢。會遇喪亂軋搆，華夏顛墜，典籍多缺。族祖武平府君，愍其若斯，乃操簡援翰，拾其遺闕。然但言三蜀，巴漢未列，又務在舉善，不必珍異。闕之耆舊，竹素宜闡，今更撰次損益，足銘後觀者，凡二十人，綴之斯篇，雖行故墜沒，大較舉其一隅。〔註 135〕

由上文可以看出，常璩以司馬遷和班固為依歸，一心要將巴蜀有德之人的事蹟如實記錄，雖然在當時遇上了兵燹連結的動盪局勢，致使資料難以蒐集完備，因此寫作上遇到了挫折也在所難免，但他依舊以先賢史家為榜樣，其中當然也包含了他的族祖常寬。當在遇到挫折之時，即想想過往先賢史家記史的精神，將其挫折轉化為創作動力，繼續堅持下去，然上述即為常璩對於本卷所抱持的創作精神。另外在選取標準上，常璩因常寬之書不收巴漢人士，且又只記其善行，不記奇聞，常璩對此是有作些調整的，因常璩認為，常寬對於收錄標準是有些偏頗的因素存在，為改正此一缺失，常璩對於選人標準上，認為是該更加廣泛來採輯的，只要能感動人心，對於風俗教化有所助益者即可收錄。〔註 136〕

〔註 135〕見《華陽國志・後賢志》，頁 181。

〔註 136〕只是為何〈後賢志〉中只收錄了二十人？任乃強先生在《華陽國志校補圖注・後賢志》中認為，常璩原先的〈後賢志〉中收錄人物絕不少於二十人，這是因為判斷常璩於本序中所說：「闕之耆舊，竹素宜闡，今更撰次損益」而來，此可為一個原因；另外筆者認為，本卷所收之人物與常璩時代相近，蜀中可記之人士，多半於〈先賢志〉中早已有所記載，在可記之人不多的情況下，〈後賢志〉僅只能收錄最具代表性的二十人。

（二）二十人讚語和傳略

常璩於二十人傳記之前，先立有此二十人之人名與讚語，具有提綱挈領的效果。現爲使論述更爲清晰，故將「二十人讚語」與「二十人傳略」合製爲一表，於以下分別敘述之：

編號	人　　名	讚　　語	傳　　略
01	衛尉散騎常侍文立，廣休	散騎穆穆，誠感聖君	文立……少遊蜀太學，治《毛詩》、《三禮》，兼通群書……。
02	西河太守柳隱，休然	西河烈烈，秉義居貞	柳隱……隱直誠篤亮，交友居厚，達於從政……。
03	漢嘉太守司馬勝之，興先	漢嘉克讓，謙德之倫	司馬勝之……學通《毛詩》，治《三禮》，清尚虛素，性澹不榮利……
04	郫令州主簿常勗，脩業	郫君謙諤，自固底身	常勗……安貧樂道，志篤墳典……。
05	江陽太守何隨，季業	江陽皎皎，命世清淳	何隨……世有名德，徵聘入官……。
06	梓潼太守王化，伯遠	梓潼矜矜，在險能平	王化……有懿德高名……。
07	太子中庶子陳壽，承祚	庶子稽古，遷固並聲	陳壽……聰警敏識……。
08	漢中太守李宓，令伯	漢中韙曄，才蓋羣生	李宓……事祖母以孝聞……。
09	犍爲太守杜軫，超宗	犍爲卬卬，友于寔令	杜軫……惠愛在民……。
10	給事中任熙，伯遠	給事溫恭，尚德蔑榮	任熙……爲政清淨……。
11	中書郎王長文，德儁	中書淵識，寶道韜明	王長文……高暢敏識……。
12	大長秋壽良，文淑	長秋忠肅，明允篤誠	壽良……貫通五經，澡身貞素……。
13	大司農西城公何攀，惠興	司農運籌，思侔良平	何攀……奇姿卓逸……。
14	少府成都威侯李毅，允剛	少府果壯，文武是經	李毅……通《詩》、《禮》訓詁……。
15	衡陽內史楊邠，岐之	衡陽固節，隱然不傾	楊邠……少好學志古，藻勵名行……。
16	尚書三州都費立，建熙	尚書準繩，古之遺直	費立……每準正三州人物品格，褒貶帥意方規，無復疏親，莫不畏敬……。
17	湘東太守常騫，季慎	湘東氾愛，仁以接物	常騫……以清尚知名……。
18	武平太守常寬，泰恭	武平亹亹，冰清玉嶷	常寬……彊識多聞，而謙虛清素……。
19	揚烈將軍梓潼內史譙登，慎明	闕	譙登……登少以公亮義烈聞……。
20	江陽太守侯馥，世明	闕	侯馥……當滅身殞……碎，以謝不及；冀上不負日月，下不愧王侯……。

上表爲〈後賢志〉之主體，因篇幅所限，故於個人傳略只能取一部分說明，不過大體上，各人的傳略內容，與其常璩所評之讚語是相符合的，其中於本卷傳略裡，亦可發現此二十人的事蹟記載，相較於〈先賢志〉的各人傳略，是較爲詳盡的，這也是因爲上述二十人中，其生存時代與常璩較爲接近，有些人甚至與李雄處於相同時期，故可訪查的事蹟也能較爲廣泛與詳實。

（三）後賢志總贊

常璩於〈後賢志〉末，仿照著司馬遷於《史記》中，在每卷後都會有所評論的形式，藉以抒發著自己鬱鬱不得志的情懷，其文節錄如下：

> 譔曰：文王多士，才不同用。孔門七十，科□□〔註 137〕揆，百行殊途，貴於一致，若斯諸子，或挺珪璋之質，或苞瑚璉之器，或耽儒墨之業，或韞王佐之略，潛則泥蟠，躍則龍飛，揮翮揚芳，流光遐紀，實西土之珍彥。聖晉之多士也，徒以生處限外，服膺日淺，負荷榮顯，未充其能，假使植幹華宇，振條神區，德行自有長短。然三趙、兩李、張、何之軌，其有及之者乎？譙登、侯馥忠規奮烈，美志不遂，哀哉！〔註 138〕

由上文中可以感受到，常璩感嘆周文王所用之士，與孔子諸弟子，皆能在適合自己的地位上各展所長，這對於懷有遠大志向的常璩來說，是多麼令人羨慕，況且同樣是來自於蜀中的三趙、兩李、張、何等人，亦是受到朝廷重用，爲何單單只有自己被排擯於江左之外？全文將常璩不平與失望的心情，完全地表露無遺。

八、卷十二：序志

常璩於全書末著有〈序志〉〔註 139〕一篇，其用意在仿照司馬遷〈太史公自序〉

〔註 137〕《華陽國志校補圖注》頁 665：「張、吳、何、王、浙、石本有『行相』二字。張本『科行相揆』四字做雙行小字。吳、何諸本皆大字。元豐、錢、劉、李、函、廖本並無。廖本注云：『舊闕二字。』蓋所據季振宜家本科下有二空位也。顧觀光校勘記作『科行相揆』又復注云：『宋本行相二字空格。此以意捕，不可從』今按，何義門過錄之元豐本，原無二字。自張佳胤始疑其脱並補二字。廖本雖斥張補爲非，而仍疑有脱。皆謬。」;《華陽國志校注》頁 888，劉琳補此二缺字爲「不一」，其依據《孟子・離婁》篇：「先聖後聖，其揆一也。」然「科不一揆」即謂個人之專長不同。

〔註 138〕見《華陽國志・後賢志》，頁 202。

〔註 139〕廖寅本，《華陽國志》於〈序志〉後尚附有「益梁寧三州先漢以來士女目錄」，題爲「常道將集」，此目錄爲明代張佳胤所新輯，雖爲常璩所作，但於歷來各版本中，「目錄」有在〈序志〉之前者，亦有在〈序志〉之後者，因體例不一，故現以注釋補充之。其結構上可分爲三部分：一、依時代先後編輯人名；二、人數統計；三、總贊等。其人名已附於本書附表 02，而總贊全文則是選人標準，現記全文如下：「譔曰：

與班固〈敘傳〉等體例，旨在闡發己身之感想。全文一千九百餘字，依其內容可分爲五大段，每段所要表述的意義皆爲不同，現以下分文敘述之：

（一）首段：創作緣起與創作要求

> 巴蜀，厥初開國，載在書籍。或因文緯，或見史記。久遠隱沒，實多疏略。及周之世，侯伯擅威，雖與牧野之師，希同盟要之會。而秦資其富，用兼天下。漢祖階之，奄有四海。梁益及晉分益爲寧。司馬相如、嚴君平、楊子雲、陽成子玄、鄭伯邑、尹彭城、譙常侍、任給事等，各集傳記以作本紀，略舉其隅。其次聖、稱賢、仁人、志士，言爲世範、行爲表則者，名注史錄，而陳君承祚別爲《耆舊》，始漢及魏，煥乎可觀。然三州土地不復悉載。《地里志》頗言出水，歷代轉久，郡縣分建，地名改易，於以居然；辨物知方，猶未詳備。於時漢、晉方隆，官司星列，提封圖簿，歲集司空。故人君學士，蔭高堂、翳帷幕，足綜物土，不必待《本紀》矣。曩遭阨運，函夏滔堙。李氏據蜀；兵連戰結，三州傾墜，生民殲盡，府庭化爲狐狸之窟，城郭蔚爲熊羆之宿，宅遊雉鹿，田棲虎豹，平原鮮麥黍之苗，千里蔑雞狗之響，丘城蕪邑， 莫有名者。嗟乎三州，近爲荒裔！桑梓之域，曠爲長野，反側惟之，心若焚灼。懼益遐棄，城陴靡聞；迺考諸舊紀，先宿所傳，并《南裔志》，驗以《漢書》，取其近是，及自所聞，以著斯篇。又略言公孫述、《蜀書》、咸熙以來喪亂之事，約取耆舊士女英彥，又肇自開闢，終乎永和三年，凡十篇〔註140〕，號曰《華陽國記》。夫書契有五善：達道義，章法戒，通古今，表功勳，而後旌賢能。恨璩才短，少無遠及，不早援翰執素，廣訪博咨；流離困瘵，方資腐帛於顛牆之下，求餘光於灰塵之中，劖滅者多，故有所闕；猶愈於遺忘焉。〔註141〕

首段中的文字，即在敘述《華陽國志》的著書緣起，因巴蜀人才濟濟，對於巴蜀史事有所著作者大有人在，且不外乎都是些當代或前朝著名之文人，如司馬相如、揚雄與陳壽等。但因巴蜀由漢至晉以來兵燹連結，許多優秀的文物與著作，多毀於戰火之中，因此常璩本持著同爲蜀人的使命感，希望能承繼起先輩們的優秀著作傳統，故遍察蜀中名勝與遺跡，探訪故舊與耆老，詳實記錄著蜀中的一切，進而完成了十

凡此人士，或見《漢書》，或載《耆舊》，或見郡紀，或在《三國書》，並取秀異，表之斯篇。其洪伐弘顯者，並附載者齊之，其但見名字而不詳其行，故或以有傳無珍善，闕之以副直文，爲實錄矣。」見《華陽國志》，頁244。

〔註140〕應爲十二篇。

〔註141〕見《華陽國志・序志》，頁205。

二卷的《華陽國志》。創作與著述，是常璩對於自己的期許，更於其中亦可看出，常璩對於《華陽國志》的要求有五點，分別爲：「達道義」、「章法戒」、「通古今」、「表功勳」與「矜賢能」等，此五點則脫胎於荀悅《漢紀》之中〔註 142〕。常璩希望能與荀悅看齊，要求史書的價值，是要建立在此五點之上，而此五點散見於各卷之中，可說是常璩自我的中心思想與創作要求。〔註 143〕

（二）第二段：駁辨荒誕之史

《蜀紀》言：「三皇乘祇車出谷口。」秦宓曰：「今之斜谷也。」及武王伐紂，蜀亦從行。《史記》：周貞王之十六年，秦厲公城南鄭。此谷道之通久矣。而說者以爲蜀王因石牛始通，不然也。《本紀》既以炳明，而世俗間橫，有爲蜀傳者，言蜀王、蠶叢之間周迴三千歲。又云：荊人鱉靈死，屍化西上，後爲蜀帝。周萇弘之血，變成碧珠。杜宇之魄，化爲子鵑。又言：蜀椎髻左衽，未知書，文翁始知書學。案《蜀紀》：「帝居房心，決事參伐。」參伐則蜀分野，言蜀在帝議政之方，帝不議政，則王氣流於西；故周失紀綱，而蜀先王；七國皆王，蜀又稱帝。此則蠶叢自王，杜宇自帝，皆周之叔世，安得三千歲？且太素資始，有生必死。死，終物也。自古以來，未聞死者能更生；當世或遇有之，則爲怪異，子所不言，況能爲帝王乎？碧珠出不一處，地之相距動數千里，一人之血豈能致此？子鵑鳥，今云是巂，或曰巂周，四海有之，何必在蜀？昔唐帝萬國時雍，虞舜光宅八表，大禹功濟九州，后稷封殖天下，井田之制，庠序之教，由來遠矣。孔子述而不作，信而好古，竊比於我老彭。則彭祖本生蜀，爲殷太史。夫人爲國史，作爲聖則，僊自上世，見稱在昔；及周之末，服事於秦，首爲郡縣；雖濱戎夷，亦有冠冕，故《蜀紀》曰：「大人之鄉，方大之國也」；至於漢興，反當荒服而無書學乎？《漢書》曰：「郡國之有文學，因文翁始。」若然，翁以前，齊魯當無文學者？漢末時，漢中祝元靈，性滑稽，用州牧劉焉談調之末，與蜀士燕胥，聊著翰墨，當時以爲極歡，後人有以爲惑。恐此之類，必起於元靈之由也。惟智者辨其不然，幸也。〔註 144〕

〔註 142〕荀悅，《漢紀》卷一所云：「夫立典有五志焉：一曰達道義，二曰章法式，三曰通古今，四曰著功勳，五曰表賢能。」〔東漢〕荀悅著，《漢紀》（台北：台灣商務印書館，民 57 年），頁 1。

〔註 143〕對於「達道義」、「章法戒」、「通古今」、「表功勳」與「矜賢能」之敘述，請見於第二章對於常璩思想之探討。

〔註 144〕見《華陽國志・序志》，頁 206。

本段序文由內容可以看出，常璩以常理來分辨，駁斥蜀地所流傳的荒誕史事，如蠶叢、杜宇等上古傳說；與文翁之前，蜀中無學等謬說，其中蠶叢、杜宇之說或許有其人存在，但所附加之傳說則太過荒誕，稍有學識者即可辨之，而在駁斥蜀地於西漢文翁後才有學教，常璩則引經據典的提出了五點反駁，爲以下所列：

一、提及《尚書‧堯典》曰：「允恭克讓，光被四表……協和萬邦，黎民於變時雍。」〔註145〕此句，證明早在堯舜之時，蜀地已經有所開化。

二、提出在大禹之時，后稷制定天下制度，立井田設學校，然此時天下九州，當有包含古時蜀地——梁州之名。

三、引用《論語》之言：「竊比於我老彭」，證明於孔子之前，蜀人彭祖即有高度的文化素養，若彭祖無文化內涵，孔子何故在此提及。

四、提出秦時發動滅蜀戰爭，將蜀地列爲郡縣之首，故秦於此時當對蜀地有所建設。

五、提出《蜀紀》：「大人之鄉，方大之國」之言，此言出自於《易經‧乾卦》：「大人者，與天地合其德。」〔註146〕證明蜀地早已受中原文化文化所影響。

以上在在說明，常璩對於史事的要求精神，對於流傳於民間的荒誕之說，是抱持著懷疑的態度來加以考證，此亦呼應著首段中，常璩所提出「通古今」的自我要求，由此可見常璩對於史事的考證態度是相當嚴謹。

（三）第三段：警懼不軌之輩

> 綜其理數，或以爲西土險固，襟帶易守，世亂先違，道治後服，若吳楚然。固逋逃必萃，奸雄闚覦。蓋帝王者統天理物，必居土中，德膺命運。非可資能恃險，以干常亂紀。雖饕竊名號，終於絕宗殄祀。何者？天命不可以詐詭而邀，神器不可以僥倖而取也。是以四岳、三塗、陽城、太室，九州之險，而不一姓。冀之北土，馬之所產，古無興國。夫恃險憑危，不階曆數，而能傳國垂世，所未有也。故公孫、劉氏，以敗於前，而諸李踵之，覆亡於後。天人之際，存亡之術，可以爲永鑒也。干運犯曆，破家喪國，可以爲京觀也。今齊之《國志》，貫於一揆，同見不臣，所以防狂狡，杜奸萌，以崇《春秋》貶絕之道也。而顯賢能，著治亂，亦以爲獎勸也。〔註147〕

以上爲常璩在接觸過諸多史籍，與經歷蜀中戰亂多年後的總結感想，其認爲天下之

〔註145〕〔清〕阮元勘《十三經注疏‧尚書》（台北：藝文印書館，1955年出版），頁19。
〔註146〕〔清〕阮元校勘，《十三經注疏‧周易》（台北：藝文印書館，1955年出版），頁17。
〔註147〕見《華陽國志‧序志》，頁207。

所以會分裂，即在於這些野心分子不識天命，只想以天險爲憑藉，據地爲王，但到頭來還是一個個落入了敗亡之境。因此常璩在看過諸多史籍，與自己的親身經歷後，得出了一個結果，那就是只憑藉著天險而自據，然妄想以抗天命，到了最後不免還是跟公孫述、劉焉、劉璋父子與李雄之徒一般下場。爲避免與減少這些事情再度重演，常璩以孔子作《春秋》內含褒貶之意，爲依歸與榜樣，冀望自己的《華陽國志》也能收到「警亂臣，懼賊子」的效果。

（四）第四段：各志總贊

先王經略，萬國剖分。厥甸巴、梁，式象縣辰。九牧述職、貢賦以均。佐周斃紂，相漢亡秦，實繁其民，世載其俊。述〈巴志〉第一。〔註148〕

以上爲常璩對〈巴志〉卷所作的讚語，多以四字韻文敘寫其內容、旨趣，具有提綱挈領的效果。

維天有漢，鑒亦有光，實司群望，表我華陽。炎劉是應，洪祚攸長。述〈漢中志〉第二。〔註149〕

以上爲常璩對〈漢中志〉卷所作的讚語，多以四字韻文敘寫其內容、旨趣，具有提綱挈領的效果。

井絡啓耀，文昌契符。芒芒禹蹟，畫爲九州。功冒普天，率土以休。光靈遐照，慶祚爽流。邦家濟濟，世德球球。述〈蜀志〉第三。〔註150〕

以上爲常璩對〈蜀志〉卷所作的讚語，多以四字韻文敘寫其內容、旨趣，具有提綱挈領的效果。

蠢爾南域，在彼要荒。漢武德振，蠻貊是攘。開州列郡，幽裔來王。柔遠能邇，實須才良。甄德表失，以明紀綱。述〈南中志〉第四。〔註151〕

以上爲常璩對〈南中志〉卷所作的讚語，多以四字韻文敘寫其內容、旨趣，具有提綱挈領的效果。

赤德中微，巨猾干篡。白虜乘釁，致民塗炭。爰迄靈獻，皇極不建，牧后失圖，英雄迭進，覆車齊軌，蒙此艱難。述〈公孫述、劉二牧志〉第五。〔註152〕

以上爲常璩對〈公孫述、劉二牧志〉卷所作的讚語，多以四字韻文敘寫其內容、旨

〔註148〕見《華陽國志・序志》，頁207。
〔註149〕見《華陽國志・序志》，頁207。
〔註150〕見《華陽國志・序志》，頁207。
〔註151〕見《華陽國志・序志》，頁207。
〔註152〕見《華陽國志・序志》，頁208。

趣，具有提綱挈領的效果。

政去王室，權流三傑。瓜分天壤，宰割民物。舍彼信順，任此智計。大道既隱，詭詐競設。並以豪特，力爭當世。居正處明，名號絕替。身兼萬乘，籍同列國。述〈劉先主志〉第六。〔註153〕

以上爲常璩對〈劉先主志〉卷所作的讚語，多以四字韻文敘寫其內容、旨趣，具有提綱挈領的效果。

乾坤混始，樹君立王，天工人代，萬邦是望。明不二日，地不重王。苟非其器，窮高必亢。濛濛後主，弗慮弗臧，負乘致寇，世業以喪。述〈劉後主志〉第七。〔註154〕

以上爲常璩對〈劉後主志〉卷所作的讚語，多以四字韻文敘寫其內容、旨趣，具有提綱挈領的效果。

陽升三九，品物始亨。帝紘失振，任非其良。趙倡禍階，亂是用長。羅州播蕩，朱旌莫亢。皮、張不造，戎醜攸行。哀哀黎元，顧瞻靡望。述〈大同志〉第八。〔註155〕

以上爲常璩對〈大同志〉卷所作的讚語，多以四字韻文敘寫其內容、旨趣，具有提綱挈領的效果。

素精南飄，天維弛綱。蕘蕘特流，肆其豺狼。蕩、雄纂承，殲我益梁。牧守顛摧，黔首卒嘗。三州毀曠，悠然以荒。絡結王綱，民亦流亡。述〈李特雄期壽勢志〉第九。〔註156〕

以上爲常璩對〈李特雄期壽勢志〉卷所作的讚語，多以四字韻文敘寫其內容、旨趣，具有提綱挈領的效果。

華嶽降精，江漢吐靈，濟濟多士，命世克生。德爲世儁，幹爲時貞。略舉士女，表諸賢明。世濟其美，不隕其名。述〈先賢士女總讚論〉第十。〔註157〕

以上爲常璩對〈先賢志〉卷所作的讚語，多以四字韻文敘寫其內容、旨趣，具有提綱挈領的效果。

皇皇大晉，下土是覆，化贍教洽，誕茲彥茂。峨峨俊乂，亹亹英秀，

〔註153〕見《華陽國志・序志》，頁208。
〔註154〕見《華陽國志・序志》，頁208。
〔註155〕見《華陽國志・序志》，頁208。
〔註156〕見《華陽國志・序志》，頁208。
〔註157〕見《華陽國志・序志》，頁209。

如嶽之崇，如蘭之臭。經德秉哲，綽然有裕。述〈後賢志〉第十一。〔註 158〕

以上爲常璩對〈後賢志〉卷所作的讚語，多以四字韻文敘寫其內容、旨趣，具有提綱挈領的效果。

博考行故，總厥舊聞。班序州部，區別山川。憲章成敗，旌昭仁賢。抑絀虛妄，糾正謬言。顯善懲惡，以杜未然。述〈序志〉第十二。〔註 159〕

以上爲常璩對〈序志〉卷所作的讚語，多以四字韻文敘寫其內容、旨趣，具有提綱挈領的效果。

以上各卷之讚語形式，於司馬遷《史記・太史公自序》與班固《漢書・敘傳》等書中皆類似體例有出現，用意旨在闡述各卷大意，讓讀者在閱讀前，對於各卷所敘之內容，能有一個大體之掌握方向。

（五）第五段：序志總贊

常璩於各卷之末，皆有一小結論，或評史事，或抒己意，於本卷亦是如此，現節文如下：

譔曰：駟牡騤騤，萬馬龍飛。陶然斯猶，阜會京畿。麐獲西狩，鹿從東麋。郇伯勞之，旬不接辰。嘗茲珍嘉，甘心庶幾。中爲令德，一行可師。璝瑋倜儻，貴韜光暉。據沖體正，平揖宣尼。道以禮樂，教洽化齊。木訥剛毅，有威有懷。鏘鏘宮縣，磬筦諧諧。金奏石拊，降福孔皆。綜括道檢，總覽幽微。選賢與能，人遠乎哉。〔註 160〕

觀其以上〈序志〉卷中的譔文，全文詞意閃爍，故有學者認爲是「離合詩」的形式〔註 161〕，但總體而言，依其文意，約可體會此譔文，亦爲常璩抒發降晉之後，遭江左排擯不見容於朝廷的鬱悶心情。

第四節　小　結

依本章對於各卷之結構的探討而言，《華陽國志》是一部包含著地理方志、人物傳記與多方史料爲一體之史籍，常璩一人要處理如此龐大的史事資料，可說是相當不容易的，故他耗盡了近二十年的時間，才完成了此一著作，雖說是資料龐雜，但

〔註 158〕見《華陽國志・序志》，頁 209。

〔註 159〕見《華陽國志・序志》，頁 209。

〔註 160〕見《華陽國志・序志》，頁 209。

〔註 161〕有關於〈序志〉卷全文可能爲「離合詩」形式一說，於本書第三章探討常璩思想之「抒憤鬱之情懷，追素王之後塵」一節中已有討論，若有不明者請至此節參考。

常璩仍是將史事處理得有條不紊，相同史事於各卷之中相互呼應，令人在閱讀上能收到清晰有條之效，現將《華陽國志》之各卷結構，製成一表如下：

<table>
<tr><th colspan="6">華　陽　國　志</th></tr>
<tr><th>結構
篇名</th><th colspan="5">各　卷　結　構</th></tr>
<tr><td>卷一、巴志</td><td colspan="2">巴地故事</td><td colspan="2">巴地諸郡縣概說</td><td>總贊</td></tr>
<tr><td>卷二、漢中志</td><td colspan="2">漢中郡漢至三國故事</td><td colspan="2">漢中諸郡縣三國故事</td><td>總贊</td></tr>
<tr><td>卷三、蜀志</td><td colspan="2">蜀地故事</td><td colspan="2">蜀地諸郡縣概說</td><td>總贊</td></tr>
<tr><td>卷四、南中志</td><td colspan="2">南中郡周至晉故事</td><td colspan="2">南中諸郡縣概說</td><td>總贊</td></tr>
<tr><td>卷五、公孫述、劉二牧志</td><td>卷　序</td><td>西漢末公孫述事</td><td colspan="2">東漢末劉焉、劉璋父子故事</td><td>總贊</td></tr>
<tr><td>卷六、劉先主志</td><td colspan="2">劉備之起沒</td><td colspan="3">總贊</td></tr>
<tr><td>卷七、劉後主志</td><td colspan="2">劉禪事為副，蜀臣事為主</td><td colspan="3">總贊</td></tr>
<tr><td>卷八、大同志</td><td>卷　序</td><td colspan="3">蜀漢滅亡後至李雄稱帝前等事蹟</td><td>總贊</td></tr>
<tr><td>卷九、李特雄期壽勢志</td><td colspan="4">李特與雄、班、期、壽、勢諸帝之史</td><td>總贊</td></tr>
<tr><td>卷十、先賢志</td><td colspan="2">卷序</td><td colspan="2">每郡士女傳</td><td>總贊</td></tr>
<tr><td>卷十一、後賢志</td><td>卷　序</td><td>二十人讚語</td><td colspan="2">二十人傳略</td><td>總贊</td></tr>
<tr><td>卷十二、序志</td><td>首　段</td><td>第二段</td><td>第三段</td><td>第四段</td><td>總贊</td></tr>
</table>

由上表之敘述，應可對《華陽國志》各卷之結構，能更有一比較完整之概念。其中亦不難發現出，常璩對於結構上的安排，每卷所收之史料，雖然繁複異常，但多能井井有條的歸納於，所要安排的結構之下，足見常璩對於史事之用心，與史學根基之深厚，實是令人讚嘆。

第六章　《華陽國志》之價值

常璩的《華陽國志》，無論是在史學或在方志學上，因史料的記載資料豐富，故爲歷來史學家，視爲資料取得的寶庫。不過，雖然史學價值極高，但在學術研究上，卻一直是個未被重視與發掘的區塊，實是殊爲可惜。

因歷來對《華陽國志》的相關研究甚少，故對於其價值探討的相關論述，亦是不多見，而在前幾章對於《華陽國志》，所作過的諸多探討之下，可以發現《華陽國志》的價值約可分爲三方面：一、中國方志體制之濫觴；二、史籍之校補與輔翼；三、蜀地人物軼事之薈萃等，現以下將分節討論之。

第一節　中國方志體制之濫觴

我國歷史悠久，故在史籍的數量上可說浩若烟海，相較正史之外的地方志而言，「方志」一詞最早見於《周禮・春官》:「外史掌四方之志」〔註1〕與《周禮・地官》:「掌道方志，以詔觀事，以知地俗」〔註2〕二者之中，鄭玄對於〈春官〉中的方志解釋爲：

志，記也。謂若魯之《春秋》、晉之《乘》、楚之《檮杌》。〔註3〕

司馬光則更進一步解釋《周禮・春官》中「方志」的意義爲：

周官有職方，土訓，誦訓之職，掌道四方九州之事物，以詔王知其利害。後世學者，爲書以述地理，亦其遺法也。〔註4〕

〔註1〕〔清〕阮元勘，《十三經注疏・周禮・春官》(台北：藝文印書館，1955 年出版)，頁 408。

〔註2〕見《十三經注疏・周禮・地官》，頁 144。

〔註3〕見《十三經注疏・周禮・春官》，頁 408。

〔註4〕〔宋〕司馬光撰，《溫國文正公文集・河南志序》(台北：台灣商務，1966 年出版)，頁 487。

由以上可知此時，〈春官〉對於「方志」一詞的性質，其意義界定為記載地方諸事之文，依功能而言是藉以作為，在上位者施政參考的史籍。

上述為方志起源於《周禮》的說法之一，但是後世學者對此一說法，也有抱持著不同的看法，部分學者則認為，方志的起源，應該是要源自於《禹貢》之中，其所持的理由為，因為《禹貢》書中所記載，多為各地的物產、土壤等地理資料，此一特性與現今對於方志的定義亦是接近，故有方志源於《禹貢》一說。

不論方志是源自於《周禮》或《禹貢》，皆各有其支持的論點，因此後世有關於研究或撰述方志學的學者，則各自分為兩派，分別以記載史事，與記載地理等兩種不同派別，因此兩派所持意見不同，故將方志的發展，各自帶往兩個不同的方向上去。

若依記載地理這方面的方志來說，自《禹貢》以後，分別有佚名的《山海經》、西漢王褒《雲陽記》、東漢應劭《十三州記》、西晉周處《陽羨風土記》、北魏酈道元《水經注》等地理方志問世；若是以記載史事這方面的方志來說，自《周禮》以後，則分別有《越絕書》、東漢趙煜《吳越春秋》、佚名〈三輔耆舊傳〉、陳術〈益州耆舊傳〉等史事方志。

以上無論是有關於載史或載地的方志，在體制上大多只偏頗某一方面，如《山海經》與《水經注》等，都以記載山川地理為主；而《吳越春秋》與〈益州耆舊傳〉等，則是以地方與人物為主要記載對象，這種地理與史事無法兼顧的現象，直到了東晉常璩的《華陽國志》時才有所改善。

常璩的《華陽國志》全書分為十二卷，體例上概略可分為四部分，分別如下表所示：

卷數	卷　名	體　　例
卷一	巴志	記載巴地山川物產為主，史事人物亦有包含，屬於記載地理的部分。
卷二	漢中志	記載漢中山川物產為主，史事人物亦有包含，屬於記載地理的部分。
卷三	蜀志	記載蜀地山川物產為主，史事人物亦有包含，屬於記載地理的部分。
卷四	南中志	記載南中山川物產為主，史事人物亦有包含，屬於記載地理的部分。
卷五	公孫述劉二牧志	記載公孫述與劉焉、劉璋父子故事，屬於記載人物與史事的部分。
卷六	劉先主志	記載劉備故事，屬於記載人物與史事的部分。
卷七	劉後主志	記載劉禪故事，屬於記載人物與史事的部分。
卷八	大同志	記載蜀漢滅亡後到李雄稱帝前故事，屬於記載人物與史事的部分。
卷九	李特雄期壽勢志	記載李雄與李氏諸帝故事，屬於記載人物與史事的部分。
卷十	先賢志	記載晉以前巴蜀之地人物故事，屬於記載人物傳記的部分。
卷十一	後賢志	記載晉代時巴蜀之地人物故事，屬於記載人物傳記的部分。
卷十二	序志	常璩闡發己身感想之文，即為自序。

由上表可知，《華陽國志》全書概可分爲：載地、載物、載史與載人等四部分，其中載物部分則歸於載地之中。此時《華陽國志》可說是將歷來方志，只偏頗於載史或載地的現象，做了一次完整的結合，不過可惜的是自《華陽國志》之後，方志的創作數量雖然大增，但在體制上卻都不如《華陽國志》來的完備，如唐代佚名所撰《沙州圖經》，其體例簡單，並未具有《華陽國志》之完善體制，現節文如下以說明之：

懸泉水右在州東一百卅里，出於石崖腹中，其泉傍出細流一里許即絕……側出懸崖，故曰懸泉。〔註5〕

東泉澤右在州東卅七里，澤內有泉目，以爲号。〔註6〕

以上所載爲唐代《沙州圖經》之文，全書記載簡略，體例約莫不出上述所載，只偏重於載地方面的形式。時至宋代之時，陳公亮與劉文富等共同纂修的《嚴州圖經》，其記載體例亦不如常璩《華陽國志》，現節錄其卷三之文如下：

歷代沿革　望淳安縣，本歙縣東鄉新定里之地，孫權既定山越，分歙置爲始新縣……晉平吳改郡曰新安……隋開皇九年，郡廢，改縣曰新安……唐武德四年，郡復，爲睦州……宣和三言，平方臘，詔改曰淳安……。〔註7〕

縣境　東西一百七十里，南北一百五十里。〔註8〕

水路　歙港水路在縣南，西泝至徽州一百六十里……。〔註9〕

城社　《輿地志》云：郡城賀齊所築……。〔註10〕

鄉里　開化鄉管里七存鳳里中節里慈善里龍亭里西郭里保安里五龍里。〔註11〕

以上所舉爲唐、宋時方志的體例，在體制上可見不如《華陽國志》來得完善，但是隨著修寫方志的風氣愈來愈盛，《華陽國志》的價值與影響，也越受到後世學者的重視，無論在體制或敘寫方式上，多紛紛以《華陽國志》爲學習榜樣，如宋代朱長文所撰《吳郡圖經續記》〔註12〕與范成大所撰《吳郡志》〔註13〕等，在體制上都可以

〔註5〕〔唐〕佚名撰，續修四庫全書編纂委員會編《續修四庫全書・史部・地理類・沙州圖經》(上海：古籍出版社，1995年出版)，頁466。

〔註6〕見《續修四庫全書・史部・地理類・沙州圖經》，頁467。

〔註7〕〔宋〕陳公亮、劉文富纂，續修四庫全書編纂委員會編《續修四庫全書・史部・地理類・嚴州圖經》(上海：古籍出版社，1995年出版)，頁54。

〔註8〕見《續修四庫全書・史部・地理類・嚴州圖經》，頁54。

〔註9〕見《續修四庫全書・史部・地理類・嚴州圖經》，頁55。

〔註10〕見《續修四庫全書・史部・地理類・嚴州圖經》，頁55。

〔註11〕見《續修四庫全書・史部・地理類・嚴州圖經》，頁55。

〔註12〕〔北宋〕朱長文撰，《吳郡圖經續記》(台北：台灣商務，1983年出版)。

看出是受到常璩《華陽國志》的影響，現製一表如下，以說明此兩部方志，在體制上與《華陽國志》的關係：

篇名 體例	《吳郡圖經續記》三卷	《吳郡志》五十卷
載　地	山川湖泊、封域、戶口、風俗、祠廟、學校、墳塚等。	沿革、山川湖泊、風俗、祠廟、學校、墳塚等。
載　史	治水事蹟、古時遺跡等。	古蹟、奇聞軼事等。
載　人	人物、郡守、雜錄等。	人物、郡守、雜錄等。
載　物	地方物產。	戶口、地方物產等。

由上表可以看出，此兩部方志在體制上，與《華陽國志》如出一轍，因此自宋代以後，地、史、人、物等四部分，漸漸成為方志的基本體例，直到明清之際，在此四部分以下，其項目則愈分愈細，將方志的系統，更加完整化與具體化，由此可知《華陽國志》，對於後來方志的影響是不容忽視的，所以歷來學者對於《華陽國志》，因影響往後方志的體制，故多有所讚賞與評價，如清廖寅於〈校刊華陽國志序〉所說：

唐以前方志存者甚少……惟晉常璩《華陽國志》最古……後有修滇蜀方志者據以爲典則。〔註 14〕

梁啓超於《中國近三百年學術史》中亦云：

晉常璩《華陽國志》爲方志之祖，其書有義有法有條貫，卓然於著作之林。〔註 15〕

傅振倫《中國方志學通論》中引洪亮吉〈澄城縣志序〉云：

一方之志，始於《越絕》，後有常璩《華陽國志》。〔註 16〕

由以上歸結可知，在《華陽國志》之前雖已有方志的形式出現，但是眞正建立起方志體制者，則實為《華陽國志》，這點可說是無庸置疑的。

第二節　史籍之校補與輔翼

《華陽國志》對於史籍的記載多有所校補，如本書第三章中諸多舉例〔註 17〕，

〔註 13〕〔南宋〕范成大撰，《吳郡志》（台北：台灣商務，1983 年出版）。

〔註 14〕〔晉〕常璩撰，《華陽國志》附清廖寅〈校刊華陽國志序〉（台北：台灣商務，1976 年出版），頁 1。

〔註 15〕梁啓超撰，《中國近三百年學術史》（台北：華正書局，1979 年出版），頁 266。

〔註 16〕傅振倫撰，《中國方志學通論》（台北：台灣商務，1966 年出版），頁 57。

即可看出《華陽國志》與歷來史籍互有參見，甚至更詳審於歷來正史。其他有關於《華陽國志》補諸家史籍之不足部分，尚有整理出數例，現以下舉例之：

如第三章曾提及，梁啓超曾批評陳壽《三國志》對於諸葛亮南征之事，在記載上不如常璩《華陽國志》來得詳實。除此之外，《三國志》與《後漢書》對於黃巾賊馬相、趙祇起兵之事的記載互有矛盾，不過這兩書中的矛盾，則在《華陽國志》中卻得到了解決，現分別節文如下：

《三國志・蜀書・劉二牧傳》載云：

> 是時涼州逆賊馬相、趙祇等於綿竹縣自號黃巾，合聚疲役之民，一二日中得數千人，先殺綿竹令李升，吏民翕集，合萬餘人，便前破雒縣，攻益州殺儉，又到蜀郡、犍爲，旬月之間，破壞三郡。相自稱天子，眾以萬數。〔註18〕

《後漢書・劉焉列傳》載云：

> 是時，益州賊馬相亦自號黃巾，合聚疲役之民數千人，先殺綿竹令，進攻雒縣，殺郗儉，又擊蜀郡、犍爲，旬月之間，破壞三郡。馬相自稱天眾至十餘萬人。〔註19〕

以上二者矛盾之處在於，《三國志》之中提到馬相先聚集「疲役之民」而後攻雒縣，試問疲役之民如何再有戰力攻打一縣、且又殺縣令？又《三國志》中言馬相爲涼州之賊，與《後漢書》中說馬相爲益州之賊，二者亦有所出入；另外二書皆未言明馬相起兵的時間爲何，諸多疑點，的確爲後世研究者帶來許多疑惑。現幸在常璩的〈公孫述劉二牧志〉中，這些疑問都獲得了解答，現節文如下：

> 中平元年，涼州黃巾逆賊馬相、趙祇等，聚眾綿竹，殺縣令李升，募疲役之民，一二日中得數千人。遣王饒、趙播等進攻雒城，殺刺史儉，幷下蜀郡、犍爲，旬月之閒，破壞三郡，相自稱天子，眾以萬數。〔註20〕

《華陽國志》中指明，黃巾賊作亂的時間點爲東漢靈帝「中平元年」；且馬相應爲涼州人，故稱「涼州黃巾賊」，所以《後漢書》之說應當爲筆誤；又於《華陽國志》中指出，馬相與趙祇是先聚眾，而後殺縣令，募疲役之民則是在攻破綿竹後所做的行爲，因此在時間點與常理上，《華陽國志》的記載，是比《三國志》與《後漢書》要

〔註17〕請見本書第三章，第二節之史料來源「出自於諸家史籍」。

〔註18〕〔晉〕陳壽撰，〔南朝・宋〕裴松之注《三國志・蜀書・劉二牧傳》（北京：中華書局，2006年19刷），頁866。

〔註19〕〔南朝・宋〕范曄撰，〔清〕王先謙集解，《後漢書集解》（台北：藝文印書館，1972年出版），頁869。

〔註20〕見《華陽國志・公孫述劉二牧志》，頁70。

來得合情與合理的。

若單以《華陽國志》與《三國志》做比較來說，陳壽《三國志》記載蜀漢之事，有些確實不如常璩的《華陽國志》。因陳壽《三國志》中，歷來爲學者所詬病的是，因蜀漢滅亡後陳壽仕任於晉，故《三國志》中對於蜀漢的記載，則多有所偏頗與隱諱，如《三國志・蜀書・諸葛亮傳》載云：

> 評曰：諸葛亮之爲相國也，撫百姓，示儀軌，約官職，從權制，開誠心，布公道……刑政雖峻而無怨者，以其用心平而勸戒明也。可謂識治之良才，管、蕭之亞匹矣。然連年動眾，未能成功，蓋應變將略，非其所長歟！〔註21〕

陳壽此段對於諸葛亮的評語，歷來學者多有所爭議，有些學者認爲陳壽此語可謂持平之論，但這是以結果論來看待的，畢竟蜀漢於陳壽作《三國志》時已經滅亡，因此不用多所顧忌，且此種寫法亦對晉廷有奉承之意；另外有些學者則是認爲，陳壽有爲父報怨的心態，因爲陳壽之父遭罪而受到諸葛亮的懲罰，故陳壽藉機報復，因此對於諸葛亮之評有所不公允之處，這段記載可在《晉書・陳壽傳》中看到，其文節錄如下：

> 壽父爲馬謖參軍，謖爲諸葛亮所誅，壽父亦坐被髡，諸葛瞻又輕壽，壽爲亮立傳，謂亮將略非長，無應敵之才，言瞻惟工書，名過其實。〔註22〕

《晉書》明確指出陳壽對於諸葛亮，有失偏頗的地方在爲報父怨，因此在評語上才說諸葛亮無將略長才，但試想諸葛亮在伐魏之戰中，數出祁山只有街亭一役失利，其餘皆未被魏國所擊敗，無法北伐成功的主因，多在於糧草不繼而自動退卻，因此若要以此論諸葛亮無將略之才，實是有失公允，故吳士鑑《晉書斠注序》云：

> 魏蜀戰事，陳壽諱言敗衂，晉史仍之。武侯前後五出，惟街亭失利，外此則未爲魏挫。〔註23〕

《晉書斠注序》之言，則爲諸葛亮做了一個較爲客觀的論述。因爲陳壽於蜀漢滅亡後仕晉，對於蜀漢之事不能持平而論，而多所隱諱這是可以諒解的。

不過相較於《華陽國志》而言，《三國志・蜀書》對於蜀漢的記載，是顯得簡略的許多，如〈蜀書・後主傳〉中，其體例多先冠以後主年號，再補以簡單史事一、二則，敘述簡略猶如年表，猶非傳記之體；而在《華陽國志・劉後主志》中，雖然劉禪之事爲副，但常璩於此卷上，對於蜀臣事蹟則是用心記載，詳盡的史料亦架構起一部完整的蜀漢後史，這是陳壽《三國志》所無法比擬的，故於此處則不難發現

〔註21〕見《三國志・蜀書・諸葛亮傳》，頁934。
〔註22〕〔唐〕房玄齡等撰，《晉書》（北京：中華書局，1974年出版），頁2137。
〔註23〕吳士鑑、劉承幹同注《晉書斠注》（台北：成文出版社，1971年出版），頁4197。

《華陽國志》在史學上彌足珍貴之處。

除了以上所述之外，《後漢書》記載公孫述滅亡後之事，在記載上有些地方，也是不如《華陽國志》，如東漢光武帝遣軍滅公孫述後，對於蜀地所做的戰後安撫，於《後漢書‧隗囂公孫述列傳》中只僅述其概要：

初，常少、張隆勸述降，不從，並以憂死，帝下詔追贈少爲太常，隆爲光祿勳，以禮改葬之。其忠節志義之士，竝蒙旌顯。〔註24〕

相對於《後漢書》而言，《華陽國志‧公孫述劉牧二志》則記載更爲詳細：

漢搜求隱逸，旌表忠義，以述臣常少、李隆忠諫，發憤病死，表更遷葬，贈以漢卿官屬。蜀郡王皓、王嘉，廣漢李業刎首死節，表其門閭。犍爲朱遵，絆馬死戰，贈以將軍，爲之立祠。費貽、任永、君業、馮信等閉門素隱，公車特徵。文齊守義益州，封爲列侯。董鈞習禮明經，貢爲博士。程烏李育，本有才幹，擢而用之。於是西土宅心，莫不凫藻。〔註25〕

《後漢書》與《華陽國志》二者，對於公孫述滅亡後，東漢朝廷對於蜀地的安撫措施，在記載上則可明顯看出孰簡孰詳，常璩不但將過程明白記載，更將東漢朝廷對蜀地戰後，所做的安撫措施一一列舉，由此可見《華陽國志》對於蜀中記事，某些地方是詳盡於《後漢書》的。

《華陽國志》除了有與史籍相互參見的價值外，更值得注意的是，《華陽國志》亦爲後世學者，研究有關於成漢的記載，校訂史籍謬誤的重要參考資料，如吳士鑑《晉書斠注》中，依據《華陽國志》所記載之內容，對《晉書》中有關於蜀地之記載，有多處校勘之處，現舉《晉書斠注‧李雄載記》所列：

李驤死，以其子壽爲大將軍西夷校尉督征南。費黑征東，任砬攻陷巴東。(《華陽國志》九，任砬作任邵。)〔註26〕

雄遣李壽攻朱提，以費黑、印攀爲前鋒，又遣鎮南任回征木落。(《華陽國志》九，曰七年秋，壽南征寍州，以費黑爲司馬，與邵攀等爲前軍……案印攀當從《華陽志》作邵攀。)〔註27〕

壽矯任氏令，廢期爲邛都縣公，幽之別宮，期嘆曰：天下主乃當爲小縣公，不如死也。咸康三年自縊而死，時年二十五，在位三年。(常璩親見此事，當必無誤，謂爲自縊亦非實錄，又《國志》言期死時，年二十四，

〔註24〕見《後漢書集解‧隗囂公孫述列傳》，頁204。
〔註25〕見《華陽國志‧公孫述劉牧二志》，頁69。
〔註26〕見《晉書斠注》，頁6156。
〔註27〕見《晉書斠注》，頁6156。

亦較此少一年。）〔註28〕

括弧中所言，爲《晉書斠注》依常璩《華陽國志》，所作的校正注文，由文中所載可以發現，在《晉書》中對於成漢的記載，是有許多錯誤的地方，有幸在後世學者的努力，與得到《華陽國志》資料參考的兩相助益下，使得史籍對成漢諸多錯誤記載的情形降至最少，於此亦可發現《華陽國志》，在史料上值得令人重視之處。

第三節　蜀地人物軼事之薈萃

《華陽國志》一書，對於巴蜀之地的人文軼事、神話傳說等，有著許多豐富的記載，如前章所提的「巴蔓子」、李冰治水、諸葛亮南征，乃至於成漢史事等，不論是古老傳說、神話流傳、耆舊故事，乃至於風土歌謠等則多有所采集〔註29〕，且在某方面的資料記錄上，還較正史中所記載要來得詳盡。

在史事的記載上，《華陽國志》詳盡於正史的部分如前所論，現不再贅述。而在蜀地人物的記載上，常璩依時代的先後，將蜀地名士，只要有其貢獻者皆選錄其中，依卷次分爲〈先賢志〉與〈後賢志〉。〈先賢志〉所收之人物，皆爲漢——三國時的蜀中人物，且不分男女老幼，只要對於德行教化有所幫助者皆納入；〈後賢志〉則收錄晉時，蜀中名士二十人。總計〈先賢志〉與〈後賢志〉所收人物多達四百餘人〔註30〕。眾多的蜀中人物，常璩皆詳細記載其行爲與事蹟，龐大的人物記載資料，亦可視作瞭解蜀地風俗民情，與歷史發展的另一種觀察角度。

詳盡的史料記載，是《華陽國志》的一大特點，無論是對人、對事乃至於對地理環境的描述，常璩皆有其用心與著墨之處。此外常璩對於奇特的事物，也有留心與注意，如於《華陽國志・蜀志》中有一段記載：

> 臨邛縣　郡西南二百里，本有邛民，秦始皇徙上郡實之。有布濮水，從布濮來合文井，江有火井，夜時光映上昭，民欲其火，先以家火投之，頃許如雷聲，火焰出，通耀數十里，以竹筒盛其光〔註31〕，藏之可拽行，終日不滅也。〔註32〕

〔註28〕見《晉書斠注》，頁6158。

〔註29〕請見本書第三章第二節「《華陽國志》之資料來源」。

〔註30〕因歷來傳鈔之誤，在人數的統計上已不復常璩原先之記載，故以常璩於〈梁益寧三州先漢以來士女目錄〉自述統計之四百四十二人爲敘述基準。

〔註31〕任乃強撰，《華陽國志校補圖注》云：「當作氣。」（上海：古籍出版社，1987 年出版），頁157。

〔註32〕見《華陽國志・蜀志》，頁35。

上文中所載，是敘述臨邛縣此處，有一特異景象，即爲發生自燃火的現象產生，當地民眾在發現此一景象後，想要利用這種特別的天然資源於生活上，故在多方嘗試下發現，以火引火的方式，即可取得井中之火，此外也懂得收集井中之氣藏於竹筒備用。而上述的現象，與現今對於天然氣的認知並無二異，因此讓人訝異的是，早在一千六百餘年前，蜀中人民即已知道，如何利用天然氣於日常生活用途中，而這段珍貴的文字記載，更是有學者認爲，是世界上最早利用天然氣的一段記載〔註33〕。

由以上所述可知，《華陽國志》無論是在史事記載、人物撰述以及文物紀錄等方面，在在顯示出其珍貴的史料參考價值，因此在後繼學者對《華陽國志》持續的研究下，對於能更了解，古代西南地區的風俗文化與歷史遺軌，《華陽國志》將會是一項極具參考價值的資料來源。

第四節　小　結

《華陽國志》爲中國史上第一部，將史、地、人、物四部分，統合而成的地方志，亦成功地將編年體、地方志與人物傳記融爲一爐，帶領其地方志的載事方式，到達前人未竟之地，常璩之功是不容抹滅與忽視的。而《華陽國志》的諸多優點，於宋代呂大防時，即已給予高度的評價：

> 晉常璩作《華陽國志》，於一方人物，丁寧反覆，如恐有遺，雖蠻髦之民，井臼之婦，苟有可紀，皆著於書，且云得之陳壽所爲《耆舊傳》。按壽嘗爲郡中正，故能著述若此之詳，自先漢至晉初，踰四百歲，士女可書者四百人，亦可謂眾矣。復自晉初至於周顯德，僅七百歲，而史所紀者無幾人，忠魂義骨，與塵埃野馬同沒於丘原者蓋亦多矣，豈不重可歎息哉。此書雖繁富，不及承祚之精微，然議論忠篤，樂道人之善，蜀記之可觀，未有過於此者，鏤行於世，庶有益於風教云。〔註34〕

呂大防所言，明確的指出了《華陽國志》所具備的諸多優點，如不以身分貴賤，不分種族性別，只要有助於教化風氣者，皆立傳收錄；又如雖記載人物繁多，卻不見繁雜，而又能記事詳盡等諸多優點。可惜的是後繼無人，於宋代以後，至明清之前，已然未見有如常璩，在記事上用心之深的作品，致使在青史上無法留名的，諸多忠臣義士與賢士孝婦，埋骨於歷史的洪流之中，這的確是很讓人感嘆的一件事。

〔註33〕劉緯毅著，《中國地方志》（北京：新華出版社，1993年出版），頁43。
〔註34〕呂大防撰，〈華陽國志序〉見《華陽國志》，頁1。

第七章　結　論

第一節　撰寫心得與成果

由動筆至完稿，歷時兩年的時間，「華陽國志研究」一文至此，算是告了一個段落。用「段落」一詞而不用「完成」，這是因爲筆者深深的認爲，「華陽國志研究」全文嚴格來說，對於常璩與《華陽國志》，只是作了一些初步性的探討，並未能眞正的對常志，有一番精闢與深入的研究，若要說對常志有些許之功，也只能看作，有些微末的整理功夫而已。

至於筆者對於本文的看法與心得，雖不敢說以研究者的看法自居，但在長期的撰寫過程中，筆者綜合各章，對於《華陽國志》的整理與探究下，仍有以下數點小小的心得，在此願與各位學者先進，共同分享與切磋，茲歸納整理如下：

一、常璩生平事蹟並未詳載於史籍之上，通常只有寥寥數語的記載，但可以確切得知的是，常璩家學淵源極爲深厚，加上曾擔任職掌成漢，宮廷圖書的散騎常侍一職，故對爾後的創作上，有其相得益彰之效；然後來勸李勢歸降於晉，因爲此舉而受到《四庫全書總目》的批判，常璩被批評爲「譙周者流」，不過若是以阻止巴蜀之地，其繼續動盪與生靈塗炭的觀點來評價，常璩是有功於百姓的。

二、常璩著作有《華陽國志》與《漢之書》二部，後者早已亡佚，不過仍有部分併入於《華陽國志·李特雄期壽勢志》中。現常璩著作僅存《華陽國志》十二卷，除十二卷說之外，尙有《華陽國志》三卷、十卷與十三卷之說，此皆爲傳鈔之誤所造成；在歷來史家對於《華陽國志》，歸類上的看法來說，有歸於霸史、雜史、僞史、載記與地理類等，但因《華陽國志》之體例包含地理、史事、人物與物產等部分，體例宏大故無法偏廢於一類。若依現今的看法來說，應歸於方志一類，然歸究對《華陽國志》的分類，歷來爭論不休的原因在於，主要是因爲明清之前，方志學的概念尚未成熟之故。

三、思想層面上，常璩深受儒家思想的影響，認爲國家在分裂動盪的情形下，受害最深的乃是人民，假若不妥善照顧人民的生活，國家亦極有可能發生變亂，因此若要防止變亂的發生，對於地方治理者的人選，國家中央是要善加考慮的。而一方郡守則要由賢能之士擔任，方可長治久安。因此在國家、人民與選用賢士等三方面，彼此環環相扣的考量下，常璩因此將儒家所講求的「大一統」、「民本」與「旌賢」等思想，完全融入於《華陽國志》之中，爲的是要讓後世有所借鑑與警惕；此外，東晉承襲漢代以來陰陽讖緯的餘緒，在當時社會中莫不充斥著陰陽讖緯的思想，不論是偏安於南方的東晉，或者是北方的胡人政權，乃至地處一隅的成漢，無不在此一氛圍下，因此在常璩《華陽國志》中，亦隨處可看出，受其陰陽讖緯影響的影子。故常璩受到陰陽讖緯的影響下，將蜀中所發生的奇人怪事，皆不由分說的載記下來。因爲此點，後世亦有學者提出，將《華陽國志》視爲，既有小說的性質，卻又可視爲史書的一種說法。

四、創作動機上，因受到儒家思想的影響，故常璩對於因野心而成立的割據政權深惡痛絕，因此在《華陽國志》中處處可見，對於心懷野心之徒所發出的警語，而此一用意與孔子作《春秋》，則是有著異曲同工之妙；此外，蜀地因連年戰亂，加上地處偏遠，對於文物史料的保存，相較於中原地區來說是格外的不容易，因此常璩本著身爲蜀中一分子的自覺，擔負起記載蜀中文史的大任；西晉以後，風俗敗壞人心不古，鬥富、輕貧、謀逆、弒君之事層出不窮，身處在此一亂世的氛圍之下，常璩想以著書來誘導人心向善，故書中對於蜀地的賢士烈女，不分男女老幼多加記載，希望能藉著書之力，能對人心風俗有些許導善的功用。

五、資料來源上，常璩所載之事除了親身經歷之外，對於非關己身時代的史事，多根據史籍考證而來，如於〈序志〉中所自述：

> 逎考諸舊紀，先宿所傳，并南裔志，驗以《漢書》，取其近是，及自所聞，以著斯篇。〔註1〕

在資料蒐集上，親身經歷與史籍考證，爲常璩資料的最大來源之外，對於當時蜀地的歌謠俗諺，常璩亦不餘遺力的多加采集。將巴蜀豐富而寶貴的文史資料，載於史冊之上，使得後世學者得以一窺巴蜀燦爛的文化，常璩之功是不容抹滅的。

六、成書時代背景上，常璩本爲成漢散騎常侍，後隨桓溫歸降東晉，而《華陽

〔註1〕〔東晉〕常璩撰，〔清〕顧廣圻校《華陽國志》（台北：台灣商務，民65，頁205。

國志》於常璩在成漢任職之時，即已開始撰寫，分別著有《梁州記》、《益州記》與《南中記》等，此時著作可視爲《華陽國志》之前身，後因身處東晉被江左之士排擠，在憤鬱之下整理以前舊作重新撰寫，始成《華陽國志》。因此在討論成書時代背景時，則需要涉及成漢與東晉兩政權。文化環境上，成漢之時由於李雄仰慕中原文化，故於巴蜀中大力推行漢化，後來的李氏諸帝亦多喜愛文藝，因此可以得知成漢文藝之風興盛；而在政治情勢上，成漢的建國之路，受到當地部族大姓多方的支持，因此在權力的分配中，皇權與大姓基本上是維持平衡的狀態；就國際情勢而言，成漢偏安巴蜀，最大的敵人爲東晉，東晉亦以成漢爲討伐對象，因此連年戰禍不說，加上後期內部宗室相殘，成漢政權幾乎是處在動盪不安的情況之下。相較於成漢來說，東晉大量招安由北歸來的士族，對於安定政權，與文藝風氣的提升是有一定的幫助，因此在這種情形下，政治情勢和文藝氛圍，與當時成漢的情況是相似的；就國際情勢來看，東晉除了要注意西南的成漢外，最主要的敵人乃是北方的胡人政權。對於內部，東晉雖無成漢宗室相殘的問題，但權臣弄權，亦是東晉政權最大的隱憂之一。

由以上的歸納來看，成漢與東晉無論在政權、文藝、與內部問題上，皆有一定程度相似所在。雖然《華陽國志》非一時一地完成，常璩於歸降東晉之前，已有持續性的創作，但促使《華陽國志》產生的最大原因，應該歸於東晉士族的影響，因東晉士族以正統自居，對於外來偏遠歸化的文人，多少有一定排擠輕視的心理，而常璩身處在此一環境下，滿懷抱負卻無法得到發揮所長的機會，故仿效孔子與司馬遷的精神，懷憂著述以抒發己憤。

七、常志版本流傳上，目前所知最早的版本爲北宋呂大防本，不過早已散佚，其後版本計有南宋李𡎴本、明代劉大昌本、張佳胤本、吳琯本、《永樂大典》本、何允中本、何鏜本、何宇度本、吳岫鈔本、李一公本、徐維起鈔本、錢穀手抄本、清代以後的李調元本、馮氏空居閣鈔本、王謨本、浙江增補何允中本、《四庫全書》鈔本、廖寅本、常氏佳史館本、盧氏紅杏山房本、成都二酉山房本、李朝夔本、黃元壽本、鍾登甲本、樂道齋本、李氏悔過齋本、愚中堂本、山水源頭本、日本鈔本、日江戶寫本、湖南藝文書局本、大通書局育文書局本、龍谿精舍本、《四部備要》本、成都志古堂本、繆荃孫本、王仁俊輯本等數十種刻本，版本眾多但校勘精細不一。若論歷來版本之優劣，則以錢穀手鈔本、廖寅本以及任乃強《華陽國志校補圖注》爲最佳。

八、常志全書結構上，可分爲十二卷，依次可分爲〈巴志〉、〈漢中志〉、〈蜀志〉、〈南中志〉、〈公孫述劉二牧志〉、〈劉先主志〉、〈劉後主志〉、〈大同志〉、〈李特雄期壽勢志〉、〈先賢志〉、〈後賢志〉、〈序志并益梁寧三州先後以來士女名目錄〉等，若依記載內容來說，前四卷以記載地理爲主；後五卷以記載巴蜀史爲主；末三卷則以記載人物與抒發己志爲主。由以上記載的內容可歸納出，常志全書的體例，概可分爲四個方向，分別爲載地、載物（已融於載地之中）、載史、載人等。此種記載體制，將史、地、人、物融爲一爐，開創後世方志，記載體例的濫觴，此點亦爲常志重要的價值之一。

九、常志價值影響上，概可分爲三方面討論：一、如以上所說，常志爲後世方志學的體制，有其建立之功；二、常志所載內容，可與史籍相互參校，並互爲輔翼；三、常志所載內容，爲後世提供了不少的研究材料，如人文軼事與神話傳說等，豐富的記載資料提供了各領域，如史學、小說、民俗與考古等方面，研究與參考的價值。

第二節　對於《華陽國志》之研究展望

《華陽國志》一書，具有豐富的史料與宏大的思想內涵，且爲後世方志，建立其規模與體制，無論現今方志學如何的進步，《華陽國志》在方志學史上的地位，是不容忽視的。如此深具研究價值的一部史籍，雖然歷來校勘版本眾多，足見學者對於《華陽國志》的重視，但是令人疑惑的是，對於《華陽國志》有作深入探討的論文專書卻不多見，這的確是令人感到不解與弔詭的地方。

筆者因爲對三國史具有濃厚的興趣，本以明代楊時偉所輯《諸葛武侯全書》十卷爲論文題目，但因歷來對於此書之研究者，幾乎可說是無人研究，因此加深了對此書，研究之困難程度，故在百般衡量之下，在與林師晉士討論過後，決定以《華陽國志》爲研究對象，並將論文題目訂定爲「華陽國志研究」。

《華陽國志》如前所提，歷來校勘者眾多，但對於深入研究者卻寥寥可數，計筆者所蒐集之論文資料，以《華陽國志》作單篇論文者，台灣計有有五篇，大陸地區則有二十二篇，雖不敢說已蒐集完全，但在數量上卻也相去不遠。後來經細查「全國碩博士論文」後，發現台灣歷來碩博士論文中，亦只有一篇以《華陽國志》爲研究對象，此篇即爲蒲志煊先生的《華陽國志校注》。在研究資料缺乏的情況下，無疑對學識未備的筆者來說，更是雪上加霜，只是在林師多次的鼓勵下，筆者亦下定決心，朝著研究《華陽國志》之路邁進，在耗費二年多的研究時間後，如今的研究總算已經告一段落，只是本篇研究論文，在資料缺乏與筆者才識未具的情況下草成，於研究成果上難免有不足之處。現以下筆者將條列敘述，自認本文尚未完善的地方，願各位學者先進能不吝指教：

一、本書全文借重任乃強先生《華陽國志校補圖注》的地方甚多，以研究的層面來說，若偏重一家之言，這對學術研究來說，無異是一項危險的舉動，關於此點，筆者自認爲，過於倚重一家學者之言，是本文尚待斟酌的地方。

二、本文將《史記》、《漢書》和《三國志》等史籍中所記載，與常志有重複到的人物，製作一附表三以相互參照，但僅止於此一步驟，對於沒有能延伸附表，將上述史籍所載之相同人物，與各史家所作的記載筆法，未作出一完整的研究與比較，關於此點來說，這是令筆者深感遺憾的一件事。

三、延伸第二點，筆者出身於國文系，細觀本文全書之內容而言，不難發覺全書七章之中，竟未有一章節來討論有關於《華陽國志》之文學研究，關於此點，林師已於事先曾告誡過筆者，但後來因爲時間上的不允許，在請得林師的諒解後，願將此一部分延伸，作爲往後對於《華陽國志》的延續研究上。

四、《華陽國志》內容記載著大量的三國史事，而《三國志》與《三國演義》內容，亦以三國史爲主要記載與敘述對象，如何將《華陽國志》、《三國志》與《三國演義》三者作一完整結合，並對各書中所著重之層面，作一深入探討與剖析，相信在這個研究方向上，是值得去發掘與期待。

以上所述，爲筆者自覺本文尚待改善的地方，除第一點之外，剩餘三點若是能加以整合，或許可以另外成爲一篇研究論文，而這部分則是期待，假若未來還有機會的話，筆者是非常樂意，繼續對《華陽國志》作相關研究的，畢竟學術研究是循序漸進，猶如發掘寶藏一樣，越是發掘，則越能到達其核心所在。

現在對於《華陽國志》的發掘，可說僅限於表面的層次上，對於核心的問題，也可說是寶藏眞正的本體，都尚未觸及到，這並非單憑本文，或幾篇論文就可以圓滿解決。因此筆者願以本文，作爲對《華陽國志》研究基石之「磚」，希望藉以引出更多優質之「玉」，齊心爲《華陽國志》這塊値得研究，但尚未開發完全的園地貢獻己力，此實筆者最爲殷切與衷心的期盼。

附錄一　《華陽國志》之歷代著錄與版本源流

《華陽國志》由五胡十六國，成漢時常璩所著，後成漢亡於東晉，常璩亦隨晉軍回歸於建康，因此緣由，故視常璩為東晉之人。常璩晚年改寫早期在成漢所作之《三州志》為《華陽國志》。此書版本雜亂不一，且於各史籍中又有不少徵引之處，因此要釐定《華陽國志》的版本源流實非易事，今幸得任乃強先生所作《華陽國志校補圖注》中詳盡考證之助，方可得以釐清《華陽國志》之版本源流，現以下將依據《華陽國志校補圖注》並參照各部版本所錄，依時代之分，將《華陽國志》之歷來版本，分別以宋代、明代、清代與民國等時期，依先後次序探究其版本源流。

在常璩完成《華陽國志》之後，歷代史籍多有傳鈔〔註1〕，只志書目者亦不在少數〔註2〕，若是單就《華陽國志》版本而言，此書最早刻本出現在北宋之時，爾後至明、清之際，因印刷術日趨發達，《華陽國志》的版本種類亦日漸繁多，現以下將依時代先後分別介紹其版本類別與特點：

〔註1〕計引有《華陽國志》之文者有，〔南朝宋〕范曄《後漢書》、裴松之注《三國志》、〔梁〕劉昭注《續漢書．郡國志》、蕭方《三十國春秋》、〔北魏〕酈道元《水經注》、崔鴻《十六國春秋》、賈思勰《齊民要術》、〔唐〕虞世南《北堂書鈔》、房玄齡《晉書》、歐陽詢《藝文類聚》、李泰《括地志》、劉知幾《史通》、徐堅《初學記》、李吉甫《郡縣圖志》、〔宋〕李昉《太平御覽》、《太平廣記》、樂史《太平寰宇記》、王欽若《冊府元龜》、〔南宋〕歐陽忞《輿地廣記》、王象之《輿地紀勝》、〔明〕《永樂大典》以及〔清〕《圖書集成》等著作皆有引之。

〔註2〕僅志書目者計有《隋書．經籍志》、《舊唐書．經籍志》、《新唐書．藝文志》、《宋史．藝文志》、《通志．藝文略》、《通考．經籍考》、晁公武《郡齋讀書志》、陳振孫《直齋書錄解題》、王應麟《玉海》、明焦竑《國史經籍志》、陶珽重《說郛》以及《四庫全書提要》等著作。

一、宋 代

（一）呂大防本

呂大防字微仲，先世爲汲郡人。北宋元豐元年（西元 1078 年），成都府尹呂大防開版雕刻《華陽國志》，其目的在藉以表彰人物而揚顯德教，故曰：

> 然議論忠篤，樂道人之善，蜀記之可觀，未有過於此者，鏤行於世，庶有益於風教。〔註 3〕

此刻本早已散佚，其呂序幸有李𡌴錄存才得以傳世。然呂本校勘之功不精，記載諸事，訛誤的情形時常所見，故李𡌴評呂本所云曰：

> 本朝元豐閒，呂汲公守成都，嘗刊是書以廣其傳，而載禩荒忽，刓缺愈多，觀者莫曉所謂。

李𡌴肯定呂大防刊書的用心，但是對於呂本校書不精的缺失，亦明白的指了出來。

（二）李𡌴本

李𡌴字叔廛，南宋丹陵人，爲史學大家李燾之子。李𡌴嫌呂本刊亂訛誤之處甚多，故以《史記》、《漢書》、《後漢書》、《三國志》與《益部耆舊傳》等史籍，考證呂本而改之，因考校之功嚴謹，因此李𡌴本一出，呂本即不再流行，不過可惜的是李𡌴本亦散絕，只能從明代諸本知其大概面貌，今幸注文尚在。

就李𡌴刊刻自序來看，其曰：

> 因摭《兩漢史》、陳壽蜀書、《益部耆舊傳》互相參定，以決所疑，凡一事而先後失序，本末舛逆者，則考而正之，一意而詞旨重複，句讀錯雜者，則刊而去之。設或字誤而文理明白者，則因而全之，其他旁搜遠取，求通於義者，又非一端，凡此皆有明驗，可信不誣者，若其無所考據，則不敢臆決，姑闕之以俟能者。〔註 4〕

觀其以上所述，李𡌴據正史以改呂本訛誤，且不以己意來臆測書中尚未確定的記載，如此嚴謹的校書態度，實有其父史學大家的風範。

雖然李𡌴本較呂本的校書態度要來得嚴謹，但仍是有所缺失的，其缺點在於無法廣徵諸家校本，得相互參照之功，可惜的是僅能以正史中所記載來改定訛誤，殊不知正史與常志之間，在記載上還是會有所差距，這對還原常志本來的面貌，在貢獻上來說仍是有所侷限的。

〔註 3〕 呂大防撰，〈華陽國志序〉附錄於清廖寅校，《華陽國志》之中。
〔註 4〕 李𡌴撰，同注 3。

二、明　代

（一）劉大昌本

明嘉靖四十三年（西元 1564 年）成都劉大昌刊刻《華陽國志》，其書現存兩部，一部在於四川圖書館，一部在於北京圖書館，兩部各有殘闕之處，合一互參恰好爲完整版本。其卷首依任乃強《華陽國志校補圖注》所載而言，有〈知成都府楊經序〉云：

> 壬戌歲，剖符西土，景行先哲，博徵文獻。政餘談及是書，鮮有知者。乃劉子出家藏一帙視之。因託之校正。謀之同知溫子訓，推官宋子守約，將梓傳焉。……閱三月，梓人告成事。〔註5〕

其〈劉大昌後序〉亦云：

> 璩仕晉，爲散騎常侍，平生著作有《漢之書》、《平蜀記》、《蜀漢故事》；三書散逸，所傳僅此，藏書家亦不多得。茲編舊錄間有脫誤。嘗參互考訂，稽之《范史》列傳並注中所引，幸獲什一，缺者仍舊，久藏笥中，獻之郡齋，受命校正，爰命梓人。〔註6〕

由上述所載可知，劉大昌是受到楊經所請而校，但因爲劉大昌學識淺薄，如以爲常璩爲晉之散騎常侍，而不知實爲成漢矣；又誤以爲《平蜀記》與《蜀漢故事》乃常璩所作；且校勘依據亦只依《後漢書》，足可見其智識不足，因此劉氏對於校訂此書實是力有未逮。不過因爲劉大昌無校訂的能力，因此對常志改動的地方不多，故劉大昌本反成保存宋刻原文最多的版本，這也是此本的最大優點。

就任乃強先生的觀點來說，其認爲劉大昌本可供敘述的優點尚有三：

一、《華陽國志》於明代刻本，有關於〈大同志〉者皆缺「太安元年」以下四頁，劉大昌本則俱全。

二、《華陽國志》明代刻本皆佚〈先賢士女總讚〉與巴、蜀、廣漢、犍爲等郡士女傳，劉大昌本獨闕巴郡外，其餘俱全。

三、歷來各版《華陽國志》中〈三州士女目錄〉記載之人數各版皆不一，劉大昌本亦是如此，不過劉本書中多出數人之記載，倒也可以提供他本校訂之。

（二）張佳胤本

張佳胤字肖甫，後來爲避清世宗諱，故改爲佳允。張佳胤與劉大昌兩本同時刊

〔註 5〕附錄於任乃強著《華陽國志校補圖注》（上海：古籍出版社，1987 年），頁 742。

〔註 6〕見任乃強著《華陽國志校補圖注》，頁 743。

刻，亦同時完成，其書現存於北京圖書館。其版本與後來的吳琯本、何允中本，於文字、行款皆相同，故可以得知吳琯本與何允中本皆係出自於張佳胤本。

依任乃強先生對張佳胤本的分析來說，其特點有四：

一、依呂大防本爲底本，但是因呂本殘缺，且未以李𡌴本相互校訂，故有諸多訛誤與脫落。

二、新增常璩〈士女目錄〉於卷末。

三、於〈先賢志〉中闕少〈巴郡士女讚傳〉與蜀、廣漢、犍爲三郡士女的記載外，亦闕〈大同志〉永寧至太安元年四頁。

四、妄加刪添宋刻原文，失去了常志原有的面貌，如多以《三國志》之文，刊易宋刻。

（三）吳琯本

吳琯其生平不見史籍，輯有《古今逸史》五十五種，其中撰有〈自序〉一篇，各卷皆有「明吳琯校」、「明新安吳琯校」與「明吳中珩校」等。以《華陽國志》來說，應依張佳胤本所刻刊行，其證據有三：

一、任乃強先生依北京圖書館所藏張佳胤本，比對於吳琯本發現，無論文字與行款皆相同，唯一不同的是，吳琯本於卷首多有「晉常璩著」與「明吳琯校」兩行。

二、《華陽國志》中〈士女目錄〉乃張佳胤所輯而來，故於跋語皆云：「佳胤曰」，而於吳琯本上亦見其「佳胤曰」。

三、吳琯本有「校刻《華陽國志》凡例」六點，於第二點提到：「〈先賢志〉遺第二卷〈巴郡士女〉計七十八人傳讚，故舊逸也，宋李叔廑校刻曾未指出，今考明闕之，庶備搜補。」任乃強則說明出，吳琯本〈先賢志〉僅〈漢中士女〉與〈梓潼士女〉兩篇，且皆無讚論，另外蜀郡、廣漢、犍爲三郡有關士女的讚論亦無，此現象與張佳胤本相似。

（四）何允中本

何允中字文開，其餘皆無可考。曾刊行《漢魏叢書》，分經翼、別史、子餘、載籍四部。其《華陽國志》編入載籍部，內容與吳琯本相同，唯有不同者在於「目錄」之異，如吳琯本作〈李特雄壽勢志〉，何允中本則作〈雄壽勢志〉。另外闕〈先賢志〉，其〈後賢志〉則作〈西州後賢志〉，亦闕上述〈大同志〉四頁，其餘皆照吳琯本。此本最爲後人所詬病者在於，以〈三州士女目錄〉爲〈序志〉，以常璩〈序志〉爲〈序志後語〉，文字訛誤亦多。

（五）李一公本

此本附有李一公與范汝梓兩人之序〔註7〕，兩人之序皆稱「重刻華陽國志」，依李序所言，因不滿「惜其文錯出不雅馴」，故重刻之。依《函海》所言，得知李一公本全依劉大昌本而來，只是在排列上有所不同，如將〈序志〉移置〈巴志〉之前；又將宋人校勘之語，置頂當作眉批。此本因戰亂之故，而流行不廣。

（六）《永樂大典》本

《永樂大典》中有收錄《華陽國志》一書，此本係依李𡎺本所校勘而來，依照清武英殿《欽定四庫全書考證》第三十八卷，對於《華陽國志》的考證來說，考證之文即是針對於《永樂大典》所錄《華陽國志》一書而來〔註8〕。然今《永樂大典》已散逸不見，故所錄《華陽國志》亦難尋矣。

（七）錢穀手抄本

錢穀字叔寶，號磬室，喜讀書，每遇善本即以手抄繕寫，亦窮盡心力校勘之。其繕寫的《華陽國志》，存於《四部叢刊》影印本中。版本依據於李𡎺本，其證據依任乃強先生所書有七：

一、錢穀本中只有李𡎺〈重刊《華陽國志》序〉，無他人之序。

二、李𡎺本今已不見，但劉大昌本亦依李𡎺本而刊，又錢穀本與劉大昌本在文字上幾盡相同，且多古字無俗字，故可言錢穀本亦依李𡎺本。

三、書寫皆有方法，如遇空格，其格式與宋勘版本相當。

四、文中夾注小字，其小字之語即宋刻注語。

五、書中多有避宋宗廟諱，如避眞宗趙恆之「恆」字爲「恒」。

六、第十卷分上、中、下三卷，其注文與李𡎺本第十卷上、中、下三卷同。

七、書寫格式與劉大昌本不同，故非依劉大昌本；又〈蜀都士女志〉後無張佳胤注語，故亦非據張佳胤本。

三、清代至現今

（一）李調元《函海》本

李調元字羹堂，號雨村，乾隆綿州羅江縣人。曾蒐集蜀人著述一百五十九種

〔註7〕此二序可見於任乃強《華陽國志校補圖注》之附錄，頁745。

〔註8〕可知《永樂大典》本《華陽國志》是由李𡎺本校勘而來的證據有：《欽定四庫全書》38卷中記載「卷一，巴志，武王既克殷，封其宗姬於巴，原本封訛以。」其中「原本」即是指李𡎺本，因李𡎺本中所載之文即有「武王既克殷，以其宗姬封於巴。」一文。清王太岳等纂《欽定四庫全書考證》（台北：臺灣商務，民72年），頁418。

刊刻成《函海》，此書以《華陽國志》爲刊首，版本依據爲吳縣惠氏紅豆齋所藏〔註9〕，其書有錢穀注記，因此有可能是依據錢穀本。此外李調元並取劉大昌、李一公、吳琯、何允中等版本，齊校所據之本，並注其異同，但無以己意擅改之，使閱讀者得此本即有兼其數本之功，可說是當時校勘最爲完善的版本。上述所采之本並無張佳胤本，故《函海》本無張佳胤本所錄〈江原常氏士女目錄〉。

嘉慶之後，因《函海》除《華陽國志》之外，其餘所錄之書皆訛誤嚴重，故李調元從弟李鼎元，檢校全書，重新刊刻。此時的《華陽國志》依舊置於刊首，但較李調元時版本，少了呂大防、劉大昌等序，僅錄李𡌴之序，其餘皆同。

（二）王謨《漢魏叢書》本

王謨字仁圃，乾隆時江西金谿人，好著述，嫌何允中《漢魏叢書》未臻完善，故於何允中《漢魏叢書》之上另增八十六種。其中《華陽國志》亦依何允中本，不同處在於將《華陽國志》由載籍編入別史，並加圈點，及於卷首《巴志》底下有「晉常璩著，萬載袁廷鏊〔註10〕校」等字，其他缺失與何允中本無異。

（三）浙江杭州增補何允中《漢魏叢書》本

何允中刻《漢魏叢書》後，歷經了兩百多年，何允中的原刻本歷經久時，已日漸稀少，但求購的人卻日益增多，又王謨復刻《漢魏叢書》，以分其刻書利益，杭州書商亦見其商機甚巨，故攻訐王謨本《漢魏叢書》的不足，復求江浙藏書家所藏善本，增補何允中《漢魏叢書》本爲浙江本，其樣式亦依何允中所刻。以《華陽國志》來說，其版本出自於何允中本，更增補何允中本所疏漏之處，其增補的地方依任乃強先生所言有以下：

一、書前「目錄」依照常璩所書〈序志〉所言排列，於第十卷中的上、中、下三卷，分別題以〈先賢士女總讚〉、〈廣漢士女總讚〉與〈漢中士女總讚〉等。書中樣式按吳琯本所排版，亦剔除何允中本中以〈序志〉爲〈序志後語〉等荒謬之處。

二、除去各卷首以下所題「晉常璩著」與校勘人的名號。

三、一至九卷之中，行數與頁數皆與何允中本相同，但亦多有所增剔，如字數太過擁擠或空白處，皆是改易或剔除。

〔註9〕惠氏三代爲惠恕、惠士奇與惠棟三人，祖父子皆好藏書，其藏有李𡌴版《華陽國志》，較之吳琯與何允中本多出數十頁，可視爲珍本。其所藏《華陽國志》有錢穀印記，當爲錢穀亦依李𡌴本。

〔註10〕袁廷鏊，乾隆時江西舉人，爲王謨門生。

四、於何允中本第八卷〈大同志〉中所闕四頁，亦補足。

五、於第十卷上、中二卷，補足其所漏讚文，於何允中本所有八頁上，增至二十四頁。

六、刪除〈西州後賢志〉中「西州」二字。

七、更正何允中本〈三州士女目錄〉爲〈梁益寧三州先漢以來士女目錄〉，以及將隔行「晉常璩著武林錢敬臣閱」等字，替換爲「常道江集」四字。

八、替換所有「譔曰」爲「讚曰」。

九、刪除原有附錄的〈江原常氏士女目錄〉。

（四）廖寅本

廖寅字亮工，號復堂，乾隆時四川鄰水縣人，性喜風雅，因此借得孫星衍〔註 11〕所藏宋刻《華陽國志》，先後邀請顧廣圻與顧槐三參與校勘〔註 12〕，延請名刻家劉文奎兄弟篆刻，劉氏兄弟所居稱爲題襟館，故亦稱題襟館本。廖寅本校勘精細，歷來評價甚高，其特點有：

一、雖以宋刻爲版本依據，但亦多引群籍，復加考證。

二、校勘注語簡潔有據，且皆注於行與行之間，考證雖精且細，但皆不擅意竄改原本。

三、對於不確定之事，多保留存疑的態度，於後來與他本相驗證，多屬事實。

四、多可發現前人未覺之訛誤。

五、發現汶山與越嶲二郡間文字有脫漏的現象，考證他書之後，以注補之。

（五）常氏益州佳史館本

綿州照藜書屋主人常氏，不知其名，見當時廖寅本《華陽國志》爲當時所評價甚佳的版本之一，且自詡爲常璩後裔，故嘉慶之時於綿州當地復刻廖寅本，刪除「題襟館藏」四字，改爲「益州佳史館」，除此之外與廖寅本並無不同，雖是剽竊他人之作，但在刻工上亦有所可取之處。

（六）盧氏敘州紅杏山房《漢魏叢書》本

〔註 11〕孫星衍字淵如，乾隆時人。好藏書與校勘，其所藏《華陽國志》爲宋元豐呂大防殘本，書中有何焯、李調元、段玉裁等人的校注小文，此本讓與廖寅，即後來的題襟館本所據的底本。

〔註 12〕顧廣圻字千里，好校勘與著述，其校勘精細爲當時名家，因此爲廖寅所聘，校勘《華陽國志》，其後因與廖寅不和而求去，校勘《華陽國志》的工作則由顧槐三接續。顧槐三字秋碧，其著作有《補後漢書藝文志》十卷、《補五代史藝文志》一卷，皆收錄於《二十五史補編》中。題襟館本《華陽國志》最後由顧槐三所定稿。

紅杏山房主人盧秉鈞，光緒時依王謨本翻刻，且自序〈小引〉於翻刻本上。與王謨本《華陽國志》不同之處在於，首卷〈巴志〉底下題有「馬湖盧秉鈞重校」等字，將「譔曰」改爲「讚曰」，其餘各卷，於「晉常璩著」底下，題有「馬湖盧秉鈞校刊」。

（七）成都二酉山房翻刻廖寅本

整部《華陽國志》與廖本無異，僅無廖本中所題「金陵劉文奎弟文模文楷鐫」一行，另題有「光緒戊寅仲秋月重刊於二酉山房」一行。此書現存於四川圖書館，並附有唐百川校文〔註13〕。

（八）廣漢鍾登甲縮刻《函海》本

徵文齋書肆主人鍾登甲，單就《函海》本中所錄《華陽國志》爲縮刻對象，於光緒時縮刻爲十六開本。其內容文字除因應排版需要而有所變動外，其餘與《函海》本《華陽國志》無異，而所錄序文除了呂大防、李𡺡二人之外，尙錄廖寅之序。因版面縮小易於攜帶，故流傳甚廣。

（九）廣漢樂道齋縮刻《函海》本

樂道齋主人不知其姓氏，其縮刻《函海》本皆遵李調元本，收書仍爲一百五十九種，版面爲十六開。以《華陽國志》來說，其內容與鍾登甲本並無二異。

（十）鄰水李氏悔過齋補刻廖寅本

廖寅本刻版片，展轉流傳至江南，爲會稽陶氏所得，時至光緒年間，由廖氏妻族後人李鐵船，於會稽陶濬宣手中購得，得其刻版後並補齊殘缺與訛誤之處，亦從《太平御覽》此書中引得〈張翕傳〉補於廖寅本中，因爲校勘之功皆出於陶濬宣之手，故亦稱陶本。本版除了增加陶氏跋文與〈張翕傳〉外，其餘與廖寅本內容並無二異。

（十一）湖南藝文書局刻《漢魏叢書》本

此書中所錄《華陽國志》與王謨本不同之處在於，捨棄王謨本改採廖寅本，但只錄呂大防與李𡺡二人之序，並無廖寅序，且於書後又附上王謨跋文。對於版本不精細的考究與要求，使得此版本一直爲後人所詬病。

（十二）上海大通書局石印本與民初育文書局石印《漢魏叢書》本

大通與育文兩版本內容相同，故可視爲一種。以《華陽國志》而言，全本依王

〔註13〕唐鴻學字百川，清末雲南大關廳人。善校讎、版本、目錄之學，晚年以校勘《華陽國志》爲樂。以二酉山房翻刻廖寅本爲底本，約校得三百條注文，其校勘依據多以《初學記》、《太平御覽》、《函海》與《漢魏叢書》等。

謨本而刻，只錄呂大防序與王謨跋文，因未參考其他版本校勘，故訛漏之處不少，亦可說其甚爲簡陋。

（十三）上海隱脩堂刻《龍谿精舍叢書》本

鄭國勳字蕘臣，廣東潮陽人，其寓所稱之爲隱脩堂或龍谿精舍，此書因以命名。鄭書所錄《華陽國志》全依廖寅本，並附有顧觀光之〈華陽國志校勘記〉〔註14〕，以及在廖寅序之前附上〈欽定四庫全書提要〉與〈補華陽國志三州郡縣目錄〉等。

（十四）上海中華書局校勘《四部備要》本

上海書局仿宋體刊刻《四部備要》，其中《華陽國志》以廖寅本爲底本，封面底部印有「上海中華書局據顧校廖刻本校刊」與「桐鄉陸費逵總勘，杭縣高時顯、吳汝霖輯校，杭縣丁輯之監造」等。此本校勘精細，與廖寅本對校並無訛誤之處，亦未憑己意增改，全以廖寅本爲依歸。

（十五）成都志古堂翻刻廖寅本

成都志古堂主人王祖佑於民國二十六年影刻廖寅本，兼錄顧觀光所撰〈華陽國志校勘記〉與陶濬宣〈張翁傳〉二文。此本校勘精細，刻工亦佳，於書末題有「華陽王祖佑新培重刻，華陽陳迹踐室初校，華陽林思進山腴覆校，成都邱光第仲翔覆校，岳池何青亭紹恩刻字」等，此書後由四川人民出版社於1957年印行。

（十六）台灣蒲志煊《華陽國志校注》

蒲志煊先生於民國六十九年時，以《華陽國志校注》爲其碩士論文，並以于大成教授爲師，成功的取得了文化大學中國文學研究所碩士學位。其版本依其所言，以錢穀鈔本爲底本，並參以各版本之注與史籍互校，故本書以校注爲首要。於書末附有〈華陽國志佚文〉與張佳胤所錄〈江原常氏士女目錄〉二篇。其所載版本，有任乃強《華陽國志校補圖注》與劉琳《華陽國志校注》二書所未提者，其列舉如下：

> 明萬曆何鏜《漢魏叢書》本：莫友芝《郘亭知見傳本書目》、《總目提要》，咸謂缺卷十上、卷十中二卷。〔註15〕
>
> 明萬曆何宇度刊本：此本較何鏜、吳琯本爲全。清莫友芝《郘亭知見

〔註14〕顧觀光字賓王或尚之，咸豐江蘇金山縣人，博學好古，其所撰〈華陽國志校勘記〉本錄於《武林山人遺書》之中，後鄭國勳亦轉載於《龍谿精舍叢書》所錄《華陽國志》之後。顧觀光的〈校勘記〉依倚廖寅本，大多校語多是肯定廖寅所注之說，並斥何允中與王謨二本爲「俗本」。校勘之功精細，多旁引史籍或類書以證，於後世對於校勘《華陽國志》者有不小的貢獻。

〔註15〕見蒲志煊著，《華陽國志校注》（台北：中國文化大學中國文學研究所碩士論文，民國69年6月），頁16。

傳本書目》、邵懿辰《簡明目錄標注》均稱善本焉。惟《四庫全書總目提要》云：「垕本以序置於末，而宇度本升於簡端，若垕序稱首述巴中、南中之風土，次列劉二牧蜀二主之興廢，及晉太康之混一，以迄於特雄壽勢之僭竊，以西漢以來先後賢人梁、益、寧三州士女總讚，序志終焉，則序志本在後，宇度不知古例，始誤移之。」〔註16〕

明天啓元年徐維起鈔本：《重編紅雨樓題跋》：「師古齋刻《華陽國志》十二卷，凡例云先賢志遺巴郡士女七十八人，故舊逸也，宋李叔垕校刻未曾指出，今闕之。余閱至此，每以爲恨。今歲偶見古本而此七十八人具在也，今借鈔之，不勝愉快。但其中訛誤不少，俱已校對詳悉矣。」〔註17〕

清順治馮舒空居閣鈔本：源出嘉泰本（李垕本），後歸顧廣圻。《思適齋集外書跋輯存》：「《華陽國志》十二卷，此從常熟馮氏空居閣本影鈔者」。廖寅題襟館本據此刊行，舒，字已蒼，藏書頗富。〔註18〕

清乾隆四十三年文淵閣《四庫全書》鈔本：是書六冊，前有提要云係乾隆四十三年八月校上，卷一至卷六爲貢生王時發謄錄，卷七至卷十二爲貢生崔堂謄錄。每半葉八行，行二十一字，據明嘉靖張佳胤刊本過錄，並據何鏜漢魏叢書本，吳琯古今逸史本錄入張佳允（原作胤蓋避諱而改）所增補常氏士女十九人，書中諱「弘」、「胤」、「玄」，今藏故宮博物院圖書館。〔註19〕

清道光五年李朝夔函海刊本：函海本首刻於乾隆四十七年，時有丁小山者藏有足本《華陽國志》，以李調元爲蜀人，故貽之。調元參以諸志梓而行之，卷首附錄述其刊刻之凡例云：「其偏旁字畫悉照丹陵李氏宋本，不妄改一字，有與諸刻不合者，則分注於下，至各家刻《華陽國志》體例各不同，究以李叔廑爲定本，故卷首仍用李序，以各序附於卷末。」惟是書歷久損缺，調元子朝夔乃於道光五年補刊梓行，每半葉十行、行二十字，諱「敬」、「朗」、「玄」、「弘」、「恒」、「徵」、「敦」、「惇」諸字，《簡明目錄標注》稱其佳。今藝文百部叢書本據此影印，於卷末附王謨跋語、《四庫全書總目提要》、胡玉縉之四庫提要補正、呂大防序。〔註20〕

〔註16〕見蒲志煊，《華陽國志校注》，頁16。
〔註17〕見蒲志煊，《華陽國志校注》，頁17。
〔註18〕見蒲志煊，《華陽國志校注》，頁17。
〔註19〕見蒲志煊，《華陽國志校注》，頁18。
〔註20〕見蒲志煊，《華陽國志校注》，頁18。

清光緒二十一年黃元壽漢魏叢書本：此本卷首題「晉常璩著，萬載袁廷鼇校。」所分目錄與何允中本同，每半葉二十四行，行十六字。今藏東海大學圖書館，新興書局筆記小說大觀本（四編一冊）據此影印。〔註21〕

日本鈔本：是書四冊，未知何人鈔錄，舊藏觀海堂，乃楊守敬遺物，檢其書，已略有蝕蛀，行款格式與何允中刊本全同，惟間有譌疏，有日文訓讀符號。卷首有「惺吾海外訪得秘笈」朱文長方印，「朱師轍觀」白文方印。現藏故宮博物院圖書館。〔註22〕

日江户寫本：有〈漢中士女志〉、〈梓潼士女志〉、〈李志〉、〈大同志〉等，今藏日內閣文庫（內閣文庫漢籍分類目錄）。〔註23〕

繆荃孫輯《華陽國志・巴郡士女》一卷：繆荃孫，字筱珊，江蘇江陰人，所輯《巴郡士女》一卷載於《藝風堂讀書記》（《叢書子目類編》）〔註24〕

王仁俊輯《華陽國志佚文》一卷、《補遺》一卷：王仁俊，字扞鄭，吳縣人，所輯《佚文》一卷，《補遺》一卷錄於《經籍佚文》（《叢書子目類編》）《華國月刊》第二卷第四冊影印有「晉人手書《華陽國志》殘卷」數葉，然與今本《華陽國志》全異，檢視之，實即《三國志・吳書》虞翻、陸績、張溫三傳，夫《華陽國志》之士心人物，僅止於梁益之士，而虞翻爲會稽人，陸績、張溫爲吳郡人，均不合此書立傳之旨，然則此卷題爲「晉人手書《華陽國志》殘卷」者誤也。〔註25〕

綜觀以上所列，可以得知歷來文人學者對於《華陽國志》的熱愛，因此造成了後來版本數目種類眾多的原因，可惜的是雖版本與刊刻者甚眾，至今對於《華陽國志》的專題研究也寥寥可數，此乃實爲憾事者矣。

（十七）劉琳《華陽國志校注》

本書於1984年由巴蜀書社出版，其所用之底本爲廖寅的題襟館本，並且參照張佳胤、劉大昌、吳琯、何允中、李一公、李調元、錢穀、愚中堂、山水源頭等版本。對於諸版本間的相異之處，並不採取一一羅列的方式，且只注明重要的異文，另外重新標點文句，在注釋上以史實爲依歸，並注重文字的訓詁與意義解釋。其書附有

〔註21〕見蒲志煊，《華陽國志校注》，頁19。
〔註22〕見蒲志煊，《華陽國志校注》，頁19。
〔註23〕見蒲志煊，《華陽國志校注》，頁19。
〔註24〕見蒲志煊，《華陽國志校注》，頁20。
〔註25〕見蒲志煊，《華陽國志校注》，頁20。

「成都城及二江七橋示意圖」、「《華陽國志・巴志》疆域示意圖」、「《華陽國志・漢中志》疆域示意圖」、「《華陽國志・南中志》疆域示意圖」等地形圖，以及「《華陽國志》佚文」、「《華陽國志》梁益寧三州地名族名索引」、「本書校注輯佚引用書目及簡稱」、「呂大防、李𡻅序」等附錄，以提供研究者參考之用。

此外於版本載錄上，本書載記了其他研究專書未曾提及的版本，其列舉如下：

> 隆慶元年吳岫抄本：《四庫全書》所著錄即吳岫本，此本亦不甚佳，隆慶三年吳岫得劉大昌刻本，有題記云：「岫乃棄去舊抄，寶藏篋笥。」即此可見此本不若劉刻。〔註26〕
>
> 愚中堂本：文字與廖寅本的底本最近，蓋同出一源，然此本外誤訛脱特甚，最荒謬的是卷十下〈景毅傳〉至〈景鸞傳〉中近三百字誤接於卷十中〈任永傳〉後，使人不曉所云。〔註27〕
>
> 山水源頭本：大致同於錢、劉，而錯字較多。〔註28〕

以上三本爲他書未曾提及之版本，而愚中堂與山水源頭二本，劉琳於其著作中提到，其抄錄的時間與抄錄者均未有詳細資料。

（十八）任乃強《華陽國志校補圖注》

本書於 1987 年 10 月，由上海古籍出版社出版，其所用底本爲廖寅的題襟館本，並與其他版本各類史籍相互參照，且集合四川大學歷史系師生眾人之力，旁徵博引校勘精細，依筆者之見，當可爲《華陽國志》歷來校注版本最佳者之一。不過本書雖校勘精細，但偶有校勘之字未注明其依據版本，僅依諸史之文推敲改動，如〈巴志〉中敘述巴地沿革，即有不少增補之處，以下分別節錄廖寅本與任乃強本之文以資對照：

廖寅本〈巴志〉：

> 辨其土壤，甄其寶利，迄於秦帝，漢興，高祖藉之成業，乃改雍曰涼。〔註29〕

任乃強本〈巴志〉：

> 辨其土壤，甄其貫【寶】〔註30〕利，迄於秦帝，漢興，高祖藉之成業，

〔註26〕劉琳注，《華陽國志校注》（四川：巴蜀書社，1984 年），頁 11。

〔註27〕見劉琳注，《華陽國志校注》，頁 11。

〔註28〕見劉琳注，《華陽國志校注》，頁 11。

〔註29〕見常璩撰，顧廣圻校《華陽國志》（台北：台灣商務，民 65 年），頁 1。

〔註30〕任乃強曰：「舊各本俱作寶利，惠校改作貨利，茲按《周禮・職方氏》：『乃辨九州之國，使同貫利。』鄭玄注：『貫，事也。謂九谷六畜等財用之事。』常氏用《職方》文，則當是貫字，茲改正。」

武帝開拓疆壤〔註31〕，乃改雍曰涼。〔註32〕

以上並不太符合校勘學上力求原文原意的原則，但幸好本書在校勘的過程中，不像前代某些版本以己意妄加增刪，尚有其根據，且對校勘作法爲，對於增改文字之來源出處，與改動理由皆有說明，並明顯區隔改動文字與原文兩者，使讀者仍可以明白區分出原文與改動之處，雖較不符校勘原則，但卻也另外提供了其他角度思考的可能性。

〔註31〕任乃強曰：「舊刻皆乃字上接高祖句，當是有脫，按《漢書・地理志》：『武帝攘却胡越，開地斥境，南置交趾，北置朔方之州，兼徐、梁、幽、并、夏、周之制，改雍曰涼，改梁曰益，凡十三部。』常氏實用其說，宛然原句，則其脱武帝一句明矣。」

〔註32〕見任乃強著《華陽國志校補圖注》，頁1。

附表一　《華陽國志》版本源流表

版本年代	版本敘述	版本特色	版本優點	版本缺點	存佚概況
宋・元豐	呂大防本。	藉以表彰人物與揚顯德教。	因呂氏刊刻，故《華陽國志》得以流傳。	校勘不精訛誤甚多。	散佚。
宋・嘉泰	李𡌴本。	參較諸史籍，校勘呂大防本。	考證嚴謹改正呂本缺失。	無參較其他版本常志，僅以史籍考訂，無法還原常志初貌。	散佚，但注文尚在。
明・隆慶	吳岫抄本。			此本不甚佳。	
明・嘉靖	劉大昌本。	分爲兩部。	保存宋刻原文最多。	校勘之人智識不足，校勘依據僅倚《後漢書》。	一部存於四川圖書館，另一部則藏於北京圖書館。
明・嘉靖	張佳胤本。	以呂大防本爲底本。	增補常璩〈士女目錄〉。	妄加刪添宋刻原文。	現存於北京圖書館。
明・嘉靖	錢穀本。	此本爲手抄本，亦依李𡌴本。			有《四部叢刊》影本。
明・萬曆	何鏜《漢魏叢書》本。	未知所據版本。	缺卷十上卷十中，二卷。		
約明・萬曆	吳琯《古今逸史》本。	應以張佳胤本爲底本，但與張本不同的是，吳琯本卷首多有「晉常璩著」與「明吳琯校」兩行。		全本依據張本而刻，並無眞實校勘。	存於《古今逸史》中。
明・萬曆	何宇度刊本。	依李𡌴本爲據本。		將〈序志〉至於前。	現存於中央圖書館。

版本年代	版本敘述	版本特色	版本優點	版本缺點	存佚概況
約明・萬曆	何允中《漢魏叢書》本。	與吳琯本大多相同。		以〈三州士女目錄〉爲〈序志〉，以常璩〈序志〉爲〈序志後語〉，文字訛誤亦多。	存於何刻《漢魏叢書》中。
明・天啓	徐維起鈔本。	未知所據版本。		訛誤不少。	
明・天啓	李一公本。	以劉大昌本爲據本，移〈序志〉於〈巴志〉之前。	將劉大昌本重新校勘。		
明	《永樂大典》本。	依李埶本爲據本。			散佚，《欽定四庫全書考證》之校文即以《永樂大典》本爲對象。
清・順治	馮舒空居閣鈔本。	以李埶本爲據本。			
清・乾隆	李調元《函海》本。	可能依據錢穀本。	兼參數家版本，並注異同。		存於李調元《函海》之中。
清・乾隆	王謨《漢魏叢書》本。	以何允中本爲據本，並加圈點。		與何允中本無異。	存於王謨《漢魏叢書》之中。
清・乾隆	文淵閣《四庫全書》鈔本。	以張佳胤本爲據本。			現藏故宮博物院圖書館。
約清・乾嘉之際	浙江《漢魏叢書》本。	以何允中本爲據本。	兼采善本以校何允中本。		
清・嘉慶	廖寅本。	以呂大防殘本爲據本。	校勘精細，刻工亦佳。	未參較其他版本。	
清・道光	李朝夔《函海》刊本。	以其父李調元本爲據本。			
清・同治	常氏益州佳史館本。	以廖寅本爲依據。	刻工甚佳。	剽竊廖寅本，改爲己作。	
清・光緒	盧氏敘州紅杏山房《漢魏叢書》本。	與王謨本並無二異，不同之處在於首卷〈巴志〉底下題有「馬湖盧秉鈞重校」等字，將「譔曰」改爲「讚曰」，其餘各卷，於「晉常璩著」底下，題有「馬湖盧秉鈞校刊」。		並未眞實校勘王謨本。	

版本年代	版本敘述	版本特色	版本優點	版本缺點	存佚概況
清・光緒	成都二酉山房翻刻廖寅本。	以廖寅本爲依據。			存於四川圖書館。
清・光緒	廣漢鍾登甲縮刻《函海》本。	以李調元《函海》爲依據，所錄序文除了呂大防、李𡎊二人之外，尚錄廖寅之序。	版面縮小易於攜帶，且刻工亦佳。		
清・光緒	黃元壽《漢魏叢書》本。	可能依據王謨本爲據本。			現藏東海大學圖書館。
清・光緒	廣漢樂道齋縮刻《函海》本。	以李調元《函海》爲依據，與鍾登甲本無異。	刻工亦佳。		
清・光緒	鄰水李氏悔過齋補刻廖寅本。	以廖寅本爲據本。	增補〈張翕傳〉，刻工亦佳。		
清・光緒	湖南藝文書局刻《漢魏叢書》本。	以廖寅本爲依據，只錄呂大防與李𡎊二人之序，並無廖寅序，於書末卻又附王謨跋文。		張冠李戴，版本混淆。	
清・宣統	上海大通書局石印本與民初育文書局石印《漢魏叢書》本。	以王謨本爲依據，只錄呂大防序與王謨跋文。		未參考其他版本校勘，故訛漏之處不少。	
清　末	繆荃孫輯《華陽國志・巴郡士女》一卷。				
清　末	王仁俊輯《華陽國志佚文》一卷、《補遺》一卷。			與今本《華陽國志》所載全異，檢視之，實即《三國志・吳書》虞翻、陸績、張溫三傳。	
民　國	上海隱脩堂刻《龍谿精舍叢書》本。	以廖寅本爲依據，並附有顧觀光之〈華陽國志校勘記〉與附上〈欽定四庫全書提要〉與〈補華陽國志三州郡縣目錄〉。		偶有誤字。	

版本年代	版本敘述	版本特色	版本優點	版本缺點	存佚概況
民　國	上海中華書局校勘《四部備要本》。	以廖寅本爲底本。	校勘精細，亦未妄加刪添。		
民　國	成都志古堂翻刻廖寅本。	以廖寅本爲底本，兼錄顧觀光所撰〈華陽國志校勘記〉與陶濬宣〈張翕傳〉二文。	校勘精細，刻工亦佳。		
民　國	蒲志煊《華陽國志校注》。	以錢穀鈔本爲據本。			
大　陸	劉琳《華陽國志校注》。	以廖寅本爲據本。	參較其他各本，於注釋上以史實爲依歸，並注重文字的訓詁與意義解釋。		
大　陸	任乃強《華陽國志校補圖注》。	以廖寅本爲據本。	旁徵博引校勘精細。		
未確定所據版本與刊刻時間					
	日本鈔本。	書四冊，未知何人鈔錄。			現藏故宮博物院圖書館。
	日江戶寫本。				今藏日內閣文庫。
	愚中堂本。	與廖寅本相近。		卷十下〈景毅傳〉至〈景鸞傳〉中近三百字誤接於卷十中〈任永傳〉後。	
	山水源頭本。	與錢、劉二本相近。			

附表二　常璩生平大事表

西元紀年	晉帝紀年	李氏紀年	大　　事	常璩年歲（估計數，誤差約五年）與其著述
291	惠帝元康元年		晉朝廷內亂發生。	出生年（？）
296	六　年		關中羌胡並起叛晉。	
298	八　年		關隴流民入蜀。	
300	永康元年		趙廞據益州叛晉。	
301	永寧元年		李特攻殺趙廞。	十歲左右
302	泰安元年		晉益州刺史羅尙與李特相攻。	
303	二　年	李特建初元年	李特敗死，李雄反攻羅尙。	
304	永興元年	李雄建興元年	羅尙敗走巴郡，李雄入成都。	
305	二　年	二　年	蜀民大流徙。	江原常寬率族入巴，流轉荊湘。
306	光熙元年	晏平元年	羅尙得荊州支持，軍復振。	
307	懷帝永嘉元年	二　年	蜀、巴對峙。	
308	二　年	三　年	梓潼叛雄附巴。	
309	三　年	四　年	巴西叛雄附巴。巴內亂。	
310	四　年	五　年	蜀流民杜弢等據湘州。	
311	五　年	玉衡元年	李雄收復巴西、梓潼、犍爲。	二十歲左右
312	六　年	二　年	李雄統一益、梁二州。	
313	愍帝建興元年	三　年	南中流民漸還巴蜀。	
314	二　年	四　年		
315	三　年	五　年	湘州杜弢敗亡。	

西元紀年	晉帝紀年	李氏紀年	大　事	常璩年歲（估計數，誤差約五年）與其著述
316	四　年	六　年	劉曜入關中，西晉亡。	
317	元帝建武元年	七　年	司馬睿稱晉王。	
318	大興元年	八　年	司馬睿稱帝，是爲東晉。	
319	二　年	九　年		
320	三　年	十　年	陳安叛劉曜於隴右。	
321	四　年	十一年		三十歲左右
322	永昌元年	十二年	晉有王敦叛亂。	
323	明帝大寧元年	十三年	李雄軍攻寧州，敗還。	
324	二　年	十四年	王敦敗死。	
325	三　年	十五年		
326	成帝咸和元年	十六年	李雄取涪陵。	
327	二　年	十七年	晉有蘇峻等叛亂。	
328	三　年	十八年	蘇峻敗死。	
329	四　年	十九年	蘇峻餘黨敗潰。	
330	五　年	二十年	李雄遣李壽攻取巴東、建平。	
331	六　年	二一年	李壽進軍陰平、武都楊難當降。	四十歲左右
332	七　年	二二年	李壽南征寧州。	撰《梁》、《益》二州地記及《南中志》。
333	八　年	二三年	寧州入於李雄。交、廣流民漸還。	
334	九　年	二四年	李雄卒。蜀宗室相殘。	
335	咸康元年	李期玉恆元年		改寫《梁州記》爲《巴漢志》；《益州記》改爲《蜀志》。
336	二　年	二　年	晉取蜀興古。蜀取晉漢中。	
337	三　年	三　年		
338	四　年	李壽漢興元年	李壽襲成都，殺李期，改國號漢。	
339	五　年	二　年	建寧叛蜀附晉。李壽通使石虎。	撰成《蜀漢書》
340	六　年	三　年	蜀克建寧，復寧州。	

西元紀年	晉帝紀年	李氏紀年	大　　事	常璩年歲 （估計數，誤差約五年）與其著述
341	七　年	四　年	蜀軍攻牂柯不克。	五十歲左右
342	八　年	五　年		改寫《三州志》爲《華陽國記》
343	康帝建元元年	六　年	晉軍襲蜀江陽。李壽卒。	
344	二　年	李勢太和元年	晉軍取巴東。	
345	穆帝永和元年	二　年	李勢殺其弟廣及解思明等。	
346	二　年	嘉寧元年	李弈自晉壽叛，尋敗死。	
347	三　年		桓溫伐蜀，李勢降。	隨李勢徙江左。
348	四　年		李勢餘眾擁立范賁復據成都。	改寫《華陽國記》爲《華陽國志》。
349	五　年		晉軍再破成都擒范賁。	
350	六　年		蕭敬文猶據涪城叛晉。	
351	七　年			六十歲左右
352	八　年		蕭敬文敗死。	
353	九　年		晉殷浩北伐屢敗。	
354	十　年		晉內外政權歸于桓溫。	
357	升平元年		秦苻堅即天王位。	
361	五　年		李勢卒於建康。	七十歲左右卒（？）

附表三　《華陽國志》與《史記》、《漢書》、《三國志》之人物出處對照表

凡　例：

一、《華陽國志》依台灣商務印書館出版，清廖寅校注，人人文庫復刊本為依據本，兼參照任乃強《華陽國志校補圖注》與劉琳《華陽國志校注》。

二、《史記》、《漢書》、《三國志》與《晉書》等，以上史籍版本皆以「中央研究院漢籍電子文獻」為依據，其電子文獻版本，依台北鼎文書局翻印之點校本二十四史，《史記》為民國74年版，《漢書》為民國72年版，《三國志》與《晉書》為民國76年版。

三、以下表中所參考之史籍，《太平御覽》，宋李昉（台北：台灣商務，民57年）。《太平寰宇記》，宋樂史（台北：台灣商務，民72年）。《水經注疏》，後魏酈道元注，清楊守敬、熊會貞疏，（江蘇：古籍出版社，1989年）。

四、凡「P」皆代表於漢籍電子文獻中頁數。

五、《史記》、《漢書》以正文為主，凡歷來史家之注皆不用。《三國志》取《華陽國志》正文有記載者，並於裴松之注中，亦取有注明資料源自《益部耆舊傳》者。

《華陽國志・士女目錄》	《史記》	《漢書》	《三國志》與裴注《益部耆舊傳》
嚴遵、字君平		P1645.3056.3057.3058.	P973.975.
林閭、字公孺〔註1〕			

〔註1〕可見於揚雄《方言》中所載〈答劉歆索《方言》書〉。

《華陽國志・士女目錄》	《史記》	《漢書》	《三國志》與裴注《益部耆舊傳》
李弘、字仲元〔註2〕			P967.973.
揚雄、字子雲		P1429.1645.1719.1721.1727.1749.1972.2609.2738.3239.3472.3513.3557.3585.3712.3812.3929.4035.4225.4231.4265	P418.975.1033.
楊烏（揚雄子）〔註3〕			
張寬、字叔文〔註4〕		P3625.	
司馬相如、字長卿	P1420.2994.2999.3000.3002.3047 3063.3072.3317.	P1045.1157.1645.1721.1747.1756.2145.2367.2529.2530.2531.2533.2573.2577.2581.2600.2630.2722.2775.2863.3515.3725.3839.3868.4255.	P975.1012.1478.
王褒、字子淵		P2821.2822.	
楊壯			
何霸、字翁君			
何武、字君公（何霸弟）		P335.709.839.841.848.1073.1142.1692.2821.2996.3080.3086.3087.3090.3093.3094.3125.3130.3266.3356.3380.3404.3405.3406.3407.3481.3502.3503.3510.4042.4044.4045.4265.	P927
何顯（何霸弟）		P3482.	
鄧通	P1419.2683.2684.3192.3193.3194.	P1157.2100.2101.3497.3722.3723.3724.	
卓王孫	P3000.3001.3047.	P2530.2531.2581.	
陳立、字少遷		P3845.	
章明、字公儒			

〔註2〕可見於揚雄《法言・淵騫篇》。
〔註3〕可見於揚雄《法言・問神篇》。
〔註4〕《華陽國志・蜀志》作張叔。

《華陽國志・士女目錄》	《史記》	《漢書》	《三國志》與裴注《益部耆舊傳》
侯剛、字直孟			
王嘉、字公卿〔註5〕		有王嘉之人，同名	
王皓、字子離〔註6〕			
上十九人在前漢			
羅衍、字伯紀			
王阜、字世公〔註7〕			
任循、字伯度			
任昉、字文始（任循子）			
任愷、字文悌（任循子）			
楊終、字子山〔註8〕			
張霸、字伯饒〔註9〕			
張楷、字公超（張霸子）〔註10〕			
張光超（張霸子）			
張陵、字處沖（張楷子）〔註11〕			
趙定			
趙戒、字志伯（趙定子）〔註12〕			
趙典、字仲經（趙戒子）〔註13〕			
趙謙、字彥信（趙戒孫）〔註14〕			P866.
趙溫、字子柔（趙謙弟）〔註15〕			P375.377.385.1621.2337.
常洽、字茂尼			
常詡、字孟元			
何英、字叔俊			
何汶、字景由（何英孫）			

〔註5〕可見於《後漢書・李業傳》。
〔註6〕同注5。
〔註7〕可見於《後漢書・西南夷・滇傳》與《東觀漢記・王阜傳》。
〔註8〕可見於《後漢書・楊終傳》。
〔註9〕可見於《後漢書・張霸傳》與《東觀漢記・張霸傳》。
〔註10〕可見於《後漢書・張楷傳》。
〔註11〕可見於《後漢書・張陵傳》。
〔註12〕可見於《後漢書・趙典傳》。
〔註13〕同注12。
〔註14〕同注12。
〔註15〕同注12。

《華陽國志・士女目錄》	《史記》	《漢書》	《三國志》與裴注《益部耆舊傳》
楊由、字哀侯〔註 16〕			
侯祈、字升伯			
楊班、字仲桓			
羅衡、字仲伯			
禽堅、字孟由			P967
柳宗、字伯騫			
求次方			
王仲曾			
張叔遼			
殷知孫			
張充、字伯春〔註 17〕			
李弇、字孟元			
楊竦、字子恭			
陳湛、字子伯			
仲昱			
王廣（王皓子）			
任末、字叔本〔註 18〕			
李磐、字文寺			
朱普、字伯禽			
朱辰、字元燕			
鄭廑、字伯邑			P1475.
以上四十人在後漢			
何宗、字彥英			P887.1082.1083.
何雙、字僕偶（何宗子）			P1083.
何祗、字君肅			P1014.
張裔、字君嗣			P887.894.1011.1012.1014.1017.1048.1057.1063.1082.1084
杜瓊、字伯瑜			P887.927.1021.1042.1083.
常竺、字代文			

〔註 16〕可見於《後漢書・方術上・楊由傳》。

〔註 17〕可見於《太平御覽・薦席門》卷 709 引《益部耆舊傳》。

〔註 18〕可見於《後漢書・儒林下・任末傳》。

《華陽國志・士女目錄》	《史記》	《漢書》	《三國志》與裴注《益部耆舊傳》
張表、字伯達			P1049.1077.1078
王伉			P1047.1048.
以上八人在劉氏世			
張霸妻司馬敬司			
公乘會婦張氏〔註19〕			
楊鳳珪妻陳助〔註20〕			
常元常			
常靡常			
常紀常			
羅貢羅〔註21〕			
何玹			
張昭儀〔註22〕			
姚竬、姚饒			
張叔紀			
以上列女共十一人。蜀郡士女共七十八人〔註23〕			
范目			
洛下閎、字長公	P1260.	P2634.	
任文孫〔註24〕			
任文公（任文孫弟）〔註25〕			
胥君安〔註26〕			
徐誦、字子產			
譙隆、字伯司			
譙玄、字君黃〔註27〕			
譙英（譙玄子）〔註28〕			

〔註19〕可見於《太平御覽》卷373引《益部耆舊傳》。

〔註20〕可見於《太平御覽》卷368與441所引《益部耆舊傳》。

〔註21〕可見於《太平御覽》卷440引皇甫謐《列女傳》。

〔註22〕同注21。

〔註23〕此處人數與常璩所統計共七十四人有所不同，此乃因爲求次方、王仲曾、張叔遼、殷知孫等四人，有目無事，故不列。

〔註24〕可見於《後漢書・方術上・任文公傳》。

〔註25〕同注24。

〔註26〕可見於劉歆《七略・六藝略・穀梁之部》。

〔註27〕可見於《後漢書・譙玄傳》

〔註28〕同注27。

《華陽國志・士女目錄》	《史記》	《漢書》	《三國志》與裴注《益部耆舊傳》
趙琫、字孫明〔註29〕			
趙毅、字仲都（趙琫子）			
臧太伯			
趙宏、字溫柔			
以上十三人在前漢			
嚴遵、字王思			
嚴羽、字子翼（嚴遵子）			
王偉卿			
玄賀、字文和〔註30〕			
龐雄、字宣孟〔註31〕			
馮煥〔註32〕			
馮緄、字鴻卿（馮煥子）〔註33〕			
馮元、字公信（馮煥子）〔註34〕			
馮遵、字文衡（馮元子）			
陳禪、字紀山〔註35〕			
陳澄（陳禪子）〔註36〕			
陳實、字盛先〔註37〕			
楊仁、字文義〔註38〕			
龔調、字叔侯			
趙晏、字平仲			
李顒、字德印〔註39〕			
謁煥〔註40〕			
然溫			

〔註29〕可見於張澍《蜀典》卷2引《益部耆舊傳》。
〔註30〕可見於《東觀漢記・玄賀傳》。
〔註31〕散見於《後漢書・安帝紀》、〈梁慬傳〉、〈法雄傳〉與〈南匈奴傳〉。
〔註32〕可見於《後漢書・馮緄傳》。
〔註33〕同注32。
〔註34〕同注32。
〔註35〕可見於《後漢書・陳禪傳》。
〔註36〕同注35。
〔註37〕同注35。此陳實之「實」字改爲「寶」字。
〔註38〕可見於《後漢書・儒林下・楊仁傳》。
〔註39〕可見於《後漢書・西南夷・南蠻傳》。
〔註40〕可見於《後漢書・方術・廖扶傳》。

《華陽國志・士女目錄》	《史記》	《漢書》	《三國志》與裴注《益部耆舊傳》
張翕、字叔陽〔註41〕			
張璊（張翕子）〔註42〕			
趙邵、字伯泰			
嚴永			
陳髦			
黃錯			
龔楊			
孟彪			
黎景			
王澹			
龔策			
李溫			
趙芬			
陳宏			
曲庾			
馮湛			
郝伯都			
以上三十九人在後漢〔註43〕			
程畿、字季默			P1089.
程祈、字公弘（程畿子）			P1090.
楊汰、字季儒			P1077.
韓儼			P1078.
黎韜			P1078.
嚴顏			P943.951.
周舒、字叔布			P1020.
周群、字仲直（周舒子）			P1020.1082.
周巨（群子）			P1021.
黃權、字公衡			P80.118.119.868. 882.883.887.890.

〔註41〕可見於《後漢書・西南夷・邛都傳》。

〔註42〕同注41。

〔註43〕元豐、錢、劉、李、廖本皆作九，其他版本皆作五。廖本下有小字云：「司隸教尉程烏等，失其事不錄。」其程烏之事可見於《華陽國志・公孫述志》，而《後漢書・馮異傳》作程焉。

《華陽國志・士女目錄》	《史記》	《漢書》	《三國志》與裴注《益部耆舊傳》
			956.1043.1044. 1048.1055.1084.
黃崇（黃權子）			P1045.
甘寧、字興霸			P959.1118.1120. 1207.1263.1271. 1274.1276.1280. 1292.1294.1295. 1300.
馬忠、字德信			P896.1048.1050. 1051.1052.1055. 1073.
王平、字子均			P898.1049.1055. 1060.1065.
勾扶、字孝興			P1051.
張嶷、字伯岐			P897.1048.1049. 1051.1055.
姚伷、字子緒			P1087.
馬勳、字盛衡			P1086.
馬參、字承伯			P1086.
龔祿、字德緒			P1051.1052.1086.
龔皦、字德光（龔祿弟）			
譙峅、字榮始			
譙周、字允南（譙峅子）			P887.900.902. 976.1022.1027. 1041.1042.1078. 1475.1477.
以上二十三人在劉氏三國之世			
馬妙祈妻義〔註 44〕			
趙雲君妻華〔註 45〕			
王元憒妻姬〔註 46〕			
趙憒妻姬			
童女趙英（趙璝女）			
趙萬妻娥			
耿秉妾行			
鮮尼母姜			

〔註 44〕可見於《太平御覽》卷 441 引《益部耆舊傳》。《益部耆舊傳》作「馬妙新。」
〔註 45〕《華陽國志・巴志》「雲」作「蔓」字。同注 44。
〔註 46〕同注 44。

《華陽國志・士女目錄》	《史記》	《漢書》	《三國志》與裴注《益部耆舊傳》
以上八人為蜀中女子			
楊統、字仲通〔註47〕			
楊博、字仲達（楊統子）			
楊序、字仲桓（楊統子）〔註48〕			
寇懽、字文儀			
昭約、字節宰			
楊宣、字君緯			
嚴象			
趙翹			
郭堅〔註49〕			
郭賀、字喬卿（郭堅孫）〔註50〕			
鐔顯、字子誦〔註51〕			
蔡弓、字子騫			
鄭純、字長伯〔註52〕			
王祐、字平仲			
李尤、字伯仁〔註53〕			
李充（李尤孫）			
李勝、字茂通〔註54〕			
翟酺、字子超〔註55〕			
王渙、字稚子〔註56〕			
王堂、字敬伯〔註57〕			
王稚、字叔起（王堂子）〔註58〕			
王博（王堂子）			

〔註47〕可見於《後漢書・楊厚傳》。
〔註48〕同注47。《後漢書》作楊厚。
〔註49〕可見於《後漢書・郭賀傳》。
〔註50〕同注49。
〔註51〕可見於《後漢書・王渙傳》與〈陳寵傳〉。
〔註52〕可見於《後漢書・西南夷・哀牢傳》。
〔註53〕可見於《後漢書・文苑上・李尤傳》。
〔註54〕同注53。
〔註55〕可見於《後漢書・翟酺傳》。
〔註56〕可見於《後漢書・王渙傳》。
〔註57〕可見於《後漢書・王堂傳》。
〔註58〕同注57。

《華陽國志・士女目錄》	《史記》	《漢書》	《三國志》與裴注《益部耆舊傳》
王遵（王博子）			
王商、字文表（王遵子）〔註59〕			P967.
段恭、字節英〔註60〕			
段翳、字元章〔註61〕			
馮信、字季誠〔註62〕			
馮顥、字叔宰〔註63〕			
張江〔註64〕			
折國（張江孫，因封國改姓）〔註65〕			
哲象、字伯式（折國子）〔註66〕			
朱倉、字雲卿〔註67〕			
劉寵、字世信〔註68〕			
姜詩、字士遊〔註69〕			
王忳、字少林〔註70〕			
羊甚			
羊萛、字仲魚（羊甚子）			
董扶、字茂安〔註71〕			
任安、字定祖〔註72〕			
杜眞、字孟宗〔註73〕			
諒輔、字漢儒〔註74〕			
楊寬、字叔仲			

〔註59〕同注57。
〔註60〕可見於《後漢書・龐参傳》。
〔註61〕可見於《後漢書・方術上・段翳傳》。
〔註62〕同注五。
〔註63〕可見於《太平御覽》卷926引《益部耆舊傳》。
〔註64〕可見於《後漢書・折像傳》。
〔註65〕同注64。
〔註66〕同注64。
〔註67〕可見於《太平御覽》卷426、611、841引《益部耆舊傳》。
〔註68〕可見於《太平御覽》卷718引《益部耆舊傳》。
〔註69〕可見於《後漢書・列女傳・姜詩妻》。
〔註70〕可見於《後漢書・獨行傳・王忳傳》。
〔註71〕可見於《後漢書・方術下・董扶傳》。
〔註72〕可見於《後漢書・儒林上・任安傳》。
〔註73〕同注55。
〔註74〕可見於《後漢書・獨行傳・諒輔傳》。

《華陽國志・士女目錄》	《史記》	《漢書》	《三國志》與裴注《益部耆舊傳》
張鉗、字子安			
賈栩、字元集			
甯叔、字茂泰			
韓揆、字伯彥			
左喬雲			
汝敦			
周幹			
彭勰			
古朴			P975.
郭玉、字通直〔註75〕			
以上五十二人馳名漢世			
李朝、字永南			P1086.
李邵、字偉南（李朝弟）			P1086.
秦宓、字子敕			P866.971.972.977. 995.1019.1474.
王士、字義強			P1086.
王甫、字國山（王士之從弟）			P632.1086.
鐔承、字公文			P1024.
彭羕、字永年			P883.994.1005.
鄭度			
王累〔註76〕			P868.
以上九人在劉世氏及二牧時			
任安母姚			
姜詩妻龐行〔註77〕			
姜嬪字義舊			
廖伯妻殷紀配〔註78〕			
便敬妻王和〔註79〕			
李珥、字進娥〔註80〕			

〔註75〕可見於《後漢書・方術下・郭玉傳》。

〔註76〕可見於《後漢書・劉焉傳》。

〔註77〕同注69。

〔註78〕可見於《太平御覽》卷441引《益部耆舊傳》。

〔註79〕可見於《太平御覽》卷441引《益部耆舊傳》。

〔註80〕可見於《太平御覽》卷440引皇甫謐《列女傳》。

《華陽國志・士女目錄》	《史記》	《漢書》	《三國志》與裴注《益部耆舊傳》
王輔妻彭非〔註81〕			
李平、字正流			
袁稚妻相烏			
王上妻袁福〔註82〕			
汝敦妻			
以上列女共十一人。廣漢郡士女共七十二人			
王延世、字長叔		P309.1688.1689.1690.2675.	
楊莽、字翁君			
朱遵、字孝仲			
費貽、字奉君〔註83〕			
任永、字君業〔註84〕			
趙松、字君喬			
董鈞、字文伯〔註85〕			
楊渙、字孟文			
楊文方（楊渙子）			
楊準、字伯邳（楊文方兄之子）			
張皓、字叔明〔註86〕			P1073.
張綱、字文紀（張晧子）〔註87〕			
張植（張綱子）			
張續（張植弟）			
張方、字公始（張植弟）			
趙旂、字子鸞			
王元			
杜撫、字叔和〔註88〕			
趙敦、字建侯			
隗相、字叔通			
呂孟			

〔註81〕同注80。《列女傳》作「季珥。」

〔註82〕同注79。

〔註83〕可見於《後漢書・譙玄傳》。

〔註84〕可見於《後漢書・李業傳》。

〔註85〕可見於《後漢書・董鈞傳》。

〔註86〕可見於《後漢書・張晧傳》。

〔註87〕可見於《後漢書・張綱傳》。

〔註88〕可見於《後漢書・儒林下・杜撫傳》。

《華陽國志・士女目錄》	《史記》	《漢書》	《三國志》與裴注《益部耆舊傳》
吳順、字叔和			
韓子方			
謝褒			
以上二十四人在漢世			
楊洪、字季休			P887.1013.1017.
費詩、字公舉			P1015.1017.
張翼、字伯恭			P788.790.900.1048.1065.1067.1073.1077.1091.
伍梁、字德山〔註89〕			P1019.
楊義、字文然〔註90〕			P1058.1077.1091.
以上五人在劉氏世			
楊文方妻陽姬			
相登妻周度〔註91〕			
曹敬、字敬姬〔註92〕			
程貞瑛字瓊玉			
尹仲讓妻韓姜			
儀成妻謝姬			
趙媛姜〔註93〕			
張貞妻黃帛〔註94〕			
楊進			
以上列女共九人。犍為郡士女共三十八人			
鄧先〔註95〕	P2747.2748.	P2302.2303.	
楊王孫		P2907.2928.	
張騫	P1036.1138.2872.2929.2930.2944.2965.2995.3157.3166.3169.3179.	P176.645.774.777.2445.2479.2480.2490.2634.2687.2705.3005.3006.3032.3841.3873.3876.3895.3902.4256.	

〔註89〕《三國志》作五梁。

〔註90〕《三國志》作楊戲。《華陽國志》作楊義，顧廣圻校勘文下小注：「廖云，當作義。」，《華陽國志校補圖注》與《華陽國志校注》亦皆作楊義。

〔註91〕同注80。

〔註92〕可見於《太平御覽》卷441引《益部耆舊傳》。

〔註93〕可見於《後漢書・列女傳・盛道妻》。

〔註94〕可見於《水經注》卷33引《益部耆舊傳》。

〔註95〕《華陽國志》卷10贊文作「鄧公」，《華陽國志校補圖注》與《華陽國志校注》亦從之。

《華陽國志・士女目錄》	《史記》	《漢書》	《三國志》與裴注《益部耆舊傳》
張猛（張騫孫）		P1336.1932.3047. 3251.3727.3801.	
鄭子眞〔註 96〕		P3056.	
李頡〔註 97〕			
李郃、字孟節（李詰子）〔註 98〕			
李固、字子堅（李郃子）〔註 99〕			
李燮、字德公（李固子）〔註 100〕			
李歷、字季子（李固從弟）			
李法、字伯度〔註 101〕			
趙宣、字子雅			
趙瑤、元字珪（趙宣子）			
趙琰、字雅珪（趙宣子）			
陳綱、字仲卿			
陳調、字元化（陳綱孫）			
陳雅、字伯臺			
程基、字稚業			
劉巨公			
張泰、字伯彊			
張亮則、字元脩（張泰弟）			
閻憲、字孟度			
樊志張〔註 102〕			
衛衡、字伯梁			
程苞、字元道			
祝龜、字元靈			
段崇、字禮高			
程信、字伯義			
嚴孳			

〔註 96〕可見於《三輔決錄》卷 1 東漢趙歧著，清張澍輯。收錄於《續修四庫全書》續修四庫全書編纂委員會編，上海古籍出版社，1995 年。

〔註 97〕可見於《後漢書・方術上・李郃傳》。

〔註 98〕同注 97。

〔註 99〕可見於《後漢書・李固傳》。

〔註 100〕同注 99。

〔註 101〕可見於《後漢書・李法傳》。

〔註 102〕可見於《後漢書・方術下・樊志張傳》。

《華陽國志‧士女目錄》	《史記》	《漢書》	《三國志》與裴注《益部耆舊傳》
李容			
陳巴			
王宗			
姜濟			
曹廉			
勾矩			
劉旌			
原展			
燕邠、字元侯			
趙嵩字伯高			
以上三十九人在後漢			
陳術、字申伯			P1027.
以上一人在劉氏世			
李穆姜〔註103〕			
劉泰瑛			
杜泰姬			
楊禮珪			
李文姬			
陳順謙			
陳惠謙（陳順謙妹）			
張禮脩〔註104〕			
韓樹南			
以上列女共九人。漢中郡士女四十九人			
文齊、字子奇〔註105〕			
文忳（文齊子）			
李業、字巨遊〔註106〕			
李翬（李業子）			
景毅、字文堅			

〔註103〕可見於《後漢書‧列女傳‧程文矩妻》。

〔註104〕同注80。

〔註105〕可見於《後漢書‧西南夷‧滇傳》。

〔註106〕同注84。

《華陽國志・士女目錄》	《史記》	《漢書》	《三國志》與裴注《益部耆舊傳》
景鸞、字漢伯〔註 107〕			
楊充、字盛國			
寇祺、字宰朝			
李餘			
張壽、字伯僖			
王晏、字叔博			
李助、字翁君			
以上十二人在漢世			
杜微、字國輔			P1019.1042.
李仁、字德賢			P1026.
李譔、字欽仲（李仁子）			P1026.
尹默、字思潛			P887.1026.1042.
文恭、字仲寶			
李福、字孫德			P1086.
以上六人在劉氏世			
文極、字季姜			
虞顯妻杜慈			
郭孟妻楊敬			
以上列女共三人。梓橦郡士女共二十一人			
王謀、字元泰			P1082.
張休			P1082.
以上二人漢嘉人士在劉氏世			
尹珍、字道眞			
傅寶、字紀圖			
謝恕、字茂理〔註 108〕			
以上三人牂柯人士			
錫光、字長沖〔註 109〕			
以上一人西城人士			
呂凱、字季平			P1046.1048.1055.

〔註 107〕可見於《後漢書・儒林下・景鸞傳》。

〔註 108〕謝恕，東晉人，可見於《晉書・載記・李壽》，於此按照《華陽國志・南中志》排列來看，應爲尹貢。

〔註 109〕可見於《後漢書・岑彭》與《後漢書・任延傳》。

《華陽國志・士女目錄》	《史記》	《漢書》	《三國志》與裴注《益部耆舊傳》
以上一人永昌人士			
李恢、字德昂			P1045.1055.
爨習			P1045.
孟獲			
以上三人建寧人士			
孟琰、字休明			
以上一人朱提人士			
先泥和女絡〔註 110〕			
以上列女共一人，江陽人			
以上所列士女皆在漢至三國之時，以下所列為兩晉之時士女目錄			
何攀、字惠興〔註 111〕			
壽良、字文淑			P1475.
柳隱、字休然			
杜禎、字文然			
柳伸、字稚原			
何隨、字季業			
杜軫、字超宗〔註 112〕			
杜烈、字仲武（杜軫弟）〔註 113〕			
杜良、字幼綸（杜軫弟）〔註 114〕			
杜毗、字長基（杜軫子）〔註 115〕			
任熙、字伯遠			
任蕃、字憲祖（任熙子）			
常勗、字脩業			
常忌、字茂通（常勗從弟）			
高玩、字伯珍			
常騫、字季慎			
常寬、字泰恭（常騫從弟）			
張歧、字紹茂			

〔註 110〕可見於《後漢書・列女傳》作：「孝女叔先雄者，犍爲人也，父泥和。」。
〔註 111〕可見於《晉書・何攀傳》。
〔註 112〕可見於《晉書・羅獻傳》與《晉書・良吏・杜軫傳》。
〔註 113〕附見《晉書・杜軫傳》。
〔註 114〕同注 113。
〔註 115〕同注 113。

《華陽國志・士女目錄》	《史記》	《漢書》	《三國志》與裴注《益部耆舊傳》
王異、字彥明			
李陽、字叔文〔註116〕			
楊謙、字令志〔註117〕			
以上二十二人為晉世蜀郡人			
李毅、字允剛〔註118〕			
李釗、字世康（李毅子）〔註119〕			
司馬勝之、字興先			
王化、字伯遠			
王振、字仲遠（王化弟）			
王岱、字季遠（王化弟）			
王崇、字幼遠（王化弟）			
王長文、字德儁〔註120〕			
段容、字宗仲			
以上九人為晉世廣漢人			
李宓、字令伯〔註121〕			
李賜、字宗碩（李宓子）〔註122〕			
李興、字儁碩（李宓子）〔註123〕			
張徵、字建興〔註124〕			P1075.
費緝、字文平			
楊邠、字岐之			
費立、字建熙			
以上七人為晉世犍為人			
文立、字廣休〔註125〕			P1032.1475.

〔註116〕可見於《晉書・成帝紀》與《晉書・陶侃傳》與《晉書・桓宣傳》。

〔註117〕可見於《晉書・成帝紀》與《晉書・穆帝紀》與《晉書・載記・李雄》。

〔註118〕可見於《晉書・王濬傳》與《晉書・王遜傳》。。

〔註119〕可見於《晉書・王遜傳》。

〔註120〕可見於《晉書・王長文傳》。

〔註121〕《晉書》作李密，可見於《晉書・惠帝紀》與《晉書・王濬傳》與《晉書・孝友・李密傳》。

〔註122〕可見於《晉書・孝友・李密傳》。

〔註123〕同注122。

〔註124〕《三國志・張翼傳》:「翼子微。」可見於《晉書・惠帝紀》。

〔註125〕可見於《晉書・唐彬傳》與《晉書・皇甫謐傳》與《晉書・郤詵傳》與《晉書・儒林・文立傳》。

《華陽國志・士女目錄》	《史記》	《漢書》	《三國志》與裴注《益部耆舊傳》
楊崇〔註126〕			
毛楚			
以上三人為晉世巴郡人			
陳壽、字承祚〔註127〕			P866.931.
陳莅、字叔度（陳壽兄之子）			
陳符、字長信（陳壽兄之子）			
陳階、字達之（陳莅弟）			
閻纘、字續柏〔註128〕			
張奕、字希祖			
譙同、字彥紹			P1033.
譙登、字順明〔註129〕			
以上八人為晉世巴西人			
呂淑、字偉德			
以上一人為晉世漢中人			
李驤、字叔龍〔註130〕			
以上一人為晉世梓潼人			
侯馥、字世明			
以上一人為晉世江陽人			

〔註126〕《華陽國志・巴志》作楊宗，可見於《晉書・唐彬傳》。

〔註127〕可見於《晉書・禮志中》與《晉書・五行志下》與《晉書・王沈傳》與《晉書・何攀傳》與可見於《晉書・陳壽傳》與《晉書・儒林・文立傳》。

〔註128〕可見於《晉書・閻纘傳》與《晉書・愍懷太子傳》與《晉書・周處傳》。

〔註129〕可見於《晉書・懷帝紀》與《晉書・載記・李雄》。

〔註130〕同注113。

附表四　成漢將相大臣暨東漢、兩晉職官對照表

凡　例：

一、成漢將相大臣職官表，參照《華陽國志》、《晉書》、萬斯同著《歷代史表》與楊偉立著《成漢史略》等著作而成。

二、東漢暨兩晉職官表，摘錄於《後漢書》、萬斯同著《歷代史表》與孔令紀等編《中國歷代官制》，皆取與成漢官制相應者。

一、成漢職官簡表：

丞　相	相　國	太　師	太　宰	太　傅
范長生 范　賁 楊　褒	李越（雄庶子） 董　皎	范長生 龔　壯 董　皎	李國（雄外兄）	李驤（雄叔父）
太　保	**太　尉**	**司　徒**	**司　空**	**大將軍**
李始（雄庶兄） 李　奕	李離（雄外弟） 張　寶	李雲（雄從弟） 王　達 何　點 王　瓌	李璜（雄從弟） 趙　肅 上官惇 譙獻之	李壽（中宗） 李勢（壽子） 李廣（勢弟）
尚書令	**左右僕射**	**尚書僕射**	**尚　書**	**驃騎將軍**
閻　式 王　瓌 景　騫 羅　恆 馬　當	楊　褒 李載（左） 羅演（右） 任　顏 蔡興（左） 李嶷（右） 王　誓	李　載	李　攄 姚　華 田　褒	尹奉

車騎將軍	衛將軍	中領軍	中護軍	征東將軍
李　越 王　韜	尹　奉	李琀（雄長子） 李都（雄庶子） 李霸（雄庶子）	李　壽	任　邵 李　壽 李　始
征南將軍	**征西將軍**	**征北將軍**	**鎮東將軍**	**鎮南將軍**
費　黑	李　遐	李　鳳 李　壽 李玝（蕩五子）	李　閎 李　奕 李位都	任　回 李　權
鎮西將軍	**鎮北將軍**	**安東將軍**	**安西將軍**	**安北將軍**
李保（雄庶子）	任調（壽妹婿）	李期（雄養子）	徐　輿	李稚（雄二子） 李　攸
錄尚書事	**司　隸**	**侍　中**	**中常侍**	**散騎常侍**
李　壽 李　越	費　黑	李　艷 張　烈	許　涪 王　廣	王　嘏 常　璩
太史令	**刺　史**	**太　守**	**王**	**公、侯**
韓　約 韓　皓	爨　深 霍彪等人	李　離 解思明等人	漢王李壽 建寧王李越	扶風公李壽 西山侯范長生
東羌校尉	**西夷校尉**			
李　奕	李　含			

二、東漢暨兩晉職官簡表

東漢職官簡表：

丞　相	相　國	太　師	太　傅	太　尉
太　常	太　僕	司　徒	司　空	司　農
大將軍	尚書令	左右僕射	尚書僕射	尚　書
驃騎將軍	車騎將軍	衛將軍	中護軍	征東將軍
征南將軍	征西將軍	鎮東將軍	鎮南將軍	鎮北將軍
安東將軍	安西將軍	安南將軍	錄尚書事	司隸校尉
侍　中	中常侍	散騎常侍	太史令	刺　史
太　守	王	公、侯		

兩晉職官簡表：

丞 相	太 宰	太 傅	太 保	太 尉
太 僕	司 徒	司 空	大司馬	大司農
大將軍	尚書令	錄尚書事	左右僕射	驃騎將軍
車騎將軍	衛將軍	中護軍	征東將軍	征南將軍
征西將軍	征北將軍	鎮東將軍	鎮南將軍	鎮西將軍
鎮北將軍	安東將軍	安西將軍	安南將軍	安北將軍
錄尚書事	司隸校尉	侍 中	中常侍	散騎常侍
太史令	刺史	太守	王	公、侯

附圖一　成漢帝系圖

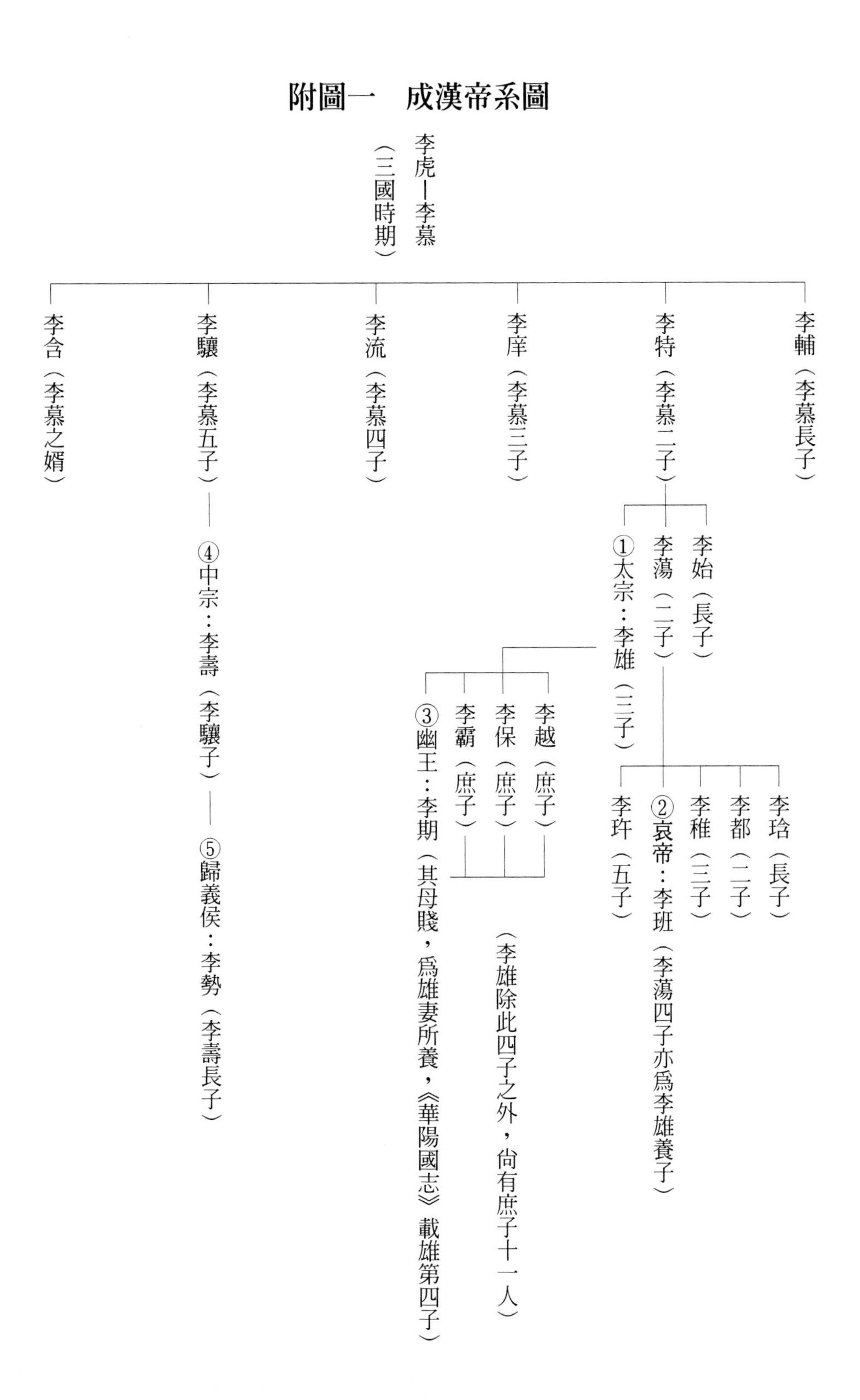

李虎—李慕
（三國時期）
李輔（李慕長子）
李特（李慕二子）
李庠（李慕三子）
李流（李慕四子）
李驤（李慕五子）
李含（李慕之婿）
李始（長子）
李蕩（二子）
①太宗：李雄（三子）
李琀（長子）
李都（二子）
李稚（三子）
②哀帝：李班（李蕩四子亦為李雄養子）
李玝（五子）
李越（庶子）
李保（庶子）
李霸（庶子）
③幽王：李期（其母賤，為雄妻所養，《華陽國志》載雄第四子）
（李雄除此四子之外，尚有庶子十一人）
④中宗：李壽（李驤子）
⑤歸義侯：李勢（李壽長子）

附圖二　《華陽國志》版本支系圖

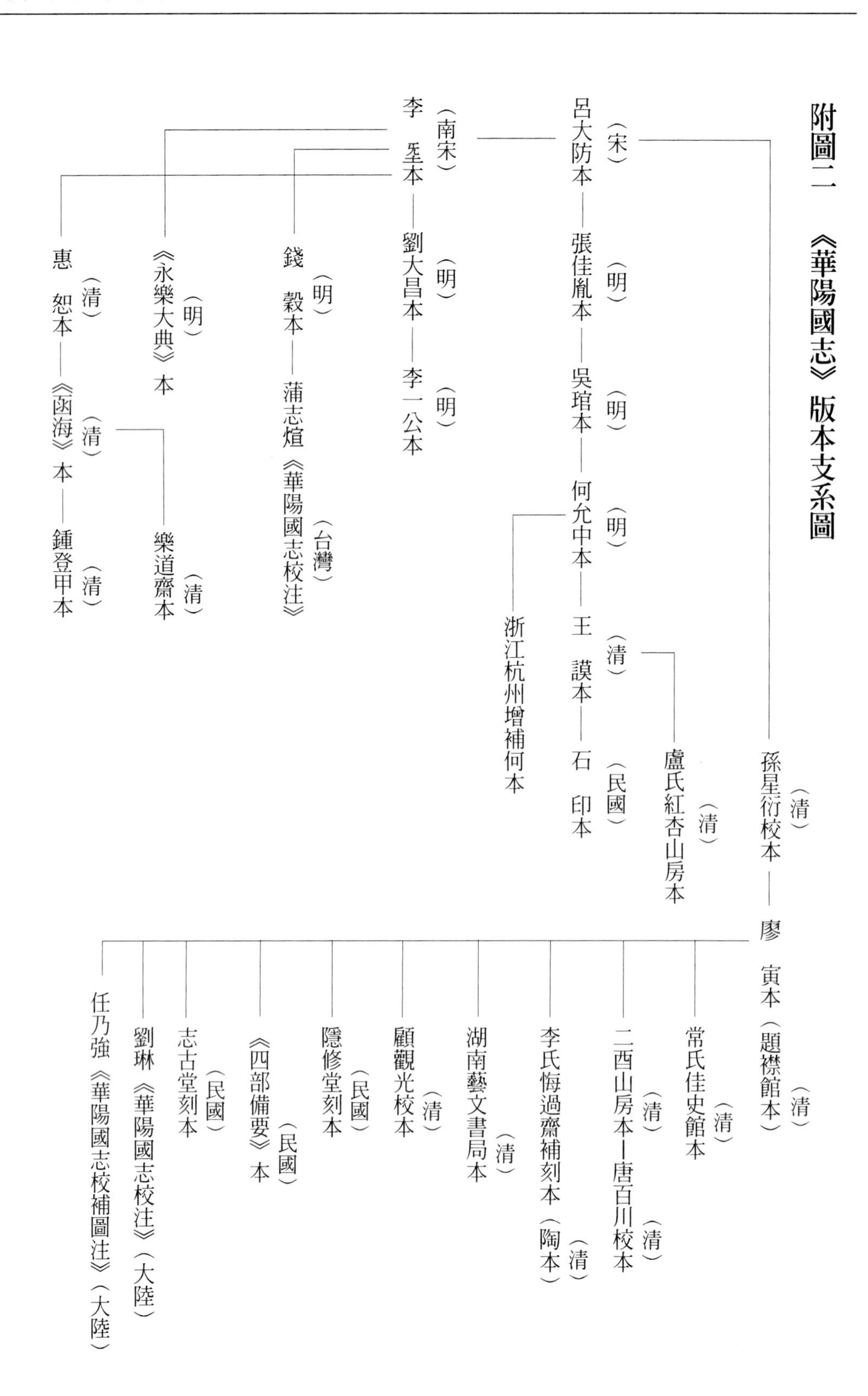

附圖三　三國鼎立示意圖

附圖四　西晉統一示意圖

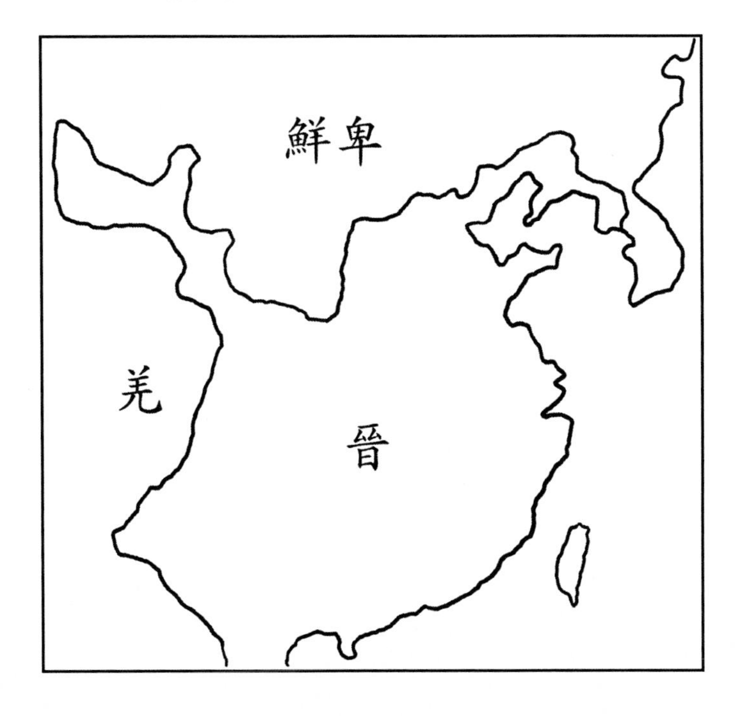

附圖五　東晉後趙成漢示意圖

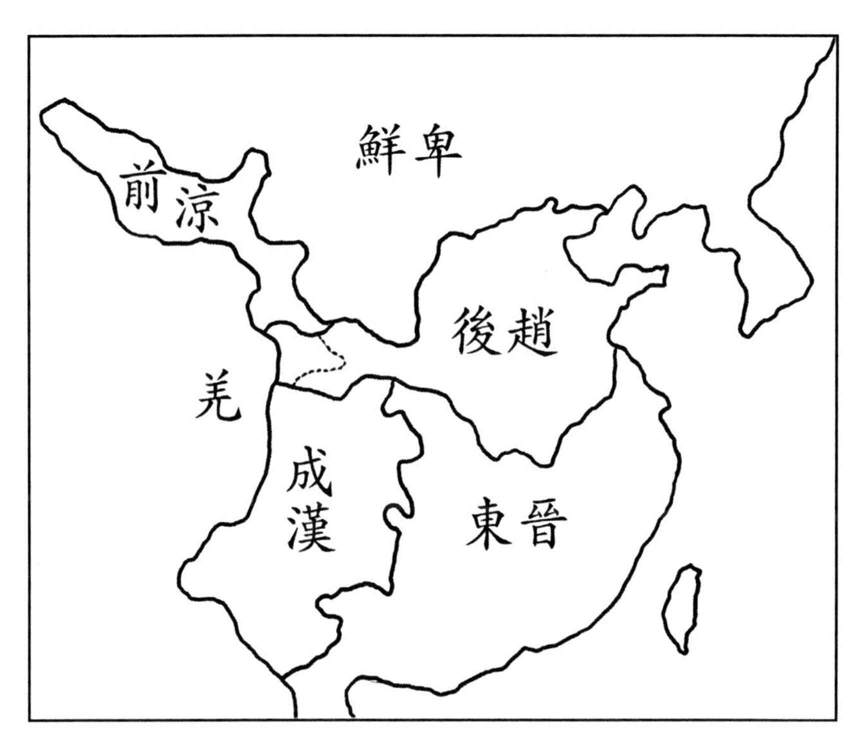

附圖六　三國益州南部示意圖

附圖七　三國益州北部示意圖

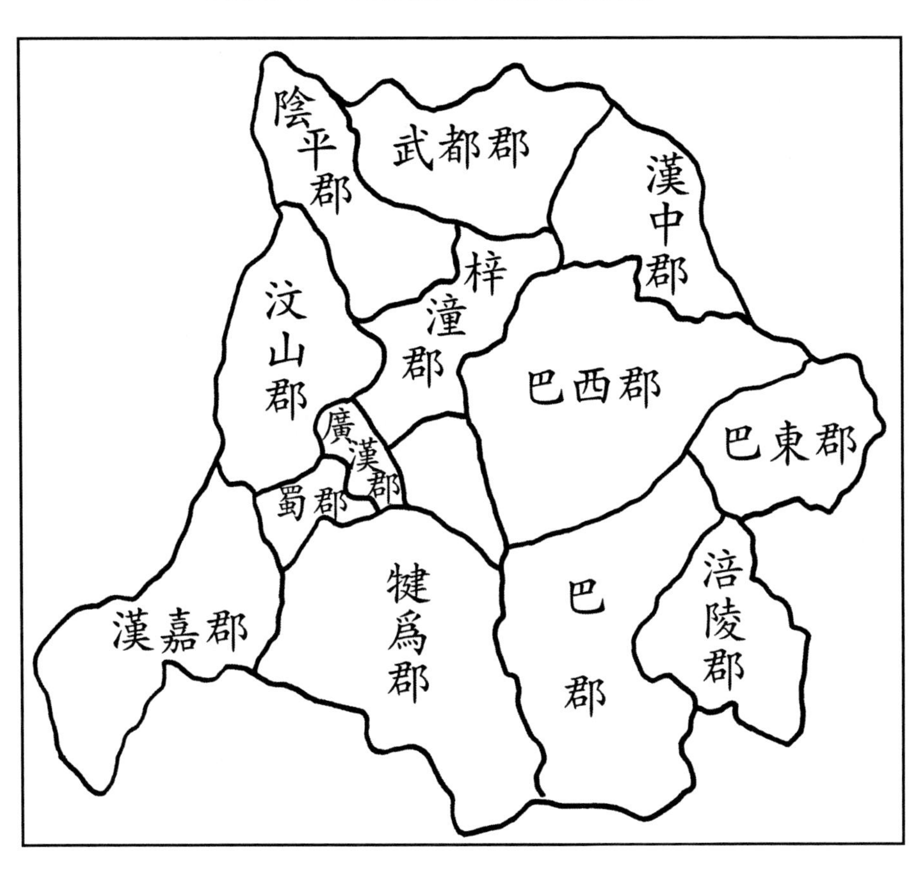

參考書目

一、書　籍

（一）主要參考書籍

1. 《晉書》，〔唐〕房玄齡等撰，北京：中華書局，1974 年出版。
2. 《華陽國志》，〔東晉〕常璩撰，台北：台灣商務，1976 年出版。
3. 《三國志》，〔晉〕陳壽著，南朝宋裴松之注，北京：中華書局，2006 年 19 刷。

（二）古　籍

1. 《十三經注疏》，〔清〕阮元勘，台北：藝文印書館，1955 年出版。
2. 《廿二史箚記》，〔清〕趙翼撰，台北：世界書局，1956 年 2 月初版。
3. 《文心雕龍》，〔南朝．宋〕劉勰著，台北：台灣商務，1965 年出版。
4. 《溫國文正公文集》，〔宋〕司馬光撰，台北：台灣商務，1966 年出版。
5. 《尚書．今古文注疏》，〔清〕孫星衍注，台北：台灣中華書局，1966 年 3 月一版。
6. 《四川通志》，台北，京華書局出版，華文發行，1967 年出版。
7. 《崇慶縣志》，台北，台灣學生書局，1967 年出版。
8. 《漢紀》，〔東漢〕荀悅著，台北：台灣商務印書館，1968 年出版。
9. 《蜀鑑》，〔宋〕郭允蹈著，台北：中華書局印行，1968 年 11 月一版。
10. 《太平御覽》，〔宋〕李昉等撰，台北：台灣商務，1968 年出版。
11. 《歷代史表》，〔清〕萬斯同撰，台北：台灣商務，1968 年出版。
12. 《全上古三代秦漢三國六朝文》〔清〕嚴可均編，台北：世界書局，1969 年 8 月三版。
13. 《晉書斠注》，吳士鑑、劉承幹同注，台北：成文出版社，1971 年出版。
14. 《漢書》，〔東漢〕班固撰，〔清〕王先謙集解，台北：藝文印書館，1972 年出版。
15. 《宋書》，〔南朝．宋〕沈約撰，台北：藝文印書館，1972 年出版。
16. 《後漢書集解》，〔南朝．宋〕范曄撰，〔清〕王先謙集解，台北：藝文印書館，

1972 年出版。
17. 《史記會注考證》，〔漢〕司馬遷著，〔日〕瀧川龜太郎注，台北：藝文書局，1972 年出版。
18. 《藝文類聚》，〔唐〕歐陽詢撰，台北：新興書局，1973 年出版。
19. 《顏氏家訓彙注》，〔北齊〕顏之推撰，周法高注，台北：台聯國風，1975 年出版。
20. 《全唐詩錄》，〔清〕徐倬編，台北：宏業書局印行，1976 年出版。
21. 《文史通義》，〔清〕章學誠撰，台北：華世出版社，1980 年 9 月初版。
22. 《山海經校注》，袁珂校注，台北：里仁書局，1981 年出版。
23. 《吳郡圖經續記》，〔北宋〕朱長文撰，台北：台灣商務，1983 年出版。
24. 《吳郡志》，〔南宋〕范成大撰，台北：台灣商務，1983 年出版。
25. 《太平寰宇記》，〔宋〕樂史撰，台北：台灣商務，1983 年出版。
26. 《資治通鑑》，〔宋〕司馬光撰，元胡三省音注，台北：台灣商務，1983 年出版。
27. 《欽定四庫全書考證》，〔清〕王太岳等輯，台北：台灣商務，1983 年出版。
28. 《東觀漢記》，〔東漢〕班固等撰，北京：中華書局，1985 年出版。
29. 《越絕書》，北京：中華書局，1985 年出版。
30. 《吳越春秋》，〔漢〕趙曄撰，北京：中華書局，1985 年出版。
31. 《十六國春秋》，〔後魏〕崔鴻撰，〔清〕湯球輯，北京：中華書局，1985 年出版。
32. 《三十國春秋輯本》，〔梁〕蕭方撰，〔清〕湯球輯，北京：中華書局，1985 年出版。
33. 《隋書・經籍志》，〔唐〕長孫無忌等撰，北京：中華書局，1985 年出版。
34. 《舊唐書經籍志》，〔宋〕劉昫等修，北京：中華書局，1985 年出版。
35. 《唐書藝文志》，〔宋〕歐陽修撰，北京：中華書局，1985 年出版。
36. 《史略》，〔宋〕高似孫輯，北京：中華書局，1985 年出版。
37. 《水經注疏》，〔後魏〕酈道元注，〔清〕楊守敬，熊會貞疏，江蘇，古籍出版社，1989 年出版。
38. 《史通》，〔唐〕劉知幾撰，趙呂甫校注，重慶出版社，1990 年出版。
39. 《大明一統志》，〔明〕李賢等撰，西安：三秦出版，新華經銷，1990 年出版。
40. 《方輿勝覽》，〔宋〕祝穆撰，江蘇省：廣陵古籍刻印社，1992 年出版。
41. 《史記選注匯評》，〔漢〕司馬遷著，韓兆琦編，台北：文津出版社，1993 年 4 月初版。
42. 《沙州圖經》，〔唐〕佚名撰，續修四庫全書編纂委員會編，上海：古籍出版社，1995 年出版。

43. 《嚴州圖經》，〔宋〕陳公亮、劉文富纂，續修四庫全書編纂委員會編，上海：古籍出版社，1995 年出版。
44. 《推十書》，〔清〕劉咸炘著，成都：古籍書店，1996 年出版。
45. 《春秋・左傳正義》，十三經注疏整理委員會整理，北京：北京大學出版，2000 年出版。
46. 《四庫全書總目》〔清〕永瑢等撰，北京：中華書局，2003 年。

（三）今人著作

1. 《二十五史補編》，二十五史刊行委員會編，台北：開明書局，1959 年出版。
2. 《史林雜識》，顧頡剛著，出版地與出版者不詳，1961 年。
3. 《中國方志學通論》，傅振倫撰，台北：台灣商務，1966 年出版。
4. 《十六國疆域志》，洪亮吉撰，台北：台灣商務，1968 年出版。
5. 《蜀中名勝記》，曹學佺撰，台北：學海出版社，1969 年出版。
6. 《古代的巴蜀》，童恩正著，四川：人民出版社，1978 年出版。
7. 《魏晉南北朝史》，王仲犖著，上海：人民出版社，1979 年出版。
8. 《中國近三百年學術史》，梁啓超撰，台北：華正書局，1979 年出版。
9. 《中國學術思想大綱》，林尹著，台北：台灣商務，1979 年出版。
10. 《中國中古政治史論》，毛漢光著，台北：聯經出版社，1980 年 1 月出版。
11. 《中國歷史地圖》，程光裕 徐聖謨等編，台北：中國文化學院出版部，1980 年 6 月出版。
12. 《方志學研究論叢》，宋晞著，台北：台灣商務，1980 年 9 月初版。
13. 《中古史學觀念史》，雷家驥著，台北：學生出版社，1980 年 10 月初版。
14. 《論巴蜀文化》，徐中舒著，四川：人民出版社，1981 年出版。
15. 《成漢史略》，楊偉立著，四川：重慶出版社，1982 年出版。
16. 《魏晉南北朝政治史》，張儐生著，台北：文化大學出版部，1983 年 2 月出版。
17. 《中國哲學發展史》，吳怡著，台北：三民書局，1984 年出版。
18. 《華陽國志校注》，劉琳注，四川：巴蜀書社，1984 年出版。
19. 《中國地方史志論叢》，中國地方史志協會編，北京：中華書局，1984 年 8 月出版。
20. 《常璩與華陽國志》，劉重來著，四川：人民出版社，1985 年出版。
21. 《中國歷史研究法》，梁啓超撰，台北：台灣中華書局，1985 年 15 版。
22. 《魏晉南北朝史論叢續編》，唐長孺撰，台北：帛書出版社，1985 年 7 月出版。
23. 《中國歷史年表》，柏楊著，台北：星光出版社，1986 年出版。
24. 《華陽國志校補圖注》，任乃強注，上海：古籍出版社，1987 年出版。
25. 《兩晉時期西南地區與中央之關係》，胡志佳著，台北：台灣商務，1988 年初版。

26. 《中國中古社會史論》，毛漢光著，台北：聯經出版社，1988 年 2 月出版。
27. 《方志考稿甲集》，瞿宣穎著，上海：上海書店，1990 年出版。
28. 《中國方志簡史》，彭靜中編著，四川：四川大學出版社，1990 年 8 月出版。
29. 《中國歷史地圖集》，譚其驤編，台北：曉園出版社，1991 年發行。
30. 《四川通史》，李敬洵著，四川：四川大學出版社，1993 年 10 月出版。
31. 《三星堆與巴蜀文化》，李紹明等編，四川：巴蜀書社出版發行，1993 年 11 月。
32. 《中國地方志》，劉緯毅著，北京：新華出版社，1993 年出版。
33. 《方志學與地方史研究》，林天蔚著，台北：南天書局，1995 年出版。
34. 《續修四庫全書》，續修四庫全書編纂委員會編，上海：古籍出版社，1995 年出版。
35. 《中國通史》，傅樂成著，台北：大中國圖書，1998 年 1 月出版。
36. 《魏晉南北朝史講演錄》，陳寅恪著，台北：昭明書局，1999 年出版。
37. 《五胡史綱》，趙丕承著，台北：藝軒圖書，2000 年 5 月出版。
38. 《六朝文化》，許輝，邱敏，胡阿祥等編，江蘇：古籍出版社，2001 年 10 月一版。
39. 《魏晉南北朝文化史》，萬繩楠著，台北：雲龍出版社，2002 年 3 月 2 刷。
40. 《四川古代文化史》，鄭德坤著，四川：巴蜀書社，2004 年 6 月出版。
41. 《四川古代著名史學家》，王定璋著，四川：巴蜀書社，2004 年 8 月出版。
42. 《中國歷代年號考》，李崇智編著，北京：中華書局，2004 年 12 月 3 刷。
43. 《中國歷代官制》，孔令紀，曲萬法等編，山東：齊魯書社，2005 年 3 月 6 刷。
44. 《中國歷史—秦漢魏晉南北朝卷》，王子今，方光華等編，北京：高等教育出版社，2005 年 4 月 5 刷。
45. 《中國歷史年代簡表》，文物出版社編，北京：文物出版社，2005 年 7 月 9 刷。

（四）網路資源

1. 「中央研究院漢籍電子文獻・二十五史」瀚典全文檢索系統 1.3 版，1997 年 11 月。

二、期刊論文

（一）國外著作

1. 〈《華陽國志》的成立〉，狩野直禎撰，《聖心女子大學論叢》，第二十一期，1963 年。
2. 〈五胡時代の豪族—巴蜀の豪族と成漢國〉，狩野直禎撰，《歷史教育/史教育研究》第五期 1966 年。
3. 〈巴蜀の豪族と國家權力〉，上田早苗撰，《東洋史研究》，第四期，1967 年。

（二）台灣地區

1. 〈《華陽國志》《晉書地理志》互勘〉，姚師濂撰，《禹貢》，第二卷第四期，1934年3月。
2. 〈論三國時代之大族〉，龐聖偉撰，《新亞學報》，第一期第六卷，1974年。
3. 〈成漢的興亡〉，黃繁光撰，《史學彙刊》第六期，1975年。
4. 〈賓人成漢李氏的族屬問題〉，芮逸夫撰，《考古人類學刊》，第三十九、四十期，1976年。
5. 〈從方志學看《華陽國志》〉，黃繁光撰，《中國歷史學會史學集刊》，第九期，1977年。
6. 〈晉常璩《華陽國志》之研究〉，薛麗月撰，《新埔學報》第五期，1979年。
7. 《華陽國志校注》，蒲志煊撰，文化大學中國文學研究所，1980年6月。
8. 《蜀漢對西南的統治與開發》，耿立群撰，台灣大學歷史研究所，1984年。
9. 〈蜀漢政權的成立及初期統治〉，耿立群，《中央圖書館館刊》，第一期，1987年。
10. 〈蜀漢後主時期對巴蜀的統治〉，耿立群撰，《中央圖書館館刊》，第二期，1988年。
11. 〈論蜀漢之亡〉，齊騁邦撰，《孔孟月刊》，第一期第二十六卷，1988年。
12. 〈漢代的益州士族〉，劉增貴撰，《歷史語言研究所集刊》，1989年。
13. 〈中國中古時期「國家」的型態〉，甘懷眞撰，《東吳歷史學報》，第一期，1995年。
14. 〈氐羌種姓文化及其與秦漢魏晉的關係〉，雷家驥撰，《中正大學學報》，第一期第六卷，1995年。
15. 〈依違於信史與野史間—《華陽國志》之小說特性研究〉，黃東陽撰，《東吳中文研究集刊》第五期，1998年。
16. 〈從蜀漢的地方制度論蜀人的政治地位—以州郡組織爲例〉，吳大昕撰，《史化》，第二十七期，1999年。
17. 〈蜀漢郡守考〉，洪武雄撰，《中國醫藥學院通識教育年刊》，第一期，1999年4月。
18. 〈常璩《華陽國志》研究述略〉，田富美撰，《書目季刊》第三十五卷第三期，2001年。
19. 《漢晉分裂時期巴蜀政權研究—以人才進用及其社會結構爲主》，王中平撰，中正大學歷史研究所，2004年。

（三）大陸地區

1. 〈都江堰出土東漢李冰石像〉，四川省灌縣文教局，《文物》，第七期，1974年。
2. 〈論李特兄弟領導的武裝鬥爭及成漢政權的性質〉，童超撰，《社會科學研究》，第二期，1980 年。
3. 〈論李特起兵及其政權性質〉，楊偉立撰，《西南師範學院學報》，第二期，1980 年。
4. 〈東晉南朝的門生義故〉，韓國磐撰，《社會科學戰線》，第二期，1980 年。
5. 〈白帝城建城時間及與公孫述的關係〉，陳劍撰，《四川文物》，第三期，1994 年。
6. 〈《華陽國志》的離合詩〉，楊代欣撰，《文史雜志》第三期，1995 年。
7. 〈從《華陽國志》看巴蜀世風的演變〉，史建群撰，《鄭州大學學報》第三期，1995 年。
8. 〈成漢俑新說〉，劉弘撰，《四川文物》，第四期，1995 年。
9. 〈成漢統治期間在西南民族地區設置的郡縣〉，肖迎撰，《思想戰線》，第五期，1995 年。
10. 〈《華陽國志》所載「玉女」的發現〉，易安平撰《文史雜志》，第六期，1995 年。
11. 〈略論《華陽國志》的地名學成就〉，華林甫撰，《西南師範大學學報》，第一期 1996 年。
12. 〈《華陽國志》版本集說—兼談雲南省圖書館所藏版本〉，吕淑梅撰，《雲南師範大學學報》，1997 年。
13. 〈《華陽國志》的史料價值〉，劉固盛撰，《史學史研究》，第二期，1997 年。
14. 〈《華陽國志校補圖注·後賢志》訛誤考證〉，曹書杰撰，《西南師範大學學報》，第三期，1997 年。
15. 〈巴蜀文化的地域差異及秦的郡縣控制〉金秉駿撰，段渝校譯，《中華文化論壇》，第二十期，1998 年。
16. 〈魏晉十六國以來巴人的遷徙與漢化趨勢〉張雄撰，《中南民族學院學報》，第四期 1998 年。
17. 〈《華陽國志》漢魏叢書本述略〉，趙俊芳撰，《古籍整理研究學刊》，第六期，1998 年。
18. 〈方志先祖常璩銅像落成〉，張伯齡撰，《中國地方志》，第一期，1999 年。
19. 〈《華陽國志》作者常璩銅像，在其故鄉四川崇州市矗立〉，炎冰撰，《黑龍江史志》第二期 1999 年。
20. 〈常璩銅像在崇州落成〉，張伯齡撰，《文史雜志》，第三期，1999 年。
21. 〈從《華陽國志》看秦對西南少數民族地區的治理〉，吳國升撰，《四川教育學院學報》，第七、八期，1999 年。
22. 〈《華陽國志》中國最早的道教史〉，蔡運生撰，《中國道教》，第五期，2000 年。
23. 〈《華陽國志》所記「賓剛徼白摩沙夷」考辨〉，趙心愚撰，《西南民族學院學報》，第一期，2001 年 1 月。

24. 〈《華陽國志》末卷「離合詩」的釋讀〉，劉復生撰，《四川師範學院學報》，第二期 2001 年 3 月。
25. 〈《華陽國志》中的婦女傳記與常璩的史識〉，徐適端撰，《史學史研究》，第三期，2001 年。
26. 〈略說《華陽國志》對西南少數民族的記載〉，吳國升撰，《四川教育學院學報》第九期，2001 年。
27. 〈一部宣揚「大一統」思想的地方史志評《華陽國志》〉，陳曉華等撰，《中國圖書評論》，第十二期，2001 年。
28. 〈蜀漢政權與益州士族〉，李兆成撰，《四川文物》，第六期，2002 年。
29 〈《華陽國志》淺論〉，卜艷軍，李新偉撰《中國地方志》，第一期，2003 年。
30. 〈從《華陽國志》看常璩的史學思想〉，陳曉華撰《史學月刊》，第十一期，2003 年。
31. 〈《廿二史劄記・元建國號始用文義》辨正——公孫述「大成」國號新解〉，劉建臻，《中國文化研究》，2003 年。
32. 〈成漢前期巴蜀之民外流及其影響〉，周蜀蓉撰，《成都大學學報》，第一期，2004 年。
33. 〈《華陽國志》「九君」當爲「女媧」說〉，高大倫撰，《中華文化論壇》，第二期，2004 年。
34. 〈巴氐人的起源與成漢政權的建立〉，程剛撰，《信陽農業高等專科學校學報》，第四期，2005 年。
35. 〈成漢政權及其族屬〉，翁家烈撰，《貴州民族研究》，第五期，2006 年。
36. 〈常璩《華陽國志》與《山海經》比較研究〉，唐世貴等撰，《攀枝花學院學報》，第五期，2006 年。
37. 〈從《華陽國志》看東漢巴蜀地區的士族文化〉，楊穎撰，《淮陰師範學院學報》，第五期，2006 年。
38. 〈四川東漢墓秋胡戲妻畫像磚、畫像石與常璩華陽列女傳〉，張勛燎撰，《西華大學學報》，第五期，2006 年。